积极心理学

宋永圭 · 南承奎

POSITIVE PSYCHOLOGY

신아사

序言

“幸福”是人类最普遍关注的主题, 被认为是人生的终极目标。“幸福”还牵连着“死亡”。“幸福地生活”意味着“最后刹那, 不后悔自己人生的秘诀”“完整地准备离世的好方法”。

本书是对“怎么引导幸福人生”这一疑问的答案。对人生道路上可能遇到的多种多样的问题, 我们引用积极心理学的广泛研究成果, 详细讲解。积极心理学和我们经常听得到“积极的力量”是不同的。积极心理学是关于成长和幸福的科学, 而积极的力量则是积极地思考而已, 简单来说就是积极的想法。积极心理学不只是是指积极的思考更强调的是积极的情绪情感和积极的经验会给我们的生活带来希望, 引导我们实现幸福的人生。

本书由三部分构成。第一部分是“积极心理学的基础(Basis)”, 积极心理学的基础的内容是为了改正一些关于心理学和积极心理学的误解, 同时引导人们正确理解积极心理学的本质的主旨, 总共由四部分构成。第一章“心理学和积极心理学”里对心理学和积极心理学的异同点展开叙述。第二章“积极心理学和积极心理学者”里向读者介绍了积极心理学的基本特性和代表学者。第三章“幸福和幸福的人们”对积极心理学的最终目标幸福和幸福的人们的特性进行了深度剖析。第四章“幸福理论”中对各种科学领域里辩论的各种各样的幸福理论进行了归纳与整理。

第二部分“积极心理学和心理(Psychology)”。将焦点放在与幸福密切相关的人的心理的四大分支成功心理、恋爱心理、享乐心理、消费心理展开叙述。第五章“成功心理和积极心理学”中从积极心理学的观点来探讨成功和追逐成功的人们的心理状态。第六章“恋爱心理和积极心理学”中从积极心理学的观点考察爱情与恋爱。第七章“享乐心理和积极心理学”从积极心理学的观点讨论应该要做的事情之外的人生。第八章“消费心理和积极心理学”中论述通过消费生活获得的成长与幸福。

第三部分“积极心理学和生活(Life)”。将焦点放在日常生活中所经历的各色各样的人生中我们必须珍视和爱护的四大主题人际关系、职场世界、婚姻生活和精神健康。第九章“人际关系和积极心理学”从积极心理学的观点探索人际关系的多样特性。第十章“职场世界和积极心理学”从积极心理学的观点考察职业选择和职场生活。第十一章“婚姻生活和积极心理学”从积极心理学的角度探讨配偶者的选择和婚后生活的变化。第十二章“精神健康和积极心理学”将焦点着眼于压力和忧郁, 从积极心理学的观点解析精神健康。

本书在写作过程中得到了刘娅琼教授(上海海事大学)的帮助, 她在百忙之中, 细心地审校了书稿, 我们表示由衷地感谢。

本书可在大学课堂上作为心理健康及修养类课程的教科书使用。值第四次产业革命之际, 世界正发生着剧烈的变化, 很多人(特别是年青人)因无知、迷惑, 会彷徨无助, 甚至迷失方向。为了成功开拓自己的航路, 人们需要智慧的“罗盘”。笔者相信该书能很好地发挥人生“罗盘”的作用。

作为幸福导航书, 强力推荐“买来一本, 阅读一回”。

我们热切希望广大读者朋友们生活美满、幸福常伴!

写于大田大学研究室

2020年夏天

目录

第一部分 积极心理学的基础

第二部分 积极心理学和心理

第三部分 积极心理学和生活

第一部分

积极心理学的基础

第一章 心理学和积极心理学

当你在心里做好了幸福的准备, 就会发现自己立刻可以变得幸福
- 美国第16代总统 亚伯拉罕·林肯(Abraham Lincoln)

本章主要围绕心理学和积极心理学来展开叙述。首先介绍心理学的学术特性和本质, 其次延伸到心理学领域最新登场的积极心理学, 进一步介绍积极心理学的学术特性和本质。

当谈起心理学(psychology)时希望能够想起"为了真正理解人类的科学"这句话。在现代社会, 心理学作为一门把正确理解人类作为核心主题的学术领域不仅被世人广泛所熟知, 更是占据着主导地位。就像林肯"国民的, 依靠国民的, 为了国民的政治"的演讲能够做为民主主义精神的最简洁、最直接的表现被广为传播一样, 心理学也可被称作"人类的, 依靠人类的, 为了人类的学科"。

幸福的科学被称作积极心理学(positive psychology)。作为以从心理学角度培养人们维持一种积极心理状态的能力为重要信念, 以研究如何使人的生活变得更有价值为目标的学科, 积极心理学就此诞生了。积极心理学所关注的使人们在尽可能的范围内发挥最大价值, 从而变得幸福的主题并不亚于专注于研究人的弱点和如何治愈病理心态的传统心理学, 积极心理学同样是值得我们密切关注的, 下面就让我们深入心理学和积极心理学的世界。

01 心理学

如果说20世纪是物理学的时代, 那么21世界就是心理学的时代。在人们所存在的时间空间里, 如果说要选择一门时时刻刻与人们紧密相连的学科领域, 那必然就是心理学了。心理学并不止步于对人的本性的研究, 还关注与人相关的所有领域, 并对此进行着系统的研究。心理学是关于人的科学(human science)。虽然根据如何看待人的本性的不同, 对于人的认识观点也有所不同, 但是这绝对不是能够单纯的一分为二来看的事情。心理学的本质是综合各种各样的观点, 灵活运用多种的研究方法来正确的理解人, 给人们追求更加正确、积极向上的人生提供具体的帮助和引导。

1) 对于心理学的误解

如果想要正确的理解心理学, 就需要从解开对心理学的误解开始。当谈起"心理学(psychology)"又或者"心理学者(psychologist)"时, 我们从最先想到的东西开始谈起。每次心理学开课的时候, 总会对学生提问"现在为止所了解的心理学", "当谈到心理学或心理时可以联想到的东西", 亦或是"心理学者"这些时, 总会有下面这样词语出现。

- 哲学, 生辰八字, 面相, 合八字, 算命
- 读心术, 心灵学, 超感觉现象, 女巫, 心灵感应
- 弗洛依德, 精神分析学, 催眠术, 精神科医生, 精神病, 原始的本能
- 斯金纳, 小白鼠实验, 心理测试, 血型, 星座

英语psycho是从象征灵魂意义的精神(psyche)引申出的词语, logy是指学科的意思。虽然一般认为灵魂就是支配人们的心里和活动的, 但是也有把其看作是人类不可预知的超自然的倾向。在汉字里, 心理学由“人的内心”“理性, 道理”“学习”组成, 有把心理学看作是研究人的内心的道理的科学的倾向。由于这种缘由, 当许多人说起“关于心理学所能想到的”的时候, 首先联想到强调智慧和内心道理的哲学, 更进一步抱着如果知道内心的道理那自然可以很好地理解别人的内心的想法, 很容易联想到读心术。由此, 在我们的文化圈中因为常见地能够了解他人内心的生辰八字, 面相, 占卜, 女巫, 等等, 这些也被认为是心理学的一种或者倾向于这样的认识也实际存在。

其次可能是由于电视或电影这种大众媒体传递的不正确的信息导致的结果。例如, 通过放映心理学授课的场面, 称其为心灵现象或者永生的内容传递给大众。甚至把从事心理学的人看作是“怪人”或“奇妙的人”, 这样的事也经常发生。似是而非的算命先生们为了使自己看起来更加可信, 总是把自己装得像心理学家一样到处奔走宣扬。正是由于这种种原因不断加深了人们对心理学的偏见。

对于一般人来讲最熟知的心理学家也不过就是弗洛伊德(Freud)和斯金纳(Skinner)。但是与其说一般大众对他们提出的精神分析学或操作制约的主张和理论有深刻的了解, 倒不如说一般大众的认识就是像“比起人的意识, 依据本能左右的无意识更重要”, 或“人如果没有思维, 就与小白鼠等其他动物一样, 通过奖赏和惩罚就可以塑造成人们期待成为的样子”等这种单一的认识。这种单一的认识轻视了心理学所关心的关于人的尊严和可能性的价值, 导致了心理学像一直局限于无聊的内容一样，使得心理学一直有着负面的形象。实际上，美国心理学学会(American Psychological Association：APA)的会员中研究关于弗洛伊德的精神分析学的会员，连总体会员人数的10%都不到，不足美国心理学协会(APS)总人数的5%。

大多数人认为心理学家从事异常行为的治疗和研究。就像吸引人们的三大主题“性生活”“减重”“赚钱”一样，虽然可以认为心理学家的关注点为精神病理方面，但是大多数的心理学研究都倾向于对每个人来说都是正常行为的典型特征，而且该领域广泛且多样。事实上，截止2017年1月，美国心理学会(APA)有56个代表具体研究领域或者应用的部门，韩国心理学会也包含有15个分学科部门。

许多人不知道有心理学家因其在心理学研究和理论上的价值获得诺贝尔奖。“心理学家，诺贝尔奖？”或许有人对此感到惊讶，但是至少有5位心理学者曾获得过诺贝尔奖。当然由于诺贝尔奖并没有心理学奖，所以并不是以“诺贝尔心理学奖”的名义而得奖。1981年大卫·胡贝尔(David Hubel)和托斯坦·威泽尔(Torsten Wiesel)关于视觉系统的信息处理的研究，罗杰·斯佩里(Roger Sperry)关于左右大脑半球的功能专业化的研究，被联合授予诺贝尔生理学奖。赫伯特·西蒙(Herbert Simon)1978年关于经济组织中的决策过程研究，丹尼尔·卡内曼(Daniel Kahneman)2002年关于意识决策的研究，被授予诺贝尔经济学奖。

现代社会中，心理学作为为了正确理解人类的学科在科学领域占据着主导地位，并在世界范围内广为人知。就像林肯“国民的，依靠国民的，为了国民的政治”的演讲能够做为民主主义精神的最简洁、最直接的表现被广为传播一样, 心理学也可被称作"人类的, 依靠人类的, 为了人类的学科"。

2) 以理解人类为出发点的心理学

如果说心理学是"人类的, 依靠人类的, 为了人类的学科"的话, 就经常会说"心理学的过去很长但历史很短"。在这句话中"长久的历史"指的是人类从在地球上诞生开始就不曾停下对人类探索的脚步, 而"历史很短"指的是迄今为止心理学作为一门学科发展的历程很短。就像社会科学里所包含的所有的学科都将哲学作为出发点一样, 现代心理学的起源背景也源于哲学, 但是同哲学不同, 心理学还包含着自然科学的要素。

以哲学家们关于意识的经验论和认识论为理论基础, 通过发展神经感觉生理学的科学方法和测量刺激性物理特征的方法展开的对于意识的研究标志着现代心理学开始。对人类理解的自然科学的重视可以说源于笛卡尔(Descartes)的有机体理论。在笛卡尔以前, 亚里士多德(Aristotle)提出的如果理解了肉体里的灵魂-人的心灵的话, 就自然而然地理解了人类的主张和以亚里士多德主张为基础的中世纪基督教思想为主流。但是受到宗教改革和笛卡尔的有机体论的影响, 生命现象与由肉体所构成的事物本身的法则相联系并不能将所有的生命现象都单纯地归因于精神灵魂的思想开始受到关注。到那时为止, 一直被视为禁忌的人体解剖学开始变得自由起来, 对于神经生理学的研究也变得活跃起来。在那之后, 穆勒(Müller)发现了神经能量的原理, 亥姆赫兹(Helmholtz)测量了神经冲动的速度, 韦伯

(Weber)和费希纳(Fechner)找到了定量测量身体刺激与心理感觉之间关系的方法，解释了反射神经机体。综上所述，不断找寻感觉的物理学根据的过程不单单是精神物理学的发展，也是现代心理学创立的基础。

另一方面，达尔文(Darwin)通过《物种的起源》一书提出基于自然选择理论的物种进化论。达尔文强调生物不是依据神的旨意以现有的形态存在于世间，而是为了适应环境不断进化而来的，这一主张为心理学发展和从科学的角度来解释生命现象开辟了一条阳光大道。受达尔文影响的高尔顿(Galton)认为人类具有遗传特质并提出了测量这些特质的方法。当然，他们提出的测量工具虽只是相当原始的，但也可称之为现代智能测量和性格测量的元祖。其次皮尔逊(Pearson)和斯普尔曼(Spearman)对于包含相关关系等的科学统计方法发展的贡献，对现代心理学的科学化发展有着十分重要的作用。

最早将心理学上升为一门独立学科的人是威廉·冯特(Wilhelm Wundt)。1879年，他在德国莱比锡大学(Leipzig)为了进行意识相关的研究建造了历史上第一个心理实验室。自此之后，先后培养了诸多优秀心理学者，心理讲座、心理实验室等开始在全世界范围内被广泛推崇，现代心理学也由此得到了蓬勃的发展。至此，主要从哲学范畴下进行的概念性、思辨性的心理学开始向科学性的心理学方向发展，从这一点上来看，威廉·冯特也被称为“现代心理学之父”。

3) 心理学的学术性区别

心理学与其他学科差别开来的原因是什么呢？我们不能单单只

从心理学是研究关于人的行动的科学这一点来将其与其他学科区别对待。其他的学科如经济学、法学、社会学、政治学、历史学、人类学、文学等都在某种程度上对人的行动有所关心。从这一点来讲，心理学一点也不独特。心理学是帮助人的科学，这一侧面反映许多学科与它有异曲同工之妙。如社会福利学、教育学、护理学、医学、警察学等。

首先，心理学作为一门独立学科合理化的根据主要是心理学研究所得出的结论均是基于科学的证据，并且当心理学应用于实践时是以科学的方法为基础，并通过科学的方法得到验证的。心理学者们不是单凭感觉或掐指一算般的进行研究，对于任何的现象都是基于适当的科学研究方法，按照客观的严格的的标准来进行研究的。

再者，心理学是对于人本身的研究。从事心理学研究的人比其他任何人都要关注人的发展。我们对世上的各种各样的事情都有着关心与好奇。但是心理学只钟爱于对人的研究，不是马路上奔驰的汽车，不是广阔无垠的宇宙，也不是渺小的微生物，而是将关注点只放在人身上。并且心理学广泛采纳多方面的观点，为了能够正确地理解而做出不懈的努力。

例如，被尊为教育学之父的卢梭(Rousseau)把自己刚出生的4名孩子丢弃在孤儿院，为被资本家剥削的劳动者发声的马克思(Marx)45年间依靠自己的侍女过活，托尔斯泰(Tolstoy)即使流连风月场所也坚持认为与女性之间的社交是社会罪恶的一种。当我们看到这些事迹的时候不免也会觉得这些伟人们有几分伪善与虚假。但是仅凭几个事迹就可以简单的把人类都分门别类了吗？会不会有其他的观点呢？我们每个人所坚信和尊重的真理真的能够在自己的日常生活中实践吗？心理学正是对这些疑问进行回答的一门的学科。

02 积极心理学

不论是谁，都期盼幸福。为了能够体验幸福，我们要拥有一颗积极的心。关于积极心理和幸福的研究的科学方法，代表领域自然是积极心理学。幸福是人人都渴望得到的圣杯，借用亚里士多德曾说过的话，幸福是"生命的意义和目标"，是"人类所追求的终究目标"。

当你为了变得幸福做出的恰当真挚的努力并且具有一个有追求价值的目标，那么幸福就是永远的。同时幸福也是需要练习的。如泰勒·本-沙哈尔(Tal Ban-Shahar)提出的幸福练习。积极的想法，积极的心灵，积极的行动模式能够自然地带给我们幸福。

1) 被我们遗忘的心理学的使命

进入21世纪以来，对于幸福的科学研究才正式开始。以马丁·塞利格曼(Martin Seligman)为代表的许多心理学家开始使用科学的研究方法，集中地对幸福进行研究。其结果是一个名为积极心理学的新的学科领域孕育而生。以幸福为代表的探索人类积极侧面的积极心理学受到人们的广泛关注。

塞利格曼提到，第二次世界大战以前的早期心理学有通过科学的研究来实现关于人的意识和行动的三大实践性的使命。第一是精神障碍的治疗(curing mental illness)，第二是发现卓越的才能和培养天才(identifying and nurturing high talent), 第三是帮助全世界的人们能够更幸福地生活(making lives of all people more fulfilling)(Seligman, 1998)。

2) 积极心理学的孕育

从塞利格曼题为"人类优势的追求：心理学所遗忘的使命(Building human strength Psychology's forgotten mission)"的演说中提到"心理学不仅是关注对人类的弱点和障碍的学科, 也是关注人类的优势和品德的学科。真正的治疗不仅止步于对损伤的部分的治疗, 而应该引导人发挥内在的全部能量"。这种心理学发展的新方向, 我们将其命名为积极心理学(Positive Psychology)。积极心理学是培养人类的优势和才能, 增进人类的幸福的学科。

有许多的人参与积极心理学的研究。首先, 就是积极心理学的创造者马丁·塞格利曼。他广为人知的主张有习得性无助理论(learned helplessness theory), 绝望理论(hopelessness theory)和习得乐观理论(learned optimism theory), 他出版了《真实的快乐(Authentic Happiness)》和《能够改变的和不能够被改变的(What You Can Change and What You Can't)》等。此外, 对积极心理的心流展开研究的米哈伊·希斯赞特米哈伊(Mihaly Csikszentmihalyi), 主观型幸福感的先驱者爱德华·迪纳(Ed Diener), 性格优势和品德的研究者克里斯托弗·皮得森(Christopher Peterson)等都对积极心理学的发展做出了巨大贡献。

3) 积极心理学的定义

积极心理学是“从科学的角度研究人积极的心理, 为人类的幸福提供助力的学科”。依据积极心理学的定义, 其主要具有以下几个特性。第一, 强调人类的积极性、适应性和创造性, 通过使用心理学理论, 科学研究方法, 以及介入方法, 不断增进自身对自我实现过程的理解。第二, 积极心理学使得心理学家以更加开放的心态对人类的潜能、动力和能力持有较高的评价, 并且为此而不断努力。大多数的心理学家将人类的积极面和消极面相联系进行一系列连续的活动, 因此对于消极面的理解与克服也是不可忽视的一部分。只是与其说积极心理学是完全剔除了消极的侧面, 倒不如说积极心理学更多地重视积极的一面。

4) 积极心里学的研究主题

积极心理学所研究的是基于人的主观经验的多种积极心理状态。这种积极状态包含代表自身的积极情绪(如幸福感, 安乐感, 满意感, 爱情, 亲密感等)和对未来的乐观态度(如希望, 热情, 活力, 确信等)。

积极心理学的焦点在于个人所具有的积极特质, 也就是对个人积极的性格特点和优势的研究。积极特质并不是指一时的心理状态而是一个人所具有的永恒的, 一直存在的积极的行动模式和卓越的道德品质。积极心理学家们主要关心的积极特质有创意性、智慧、毅力、真实性、谦逊、勇气、热情、领导力、乐观性、幽默、灵性等。

积极心理学对能够帮助组织成员获得幸福和自我实现的积极的

机构、社会也有诸多关心。积极心理学致力于探索幸福健康的家庭、学校、职场、社区、社会的特点和实现方法。

人类的积极要素主要从身体、心理、人际关系、社会文化等侧面进行探索。这是由于人生是围绕肉体与精神, 自我与他人, 个人与环境的相互作用而展开的。对于贯穿人一生过程中所出现的人类的积极特质和变化过程的研究。积极心理学不单只是学术上的研究, 更重视实际的介入。积极心理学关注理论和实际, 研究和实践, 分析和干预每一个环节。

5) 积极心理学的研究方法

积极心理学同样运用现有的心理学的科学方法来研究和提升人类的积极方面。人本主义的心理学者主要基于个人治疗经验或思辨逻辑进行论证, 而对于"科学的"心理学采取抵制态度。

积极心理学同样应用了现有心理学中使用的各种研究方法。为了客观的测量人的行为和特征, 采用了访谈法、行为观察法、问卷调查法、任务执行方法等各种心理测量方法。同时为了研究幸福和优势, 我们开展了相关研究和实验研究, 并且进行了纵向研究和横向研究。通过应用统计分析, 系统地分析研究数据。提高幸福感和优势的干预方法, 也在实施前后通过客观评估验证其效果。1998年, 当塞利格曼在美国心理学会发表演讲时, "积极心理学"一词被正式开始使用。2002年他发表了名为《真实的幸福(Authentic Happiness)》, 成为积极心理学蓬勃发展的契机。以《Journal of Happiness Studies》和《Journal of Positive Psychology》为代表的各种积极心理学期刊也被发表出版。

03 积极心理学的基本立场

1) 人类的基本动机

积极心理学是基于人类正在从根本上追求幸福和成长的假设。不论是谁都希望获得幸福。我们追求愉快、舒适和满意的生活。人类也有着不断开发自身的潜在能力，不断发展成长的欲望。这是因为这些欲望必须平衡和协调，才能获得真正的幸福。追求快乐和追求成长虽然可能暂时存在分歧，但长期趋同。

使人类变得不幸的理由主要是追求没能有效地实现动机，不恰当的目标以及不正确的方法。对于幸福的不正确的理解会使人类追求不合适的目标。即使为了幸福的人生而追求适当的目标，但如果实现目标的方法没有效果，也会使人们陷入不幸与挫折中。

人类是为了自己的人生不断做出改变的存在。许多人将焦点关注于克服人生的多种难关和逆境之后取得的成功。正是如此，积极心理学探索人类幸福和成长的心理因素，由此更进一步寻求有效的方法来促进幸福和成长。

2) 积极情绪和消极情绪

积极心理学重视积极情绪和消极情绪是相互独立的事实。消除消极情绪是对消极情绪的一种修正，其得到的结果只是一种中立的情绪，而不是自动诱发积极情绪。

积极情绪和消极情绪不仅是由完全不同的心理过程和神经机制引起的，它们的演变功能也大不相同。消极情绪的减少和积极情绪的增进是完全不同的两个独立过程。这是因为积极情绪和消极情绪的影响要因不同。

将消极情绪转化为中立情绪的方法和将中立情绪转化为积极情绪的方法是截然不同的。感受幸福感和不幸感的心理过程是相当地独立的，把增进幸福感作为消除不幸感的方法是十分困难的。为了增进幸福和成长需要使用与以往心理治疗截然不同的干预方式。

3）积极情绪的多样性

积极心理学并不强调让人们平生，或每日都保持着积极的情绪体验。这种目标实际上也是不可能的。其次积极心理学并不致力于使人的心情暂时愉悦的快乐指向，而是强调在持续的幸福感中实现成长和自我实现的人生。希斯赞特米哈伊将人类体验的积极情绪大致分为快乐和享受(Csikszentmihalyi1990)，快乐(pleasure)指的是食物、性行为、休息等的生理性要求和他人的称赞等社会性要求感到满意时的积极情绪。这种的快乐是一种愉快的心理状态，但它并不总是导致心理的成长和发展。它需要重复的经验才能维持长久的快乐。与之相反，享受(enjoyment)指的是实现所追求的目标，期待得到满意，意外的心理体验，创意性的成果等体验到的积极情绪。这种享受本身给予我们成就感和生动感，同时它不仅有着深远的影响，还有助于我们发展机能和潜能不断创造出新的东西。所以希斯赞特米哈伊主张积极心理学的重要课题是研究使人快乐并增加人更具有生产性，促进成长的、享受的体验的方法。

快乐和享受的区分与快乐主义的幸福和自我实现主义的幸福相关联。快乐主义的立场认为拥有更多的快乐体验就是幸福的人生。快乐主义指向型的幸福可以看作是持续地体验积极情绪的经验就是拥有丰富的人生。与此相反，自我实现主义的立场认为幸福的条件是通过不断发现自身的潜能，从而实现真正的自己。把通过发现和发挥个人的优势和美德，从而最大程度地实现自己潜能的人生看作幸福的人生。这种自我实现的过程有可能伴随着快乐，也可能没有。快乐主义的幸福和自我实现主义的幸福不仅从古代希腊时期就一直是幸福生活本质的两大支柱，也对今天积极心理学家关于幸福的观点和衡量产生了影响。

4）对于消极情绪的立场

在我们的生活中有各种各样的消极方面，消除和改善这些消极方面的努力是重要的。此外，在我们的生活中完全消除诸如焦虑、担忧等负面情绪并不一定是理想的。消极情绪不仅在适当的水平上具有适应性功能，同时还通过人生的消极侧面使我们的人生变得更加丰富。我们经常在经历的苦难和逆境中，使自己得到锻炼，明白了许多人生的道理。如果不经历人生的消极面，很难充分理解生活的积极面。积极心理学充分肯定消极情绪的存在，重视为减少消极情绪所做的努力。只是因为对于人类来说，追求幸福和满意的人生的要求是更加普遍的，所以把其看得更为重要。

有这样一种偏见，把经常体验到愉悦的情绪，幸福地生活的人视为以肤浅的态度面对人生的愚笨的人。在实证研究中出现了与弗洛伊德的主张相悖的结果。比较幸福的人和不幸的人的特点，发现幸福的人在学校、职场都表现得更为优秀，与他人的关系更为融洽，平均寿命也相对较长。当人们体验积极的情绪时，智能得到提升，展现出更多的创造性。此外，虽然智能水准与幸福程度只具有微弱的相关关系，但也呈现出正相关。

5) 积极心理学的幸福观

什么是幸福的人生？幸福没有绝对的定义，因为每个人都可以从不同的角度看待幸福。积极心理学提出幸福人生的第一个条件是愉快的人生(pleasant life)，这是一种对过去、现在和未来都感受到积极情绪的人生。对于过去的生活，通过接受和感谢得到满意感，在现在的生活中把握住现在这一瞬间，通过积极的参与和心流体验感受到愉悦和快乐，对于未来的人生带着挑战意识和乐观的期待，感受到希望和期待感的人生。愉悦的人生将积极情绪最大化，消极情绪最小化，可以看作是反映快乐主义幸福的立场。

第二个条件是积极的人生(engaged life)。在每日的生活中，通过积极参与自己所追求的活动和获得心流体验，最大限度发挥自己的性格优势和潜能，实现自我实现的过程就是积极的人生。这些优势中，最好表现个人的独特性的称之为代表优势(signature strengths)。真实的幸福(authentic happiness)就是在事业、爱情、子女教育、休闲活动等日常生活中找出并开发这些代表优势。作为一门科学的积极心理学，并不主张强调所有人都应当把幸福作为生活的积极目标，或者要具有特定的品德, 或者强调某种价值为最优价值。而是对理解和培养使人类生活愉快而又丰富的积极素质和优势有着浓厚的兴趣。

第三个条件是有意义的人生(meaningful life)。它是一种可以从我们的生活和行为中找到并赋予宝贵意义的人生。生活的意义可以在比自己更大的关系网中发现。比起只为了自己的人生, 为了更大更有意义的事情做出贡献。积极心理学重视个人与社会的关系。当个人为了社会和他人做出贡献时, 不仅能够感受到更大的幸福, 也通过改善社会环境增进了自身的幸福。塞格利曼认为当你怀着愉悦的心情, 热情地投入自己的事情, 并从中发现人生的意义的时候, 可以称之为真实的幸福。愉悦的人生, 积极的人生, 有意义的人生, 虽然三者有时并不一致, 但是相互之间存在着密切的关系, 它们相互促进。

图1-1 积极心理学的幸福观(Happiness Viewpoint of Positive Psychology)

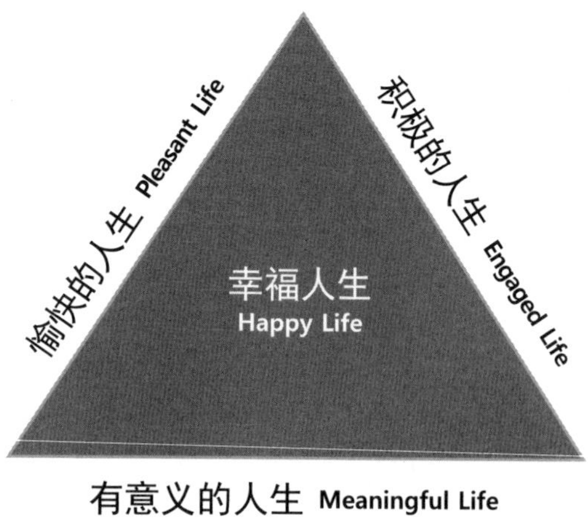

04 积极思考

1) 积极的思考

积极思考是幸福的垫脚石。正如斯宾塞·约翰逊(Spencer Johnson, 2006)在《幸福》中主张的那样, 我们所有人不强调别人, 而是我们自身应自发地带着要幸福的意图, 我们才会变得幸福。我们应该重视自己, 积极地寻找这一刻我们力所能及的最佳方法, 同时自主地向自己的信心发问。即使面对难关与失败, 也不要遗失梦想和希望, 始终秉持着对现在和未来的积极思想和内心, 这便是能够带给我们幸福和成功的保障指标。就像主张"一无所有"的法顶大师(韩国著名和尚)所提到的"幸福虽是来自于外部的幸福, 但幸福也像是自己内心飘散着的香气, 像花香般地绽放才称得上是真正的幸福。"

情绪虽是在进化过程中基于生物形成的一种形式, 但主要发生于对认知结果的评估。认知心理治疗师艾伯特·艾利斯(Albert Ellis)和亚伦·贝克(Aron Beck)强调在情绪体验中认知要因的重要性(권석만, 2003, 2004)。世界上事物的本身本没有意义, 人们如果没有对于事物赋予意义的话, 那事物本身不具有任何意义。所有的现象和事件都依赖于人类所赋予其的意义。从这一点上说与其把人类看作是受事件影响的被动性存在, 倒不如说人类是对事件进行主动地理解和反应的存在。

在第四章幸福理论, 适应和应对理论中所讨论的, 认知评价是通过主要评估和次要评估来实行的, 主要评估(primary appraisal)是通过同个人追求的目标相联系对事件的意义进行评估的过程。次要评估(secondary appraisal)是为了能够有效地把握事件状况对处理方法进行评估的过程。拉撒路(Lazarus)认为情绪是主要评估的产物。

为了实现幸福, 积极思考与消极思考之间的平衡很重要, 心理健康的人们积极思考和消极思考一般保持着黄金比1.6: 1.0的平衡状态(Kendall, Howard, & Hays, 1989)。积极思考就像汽车的加速器一样, 提供给我们乐观的期待, 促进我们追求热情和活力的生活。反之消极思考就像汽车的制动器一样, 带给我们悲观的期待, 不断限制我们生活的广度与速度。所以说心理健康的人们同时具有加速器和制动器, 并懂得恰当地运用。换言之, 能够平衡好积极思考与消极思考就是健康人生的秘诀。

带有积极思考的人们对于批判或威胁自我的信息更少地采取防御措施(Trope & Pomerantz, 1998), 同时积极思考的人们对于和自己的信念、意见不一致的信息进行否认或者歪曲的可能性要小很多(Estrada, Isen, & Young, 1997)。泰勒 · 布朗(Taylor & Brown, 1988)提到对于自己的积极评价, 对于未来的乐观信念, 对于约束感超过实际的夸大感觉, 能够提升人们的精神健康。

其实我们远比自己想象中自己以及他人眼中的自己要优秀得多。我们要相信自己具有无限的可能性, 并且能够将这些可能性付诸实现的必将是我们自己, 我们不能被困在自我否定的怪圈中, 这样即使我们如何努力也不会得到任何的结果, 而是应当积极地思考面对。

2) 乐观主义

乐观主义和悲观主义都指的是对未来的一种期待。乐观主义者预计好的事情发生, 反之悲观主义者总是预计坏的事情发生(Caver & Scheier, 2002)。"打翻了半瓶油与还剩下半瓶油"这一论辩向我们直观地展示了乐观主义和悲观主义的基本差异。积极思考最恰当的代名词就是乐观主义。

许多研究表明, 乐观主义者比悲观主义者更能保持长久的健康。例如, 乐观的大学生比悲观的大学生在过去一年时间里患感冒、咽喉炎、流行性疾病的概率要小(Affleck, Tennen, & Apter, 2002)。在对波士顿居住的1300名男子进行的长达十年的一项研究表明, 乐观主义者比悲观主义者患心血管疾病的可能性少于50%(Kubzansky, Sparrow, Volkonas, & Kwachi, 2001)。以哈佛大学的毕业生为对象的长达35年的一项追踪研究显示, 乐观主义的同学比悲观主义的同学更健康(Peterson, Seligman, & Vaillant, 1988)。

一般来讲, 乐观主义者比悲观主义者对于长期的幸福增进是有帮助的, 所以应将乐观性付诸于实践(Schneider, 2001)。乐观主义不仅能够促进积极的心情和热情, 提高忍耐心和有效的问题解决能力, 促进身体上的健康, 取得学术或事业上的成功, 甚至和人的长寿也息息相关。谈起悲观主义, 总是离不开抑郁症、消极性、失败经验、社会孤立、疾病、高死亡率这些词语(Peterson & Bossio, 1991)。纵观全局, 尽可能地用积极的观点来看待未来是幸福的条件之一。

3) 完美主义和最佳主义

积极心理学是幸福学。阻碍我们通往幸福的绊脚石，是人们不仅想要变得幸福，同时还期望拥有完美的人生。不断地追求完美正是我们的不幸之处。

(1) 完美主义者不可能拥有幸福

完美主义的本质就是一种基本的生活方式。对完美生活的追求更加强调安定与成功。可是极端的完美主义者就引人深思了。极端的完美主义者(perfectionist)的三大特征为反感失败，反感直面痛苦的情感和反感成功。首先谈完美主义者反感失败。没有人会喜欢失败，但是面对失败是正常地感到反感还是感到极度的恐惧，这是两种截然不同的反应。前者抱着不再失败的信念，积极采取有效地预防措施，为了成功不断做出努力，后者始终带着那份对失败的极度恐惧，渐渐地对人生旅途中必要的冒险也变得畏手畏脚，丧失了勇气。结果不仅不能肆意发挥自己的能力与才情，同时还有可能引起精神方面的疾病。所以，纵观整个人生，失败是我们不可避免的一部分，而最终通过失败才能更好地引导我们走向成功。如果没有失败，我们将无处获得新知。

反言之，如果不能够感知痛苦，那么感知幸福的能力同样受限。我们感知到的所有感情都以相同的路径流动着，如若切断了痛苦的情感，间接地也就切断了快乐的感情。为了实现幸福的人生，我们要懂得感受人类的所有情感。我们要允许自己作为人所具有的全部感情。不单单是积极的情感，还要去体验嫉妒、愤怒、失望、悲伤、害怕、不安，这样才可谓是真正的幸福。

与完美主义相对应的观念是最佳主义(optimalist)。完美主义者和最佳主义者都怀有同等的雄心壮志，为了达到自己的目标不断努力拼搏。但是他们实现目标的方式有所不同。完美主义者和最佳主义者重要的差异在于，从本质上看前者拒绝接受现实，后者欣然接受现实。这两者之间的差异表现在对失败、痛苦，和对成功的反应上。这在后面的章节里会做更详细的说明。

哲学家米尼亚·摩多为努(Mihnea Moldveanu)曾说，当我们说期待真相的时候，事实上我们确信自己是对的。这句话最适用于完美主义者。完美主义者可能会说他们想向别人学习，但他们最关心的事其实是证明自己是正确的。所以他们不愿意承认学习的代价(缺点、不足之处、认准自己的失误等)。

完美主义者具有两种特别的心理防御机制。第一为自我进取，第二为自我确认。自我进取(self-enhancement)指的是我们想要将自己变成更好更优秀的人的欲望。自我确认(self-verification)指的是坚持自己，坚持自己所了解的自己，坚持认为自己是正确的欲望。这两种心理机制渐渐地变得冲突。

像美国哲学家拉尔夫·沃尔多·爱默生(Ralph Waldo Emerson)所说的："随着你的决心，世界有可能成为地狱，也有可能成为天堂。"从哪种观点出发，是解释这个世界差异的关键。最佳主义者并不认为在任何状况下都要专注于潜在的可能性，从而强调任何消极的事件都有其肯定的一面。世间有着不计其数的错误状况，但是根据状况的不同,有时消极应对也会是最恰当的。从不曾注意到消极事物的人是单纯天真的乐天派,其实这和只看到消极事物的人是同一类的,是非现实的。

完美主义者和最佳主义者的观点差异还明显地表现在对待自我和他人上面。完美主义者认为自己可以避免失误,因此总是为了主动负起责任而对自己十分严苛。过分强调负责这一概念。最佳主义者出现失误的时候能够负起责任,并能从失败中总结经验。他们接受失败和失误是不可避免的。所以更加地宽待失败,原谅失败的自己。完美主义的严苛和最佳主义者的宽待也延伸到与他人的人际关系中。像对待自己那样对待他人。对待自己若是亲切与同情,对待他人也就充满了亲切与同情。反之,对待自己严苛,对待他人同样严苛。

完美主义者总是不断谋求自我进取,以自尊感研究而闻名的心理学者纳撒尼尔·布兰登(Nathaniel Branden)称其为虚假的自尊心,是为了伪装"实际上不曾感受到自信与自尊"而向外界展现其完美的样子不断地作出努力。

有多少次面临失败,那其中也就包含了多少次的不断挑战和冒险的意义。我们从失败中学习经验,从而得到进步。正是因为经历了失败,我们才变得更加成熟。另外,当我们成功地完成冒险,再次出发时能够变得更加强大,更加具有韧性。与此同时,在面对失败的时候相信能够克服挫折的信念和自信感更加得到了强化。这正是由于我们真正了解了那个总是让我们感到害怕的"怪物",名为"失败"的东西并不像我们想得那样可怕。就像绿野仙踪的真身出现的时候,我们不会再感到害怕那样,当我们真正直面失败的时候也就感受不到它的威胁了。

卡尔·罗杰斯(Carl Rogers)称心理商谈求访者如果能够认识到自己不是一个生硬的固体，而是像流动的江水那样的液体，不是一成不变的而是能够不断发生变化的存在，这将为心理商谈取得重要进展。罗杰斯还指出最佳主义的本质是不停滞于原地，而是不断学习，不会逐渐变弱，只会逐渐变强，并具有能够冲出洪流走出来的流动性。

完美主义者在任何时代都可能是一个问题，但在相对变化缓慢的世界中，完美主义者有可能生存下来，也有可能取得成功。可是在当下，还有未来，不论是谁，如果不能够及时地完成完美主义到最佳主义的转变，那么将只能面临恐惧。僵化的思考方式已经不适用于当今这个流动的世界。这是包括不曾有过任何先例的中国和美国，乃至全世界的年轻人抑郁症、不安、自杀等不断增加的原因之一。最佳主义者所具有的流通性和对待变化的开放姿态更适应于当下这个日新月异的环境。最佳主义者虽然认为有时应当与变化进行较量，但是也具有克服不可预测的不确定性的自信和意志。对最佳主义者来说，未知的世界不是恐惧的而是令人陶醉的。变化不是威胁而是挑战。

失败不是成功的必要条件。换言之，失败不能够保障成功。但是可以确信如果没有失败，那必然没有成功。理解失败和业绩有着密切关系的人不断学习，不断成长，最终取得成功。没有失败就没有学习的机会。

⑵ 我们每个人有着天生的治愈能力

我们的本性，人生的现实，好与不好所有的情绪我们都要体验。所以如果我们拒绝面对某种感情的话，那将不能够承受不可避免的极度痛苦。认为是"不正确的"感情所以无条件地抑制和拒绝的话，对我们的精神世界是百害而无一益的。瓦格纳(Wegner, 1989)曾说"对流露出的感情比起抑制或拒绝，按照自己的想法自然而然地接受或表达是最有效地调节不安和抑郁的方法。"

就像科学家因为认可了重力、热力学等物理自然法则，使得科学技术得以发展那样，我们也能因欣然接受人之本性从而成就一个更加丰富多彩又圆满的人生。因为不论是讨厌或喜欢，痛苦或快乐的情感都是我们的一部分。

我们每个人都天生具有自我治愈的能力。例如同我们身体里的细菌作斗争，让我们碎裂的骨头再次愈合，重新长出新的血肉。像这种治愈身体上的创伤需要时间一样，我们心灵的治愈也是一样的。为了治愈我们心灵的创伤就需要注意到痛苦的感情。就像所有的创伤并不一定都需要专业的治疗一样，许多情况下我们内心的创伤没有外界的帮助，凭借我们自身的治愈力便可以充分治愈。

并不只是为了解决心理方面的问题而进行不断的努力，而是应该单纯地接受和认证。不论是哪种感情都无法躲避。没有人能从嫉妒或恐惧，愤怒或不安中独善其身。问题在于我们不是单纯地感知这些感情，而是要找到正确的处理方式。由于人类是情感与理性并存的高级物种，因此当我们感受到某种情感时，会想要探究其原因。

当我们产生某种不快的情感, 却无法从自身寻找到原因的时候, 总是将责任归咎于别人, 以此来实现那份情感的正当化。渐渐地我们为了实现自身的正当化而习惯于对他人发出责难。

积极的包容指的是基于现状的认可, 然后选择自己认为的最佳方案做出行动。即使感到畏惧也能鼓起勇气做出行动, 即使感到嫉妒也能够保持慈爱的心灵, 就像接受了人之本性, 发挥人间爱意那样, 我们在每一瞬间都能对我们的行动做出选择。

⑶ 直面现实

专注于哲学和心理学的大家亚里士多德的思想中最重要组成部分之一的是矛盾律。矛盾律(principle of contradiction)指的是"事物只可能是它自己本身"这一命题。举例来说, 话一定是话, 人一定只能是人。同一律(principle of identity)指的是应该承认事物和其本身所蕴含的相同事实的所有意义。也就是说事物的本身存在于人类或者世界对其抱有怎样的看法。

如果不能够承认与事物本身相同的事实, 或是在不做出基于此认知的行为, 将会发生可怕的事件。例如, 试想如果有人将货车不认作货车, 而是称其为鲜花的时候, 那么将有可能被轧。同理, 若将毒药认作食物, 那人们十有八九会死掉。

就像镜子虽没有对我们进行说教, 单单只是向我们展示本来出现的面貌那样, 我们也不应该劝说处于感情暴风中的对方。若要平复对方的悲伤或愤怒, 只需简单的一句"你看起来很悲伤, 或是你看起来很生气的样子"就已经足够。不论是谁, 当他感受到强烈的情感时是听不进去任何人讲话的。就算是再怎么的良言益语, 是建议、安慰也好, 干涉性的批判也罢, 都是难以接受的。他们只希望自己的心情能够被感同身受地理解。

当然并不是说只要我们全盘接受自己或他人的情感, 一切问题就可以迎刃而解了。解决问题需要我们投入相当多的努力与时间。但是直面情感是为解决问题迈出的重要第一步。这不仅几乎使得当下感受到的情感强度得以缓和, 长此以往也就习得了同一律的思维方式和尊重现实的法则。

从完美主义过渡到现实主义的过程中, 任何的失败、情绪、成功, 不论怎样都应当坦然地接受。如果不能直面失败, 同样地也就与努力和挑战擦肩而过, 结果学习和发展的机会也就这样悄然流逝。如果不能接纳痛苦的情感, 则会陷入那种感情中, 最终与平和的内心渐行渐远。如果不能以一颗包容与感恩的心来迎接成功, 那么世间万事都将变得没有意义。

(4) 拒绝过度干预, 学会放下

心理学家索尼亚·路德(Suniya S. Luthar)的研究团队称, 所谓不幸的幸运儿的最大问题是负担感和孤独感。导致这种问题的主要原因之一是父母及老师对这些孩子的过度干预。

令人遗憾的是当今社会的教育制度总是导向完美主义(不是教育的本意)。为了能够踏入名校, 究竟应该成为怎样的学生呢？是为了发现自己的兴趣, 在各种领域不断尝试, 经历了多次失败的学生, 还是完美地无可挑剔, 拥有傲人成绩单的学生？假如其他的条件均相同，相信大部分大学相较于前者，更倾向于选择后者。比起充满勇气的失败和热情高涨的探索，典型化的成功和可被预测的结果都倍受重视。

我们需要对孩子抱有高度的期待。实际上贫民区的人们具有一个共同点，就是一些家长、老师、教育者对孩子寄予的期待并不高。为了达到更高水准而做出的不断努力，我们称其为最佳主义，更有可能发展为健康又现实的完美主义。为了达到长期的成功与幸福，大体上需要我们一边不断追求具有挑战性的目标，一边又能够接受自己的不足与失败。父母和教育者应该做的是既要对孩子寄予高度的期待，同时也要给予孩子一个不断探索与冒险，允许失误与失败的机会。

反观之，父母过度的称赞和鼓励不亚于过度责备所带给孩子的负面影响。一些父母遵循心理学者和育儿专家的建议，当孩子表现好的时候，毫不吝啬地称赞孩子。虽然称赞是重要的，但是小孩子们也同样需要没有称赞或责备，只是自己单独游戏或学习的时间。

最坏的状况便是以上二者混合在一起的情况。鲁萨的研究团队曾指出家境富裕的十几岁的青少年因为滥用毒品而走入歧途的最大原因就是“父母的缺失和唠叨”。由于陪伴孩子的时间相对较少，放学后也不能花费心力教育孩子，父母们为了挽回自己在孩子生活中角色的缺失，通常喜欢过度地干预，不停地唠叨孩子。

父母参与是无可厚非地重要。借用亚里士多德的中庸思想来讲，问题要在适当的时间，带着适当的动机，以适当的方式，解决到适当的程度。当然就像所有的父母都懂得这个道理一般，但往往说起来容易做起来难。就在现实世界中不可避免地要面临失败这一现实而言，如果是真心地爱着孩子的母亲的话，应该要让孩子在安全的环境里，渐渐地培养孩子独自克服困难的能力。孩子独立的过程——例如，正在哭闹的孩子必须忍受母亲不在自己身旁——这一过程对于孩子和父母都是十分难熬的。但是除此之外别无他法。如果为了保护孩子，防止摔跤而一直抱着孩子，那么孩子也就无法学会独立行走。如果没有失败，也不会获得新知。

在孩子成长为青年的这些时光里，父母应当在放任自流和过度保护之中找到平衡点。为了孩子在成长过程中能够避开不愉快的经历，能够比自己活得更加幸福。父母的内心往往会产生极端的爱和关心，这一切都是理所当然的。但是父母有所不知的是，这样做可短暂地使孩子们变得幸福，但长此以往必会使得孩子丧失自信、活泼、意志，以及社会性的发展。19世纪的英国作家塞缪尔·斯迈尔斯(Samuel Smiles)曾说过："再没有比任何希望都达成，从此没有任何的奢望与追求，也不需要再做出任何的努力更可怕的诅咒了。"为了孩子的健康成长与发展，孩子需要经历一定程度的失败和磨难，需要拥有痛苦的情绪体验。当然作为父母，我也同样希望能够有一条捷径使我的孩子能够避免经历痛苦，但是现实中并不存在这样的路。

斯坦福大学的心理学教授卡罗尔·德韦克(Carol Dweck)区分了固定型思考方式和生长型思考方式。固定型思考方式(fixed mindset)指我们的智能、身体智能、人格、社会性等是一成不变的。如果才智出众，学业、事业、运动、人际关系等方面都可获得成功。如若不然，就只能永远成为一个不足的失败者。反之，生长型思考方式(growth mindset)指的是只要能够使我们自身的能力得到提高, 就会一直发生变化。虽然有着过人的才能, 但那只不过是出发点而已, 为了做好某件事情, 更需要不断付出时间与努力。

就像卡罗尔·德韦克的研究结果那样"强调努力的话孩子就会自然而然地习得自制力, 从而就会养成一种积极把握成功的想法。强调出众的才能, 孩子就会认为成功与否与自己的努力并没有关联, 从而面对失败束手无策。" 即使孩子不能在所有的事情中成为那个最好最棒的, 单单只是孩子能够乐在其中便可以成为做这件事情的充分理由。这样看来, 在孩子成长的道路上并不能将快乐拒之门外。一般最佳主义者同时具有认为人类本性固定的限制性观点和生长型思考方式。而完美主义者则主张人类本性可变的无限制性观点和固定型思考方式。

4) 积极地再评价

积极地再评价(Positive reappraisal)指的是将问题放在更积极的脉络中再构成的认知型方法。这种方法可以提高我们积极思考的能力。那些获得性免疫缺陷综合症AIDS(俗称艾滋病)患者的看护者承受了巨大的压力和痛苦, 但是看护者们在自己的努力中, 也能体会到积极的情感(Moskowitz, 2000)。对于看护自己爱人的家属来说, 他们把这种付出视为是一种爱的表现, 他们相信通过自己的努力能够维持爱人生命的尊严。

幸福是通过实践由心感受的。幸福不是某件事的成功或一夜暴富, 又或是获取权力和名声。因为幸福不是存在于人外在的, 而是在于一个人的内在。幸福是内在的心态，是感知方式，是自我生存的方式和对待自己的方式。因此对于学校成绩、金钱、大学升学、就业等方面，那种如果能够换一种环境说不定就会变得幸福的认知是错误的。虽然环境会给人的心理造成影响，但环境终究不能与人心相提并论。重要的是我们要改变自己的思想。换言之我们要对自己的人生进行积极地再评价。

05 积极情绪

主观型心理状态的幸福中最重要的因素就是积极的情绪体验。一般来说快感(pleasure)的持续时间较短，与特定的刺激相关联，且十分单纯。而情绪(emotion)不仅指主观的感觉，更包括特定的生理反应，与思考和行动相关联，相对较复杂。

情绪主要有三种要素构成，即情绪体验、生理反应和行动准备。情绪的第一要素包含愉快-不快，喜欢-讨厌等主观型体验。第二是伴随的生理反应。与特定情绪相对应的自主神经系统同时发生的生理反应。最后情绪的核心要素是行动准备(action readiness)，当感受到特定的情绪时，就会感受到需要表现出与其相关联的特定行动的压力，从而更好地准备做出对应的行动。这种行动准备能够帮助对诱发情绪的事件采取有效的对策，也被称为情绪的核心机能。

1）情绪的基本特性

在英语中形容情绪的单词超过了2000个，心理学家们在长久的研究过程中，致力于将人类的情绪根据不同标准进行多样划分。现如今，恐怖(fear)、愤怒(anger)、嫌恶(disgust)、高兴(joy)、惊喜(surprise)、悲伤(sadness)等被广泛地认为是人类的基本情绪。每种情绪伴随有独特的表情，可以从幼儿和小朋友的脸上看到这些表情，也可以在各种文化和地域里，通过他们记录自己情绪的语言中找到踪影。有些研究者也主张将趣味(interest)、偏爱(acceptance)、轻蔑(contempt)、自豪(pride)、羞耻(shame)、期待(anticipation)、内疚(guilt)这些情绪追加在人类基本情绪的目录当中。在东方，人们也将人的情绪分为喜怒哀乐，亦或是称为四端七情，将人类的基本情绪分为喜、怒、哀、惧、爱、恶、欲。

(1) 普拉切客的情绪之轮

如果说只存在一种或几种情绪的话，应该如何说明我们所经历的多种情绪呢？根据罗伯特·普拉切客(Robert Plutchick)的情绪之轮(emotion wheel)，就像红，蓝，黄三原色融合在一起形成的多色色环一样，基本情绪对体验更为复杂的情绪具有奠基(砖头)作用。也就是说，如果把基本情绪看作是人类共同出现的元型情感的话，复杂情绪就是基于基本情绪所派生的情感产物。人类的丰富情绪能够用三种方式来进行说明。第一，存在八种基本情绪。即六种基本情绪高兴和悲伤，恐怖和愤怒，惊吓，嫌恶，再加上期待和偏爱。第二，情绪类型因强度不同而随之发生变化。例如，强烈的嫌恶就会感到憎恶，而微弱的嫌恶就会渐渐感到无聊。第三，新的情绪是由八种基本情绪混合而形成的。例如，爱就是高兴和偏爱的结合，轻蔑就是嫌恶加之愤怒，思念就是高兴混合着悲伤。

(2) 拉塞尔的环状模型

另一方面，詹姆斯·拉塞尔(James Russell)提出了环状模型(circumplex model)。这个模型将人类的所有情感依据快感和强度进行区分。也就是情绪的愉快与否以及强弱程度。大部分的人们假定积极情绪与消极情绪是相对立的两面，例如，普遍认为幸福的人不可能同时伴有悲伤的情绪。这种对于情绪两分的直接假定在实际的研究中得到了证实(Russell & Carroll 1999)。依据两个维度，圆形的情绪被四等分，"愉快-强的"一面有幸福(happy)和十分开心(delighted)等，"愉快-弱的"一面有放松(relaxed)和满意(satisfied)等，"不快-弱的"一面有无聊(bored)和悲伤(sad)等，最后"不快-强的"一面有惊慌(alarmed)和懊恼(annoyed)等。

(3) 华生的积极情绪维度

华生(Waston, 2002)提出多样的积极情绪存在三个基本维度。第一维度是从幸福感、开朗的心情、狂热的关心中表现出的愉快性(joviality)，第二维度是从自信、过人的勇气中表现出的确信性(assurance)，第三维度是从注意力集中、明确的意识中表现出的注意集中性(attentiveness)。

(4) 积极情绪的频度和强度

当感受到幸福的时候感受积极情绪的频度重要还是感受积极情

绪的强度重要？普遍认为情绪的强度和频度对主观型幸福的影响，在各个时期各有不同(Diener, Larson, Levine, & Emmons, 1985)。总的来说，积极情绪的频度更为重要一些。相对于较少经历欢愉情绪，在日常生活中时时体会到快乐对主观型幸福感更加重要。强烈的积极情绪会对那些经历的记忆产生影响。有学者发现积极情绪的强度和消极情绪的强度之间相互关联(iener et al., 1985)，感受到强烈幸福感的人也较容易感受到强烈的消极情绪。一般来说女性比男性更能强烈地感受积极情绪或消极情绪。

2）积极情绪的功能

情绪的基本功能是确认对于现在或未来将要经历的状况，当下采取的对应措施有多合适(Morris, 1999)。大部分的基本情绪都是与生俱来的，像这般天生的机能大都为了适应后天的发展而不断进化。大卫·巴斯(David Buss, 2000)等现代进化心理学家们提出，积极情绪是人类进化、适应、生存中绝对需要的。

但是积极情绪和消极情绪的自动体制和适应性机能性质不同。消极情绪是人类在遇到危险或威胁时发出的适应性机能。其次消极情绪能够诱发特定的行动倾向(specific action tendency)，从而按照特定的方式进行行动。消极情绪向我们提供危险信号，提醒我们缩小反应范围并做出快速正确的应对措施。而积极情绪作为一种安全信号，其主要机能并不是集中在应对力量上，而是强调延伸和增大。这表明积极情绪的进化性益处不是对于现在状况而是对于未来而言的。

(1) 弗里德里克森的拓展-建构理论

芭芭拉·弗里德里克森(Barbara Frederickson)提出了与积极情绪机能相关的积极情绪拓展-建构理论(broaden-and-build theory)。根据这个理论，积极情绪的体验将在个人层面被拓展和建构，以此来适用于之后的其他状况。首先，积极情绪在直面状况的时候能够诱发不确定的行动倾向(nonspecific action tendency)，并引导应对行动。其次积极情绪能够促进生成适用于当下状况的新的适应性思考-行动倾向(though-action tendency)的认知型行动。

当我们感知到积极情绪的时候，一时的思考机能和行动样式得到拓展，其结果通过已经习得的经验能够使我们架构可以有效地应对未来状况的认知性资源和情绪性资源。通过一时的情绪状态所习得的这些资源，即使我们结束此种情绪状态，也仍然能够持续维持。即在积极情绪体验之后，即使是在不同的状况下，也能够建构出切实有用的个人资源，并具有拓展的效果。由于这种资源的增加，个人得以发展和成长，其次对于新的状况也能够做出有效的应对。所以便使得人们能够再次感知积极情绪，从而形成一个良性循环。与此不同，消极情绪一般会缩小思考和行动的范围。为了避免危险而做出行动。但是积极情绪并不要求缩小选择范围，而是为了达到未来资源的极大化不断拓展选择范围。积极情绪有着拓展我们的意识，积累应对资源的机能。

积极情绪具有以下四种特性(Baumgardner & Crothers, 2009)。第一，积极情绪能够拓展我们思考-行动的内容。与人们生气或害怕的时侯不同, 当人们感到幸福和满意的时候, 能够站在自身之外提出多种对策和开放性的思考方式。第二, 积极情绪能够抵消消极情绪。由于积极情绪和消极情绪并不是两立的, 所以积极情绪能够抵消消极情绪所带来的影响。第三, 积极情绪能够提高人的恢复弹性。恢复弹性(resilience)是指能够从产生压力的事件中得到恢复, 找回平静, 最终感受到幸福的能力。通过积极情绪来抵消由于压力引起的消极情绪, 从而提升我们的恢复弹性和应对能力。最终积极情绪能够构建持续性资源, 提升幸福感。就像弗里德里克森的拓展-建构理论那样, 积极情绪能够产生向上型的良性循环的幸福感。积极情绪能够拓宽我们的视野, 抵消消极情绪的影响, 提高我们的恢复弹性, 提升情绪性幸福。得以拓宽的视角和增加的恢复弹性又再次提高我们积极情绪的体验。而且这种模式能够长久的循环往复。总之, 积极情绪对建构应对疾病的身体性资源, 应对压力的心理资源, 应对人生几乎所有挑战的社会性资源都具有很大的帮助。

(2) 弗里德里克森的撤销假说

积极情绪被认为是消极情绪的解毒药。积极情绪能够使得消极情绪的生理性效果恢复到原来状态(Fredrickson & Levenson, 1998; Tugade & Fredrickson, 2004)。弗里德里克森提出了积极情绪作为解毒药, 能够撤销消极情绪所带来的有害影响的撤销假说(undoing hypothesis)。积极情绪能够使得由于消极情绪或压力而导致身体上、心理上的后遗症得以恢复到安定与平静的状态。

同积极情绪的利他主义性质相同, 积极情绪也能够提高意识决策的自律性。它还具有增强创意力、减少攻击性的倾向(Isen, 2002)。其次积极情绪对加强人际关系，提高职业满意度也有帮助(Isen, 2001; Morris, 1999)。当感受到特定的心情时，更容易回想与其心情状态相一致的记忆，这种现象被称为情绪一致性(mood congruent recall)。积极的情绪状态促进回想积极的记忆，同时抑制回想消极的记忆。

(3) 丹尼尔·卡内曼的峰终定律

普林斯顿大学的名誉教授，在2002年荣获诺贝尔经济学奖的心理学者丹尼尔·卡内曼(Daniel Kahneman)对于快乐体验提出了相当有价值的主张。他提出了峰终定律(peak-end theory)，该定律认为我们所享受的过去的快乐体验，并不是说简单地将构成那些体验的每一瞬间组合或总结起来而是获得那些体验的过程中最强烈的感觉和从体验的最后感受到的情感的影响。

轮番给实验参与者提供类似看电影的愉快状况和接受医务诊疗的不快状况，时时评价实验进行过程中愉快-不快程度。整体来看，得出的评定分数主要依据体验过程中出现最极端的评定值和体验结束之前的评定值的平均分数(Kahneman, 1999)。也就是说对一项事物体验之后，对整体体验产生重要影响的是感受到强烈的峰点体验和结束时的终点体验。

在许多状况下，我们希望有更多，更长久的快乐体验。但是峰终定律里并不强调持续时间的重要性。当然如若快乐体验过于短促，也会适得其反。那样并不能带给我们积极情绪，反而会使我们形成焦虑，失望等消极情绪。与积极情绪相关联值得我们留心的是，当我们感受到愉快体验的时候，比起单单强调其持续性，更应该创造出感受到强烈快感的峰点和结束后回想起愉快体验时也能产生积极的体验。这与俗语“结尾好，一切都好”如出一辙。比起模糊不清与恰如其分，倒不如十分确信地创造一个特别的极致体验。如果在结束时有稍许感动的话，可谓是最有效的方式了。

3) 积极情绪和身体

情绪表现为身体生理上的反应和行动性反应，能够最及时表现情绪的便是表情。情绪的表现依据文化的不同有所差异，在个体上面也存在着差异。

(1) 积极情绪和荷尔蒙

积极情绪和我们身体里分泌的荷尔蒙有着密切的关系。如若仔细查看特定荷尔蒙的状态便可知晓一个人积极情绪的状态。接吻时分泌出的使心脏跳动的兴奋荷尔蒙-肾上腺素(adrenalin)，给予快感的内啡肽(endorphine)，使得幸福的血清素(serotonin)，感受到酥麻感觉的多巴胺(dopamine)，提高免疫力的胰岛素(insulin)和肾上腺素，充满爱心和信赖的催产素(oxytocin)等让我们内心小鹿乱撞，血管扩张，体内氧气含量增高，调动着我们身上的各处机能。这些荷尔蒙的产生对我们的正常生活起着巨大作用。例如：如果不能正常分泌胰岛素就会患上糖尿病，如若不能正常分泌内啡肽和血清素就会患上抑郁症。

(2) 积极情绪和遗传

有趣的是情绪体验会受到遗传的影响。个人的基本情绪反应倾向在很大程度上决定于遗传因素。遗传率(heritability)体现遗传因素影响力的指标, 由于双胞胎之间的相似性的不同, 双胞胎也具有同卵双胞胎和异卵双胞胎的差异。一般来讲, 身高、体重都会受到遗传因素的影响, 智力在一定程度上也与遗传相关。有研究结果表明比起儿童期的情绪体验或后天的学习经验, 遗传形质更是决定我们长期的情绪状态的主要因素。由于遗传特性的影响, 有些人能够保持以乐观的态度, 主动同他人分享愉快的经历, 生活中充满着热情、活力的积极情绪。与之相反, 有些人总是以悲观消极的态度面对生活, 害怕与他人接触, 经常在生活中感受到消极情绪。例如, 以巴奴姆效应而闻名的心理学家保罗 · 梅尔(PaulMeehl, 1975)指出, 有些人天生就更加容易感受到快乐和愉悦, 对积极情绪有着偏好倾向。这就能够把体验积极情绪假定为一种能力, 并称之为"快乐能力(hedonic capacity)"。其次有研究结果表明同卵双胞胎的幸福指数具有十分密切的相互关联(r=.44~.53), 反之, 异卵双胞胎之间的相互关联性则十分微弱(r=.08~.13)。这一研究结果也表明遗传对积极情绪能够产生一定的影响。

(3) 幸福定点

虽然大部分的学者都不认为遗传能完全决定幸福水准, 但是能够体现遗传是重要的影响因素的概念叫做幸福定点。幸福定点

(happiness set point)的概念是指大多数人一时感受到或高或低的情绪体验后，恢复平常时的幸福平均水准或定点。虽然是我们一时体验到的强烈的高兴或悲伤，但从长远地来看，最终将会使人回归到何种情绪状态。有些人的定点偏向于积极情绪那一方，整个人看起来也是经常充满活力的状态。反之，有些人会更偏向于消极情绪那一边，时常会表现得担忧过多，被悲观主义所牵引。

当然幸福水准并不完全被遗传因素所左右。遗传会给神经带来相当大程度的影响。假设我们的幸福水准是平均值以下，遗传因子会诱导我们以非生产性的方式作出行动，也就是说会引导我们的幸福水准不断下降。假设我们的遗传因子抛下我们，擅自行动的话，最终也会走向它们所引导的目的地。但是人生是我们自己的人生。我们能够从无限广阔的范围中选择自己的目的地。成长环境、家庭状况、教育经历、文化背景等多种多样的其他因素也是个人幸福水平的影响要素。为了我们幸福的人生，我们能做的事情分明还有很多。

幸福是由个人的幸福定点、生活状况、有意图的活动这三个因素所决定的。生活状况(life circumstances)指的是年龄、性别、教育水平、社会阶层、收入、家庭和子女、智力水平、个人魅力等外部条件对幸福水平的影响。有意图的活动(volitional activity)是指依据个人的意志和动机所选择的自发活动。即，幸福是遗传因素所决定的幸福定点、外部环境和依据个人意志和选择做出的行为的产物。

经常体验到积极情绪的人也被称之为积极情绪性(positive affectivity)。有些人能够稳定地体验一定强度的积极情绪，也有些人表现出变化无常的情绪状态(Larsen, 1987；Watson, 2000, 2002)。一般推测积极情绪会对婚姻生活及职业满意度产生影响。积极情绪伴随着遗传因素的影响。

但是仍要再次申明遗传并不是积极情绪的决定因素。对情绪倾向研究的代表学者大卫·沃森(David Waston, 2002)曾说过以下这段话。"即使受到遗传或生物学因素的影响,也没有必要因为宿命论而灰心丧气,我们拥有增加自己积极感情的自由。"为了使我们反复体验的情绪能够逐渐转向积极情绪那一边,比起达成个人目标,注目于朝着目标努力的过程,对我们体会那份变化和过程会产生更大的帮助。

图 1-2 幸福 = 幸福定点(50) + 生活状况(10) + 有意图的活动(40)

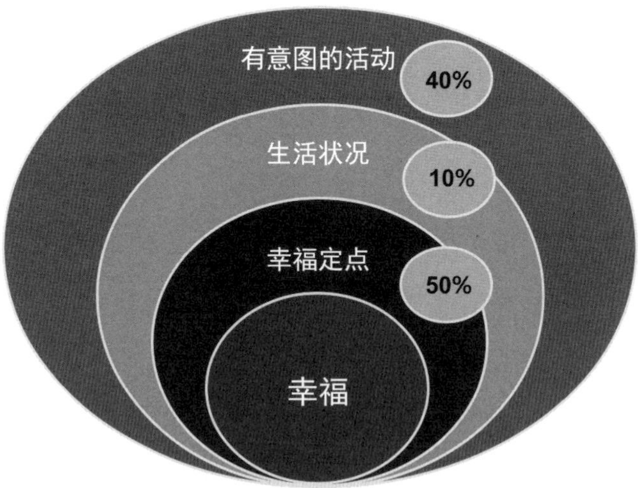

幸福 = 遗传因素**(50)** + 环境条件**(10)** + 努力和选择**(40)**

06 积极体验

在我们成长的道路上，不仅受益于积极的思考和积极的情绪，积极的体验同样能够带给我们许多益处。成功、恋爱、心流体验、休闲活动等的积极体验也能够使我们变得幸福。由于积极体验能够使我们变得幸福，因此享受足够多的积极体验是再正确不过的事情了。根据美国盖洛普民意调查机构(Gallop World Poll)2013年积极体验指数(Positive Experience Index)的调查结果，韩国国民的积极体验指数以63分在世界138个国家之中位居90位。与韩国分数相同的国家有捷克(Czeeh Republic，首都：布拉格)，伊朗(Iran，首都：德黑兰)，卢森堡(Luxembourg，首都：卢森堡)，哈萨克斯坦(Kazakhstan，首都：阿斯塔纳)。相对于韩国的经济实力和综合国力，这并不能算是很好的排名。

构成积极体验指数问卷的问题有"是否能得到充分的休息""是否受到尊重""是否经常微笑""对自己感兴趣的事情是否进行学习或者正在从事""快乐吗"等。依据问卷的问题，引导我们走向幸福的积极体验就是得到良好的休息、受到尊重、时常微笑、从事于自己的兴趣爱好等。

1) 成功体验

就算是再怎么小的成功经历也算得上是最佳的积极体验。不论是多长的旅行，就像所有的旅行都是从踏出第一步开始的那样，成功体验也可谓是积极体验的第一步。成功的秘诀十分简单。首先就是开始。抓住当下这一瞬间开始就是成功的开始。大部分情况下，我们所等待的下周或者明年的状况, 并不会和现在有多大的差异。在完全准备好的状态下不需要有过多的担忧。重要的一点是抱着"就算是这样也要……"的心态迈出第一步。

在心理学领域中, 比起"成功"更偏好于使用"成就"这样的词语。成就(achievement)意为实现目的。不论成就大小, 这种经历会使我们提升自信心, 产生积极的情感。当我们一边对感兴趣的事情发出挑战, 能够有机会充分发挥积压在心中的才能, 一边感受着高兴, 一边得以实现自己的所求。这种成就体验无疑是最接近真实的幸福的。

2) 恋爱体验

当我们和他人形成亲密和爱恋的关系的时候就会有一种幸福感。爱情是生命中体验到的最特别的、强烈的积极体验。除此之外, 朋友之间的友情和亲密感, 与他人的信赖感等也使得人们在人际关系中感受到多样的积极体验。

3) 心流体验

英语(Flow)被翻译为心流体验, 米哈伊·希斯赞特米哈伊(Mihalyi Csikszentmihalyi, 1975)定义它为, 一种在做某件事的时候, 能够保持精神高度集中的状态, 全身心地投入其中的心理状态。自发体验(autotelic yexperience), 心流体验作为一种"陷入痴迷的集中状态", 能够最大限度地激发一个人的能力, 并且可以发生于多种多样的情况下。不仅是创意性的艺术活动, 还可以是宗教信仰、电脑应用、课堂教学、趣味阅读的时候, 对某件事情感到快乐的时候, 独自一人静心休憩的时候，都可看作心流体验。心流体验能够让人生变得更加快乐和幸福，并且在变化多样的状况下也能更好地发挥其功能。

4）休闲体验

休闲(leisure)指的是脱离责任性的劳动或工作，从而得到充分休息的自由闲暇，又或是符合自身兴趣爱好的趣味活动。类似休息这般的休闲体验给人们提供了积极的体验，与幸福和对生活的满意有着密切的关系。

5）高峰体验

高峰体验(peak experience)作为人生过程中体验到的十分愉悦、兴奋的激动瞬间，使人产生强烈的幸福感。高峰体验是在自我实现过程中体验到的一时的经历。当我们通过长久的努力达成目标时、当我们陷入热恋时、当我们欣赏到伟大的音乐美术作品时、当我们目睹大自然的美丽时、当我们秉持自身的宗教信仰时、当我们专注于某事时或是突然涌上心头的，都能体验到这种幸福感。大部分的人们不仅能够拥有高峰体验，甚至一生中多次拥有这种体验。但是总有人没有意识到这其中的奥妙之处就这样任其悄悄流逝。

6）高原体验

比起情绪性属性强烈的高峰体验，高原体验伴随着某种顿悟的认知因素。由于高峰体验是无计划突然间体会到的瞬间体验，因而无法止步于此种状态。高原体验是一种平静状态。即对于这一瞬间的觉悟和放松状态。与高峰体验的偶发状态相反，达到高原体验的方法是可以学习的。即，不忽视当下，在多种事物的关联性中看待事物，因而对于每件事都会有新的感受，这种感受虽不强烈，但能在平静温和中体会世界的重要与美妙(Cleary & Shapiro, 1995)。

7) 消费体验

消费体验是积极体验中十分重要的一种。通过金钱所获得的幸福，意外地要容易一些(Achor, 2010)。《奢侈病》的作者罗伯特·弗兰克(Robert Frank)曾写到当你购买新商品时获得的，满意感和失望的程度一样转瞬即逝。但是为了体验感的消费，特别是与他人一起做一些有意义的事情时，对于长期维持积极的情感有很大帮助。比起在鞋子、电视、名表上花费的金钱，和他人一起去看一场演唱会，或者享受一顿美味的晚餐，所花费的金钱更加能够使你感受到幸福(Van Boven & Gilovich, 2003)。

第二章 积极心理学和积极心理学者

人人具有令人惊叹的潜力, 相信自己的能力与青春,
所有的事情都取决于你的行动。
- 诺贝尔文学奖获得者, 法国小说家, 安德烈·纪德(Andre Gide)

本章将要为大家介绍积极心理学和积极心理学者们。简单地来说积极心理学就是一门关于幸福的科学, 积极心理学者则不断追求更加美好的人生。埃卡特·冯·赫希森阿克塞尔(Eckart von Hirschhausen, 2010)的著作《运气很少独自…》让我感到十分有意思。书中写到"对于幸福的小贴士和减肥的小建议差不多。"依据此言, 如果说某种减肥方法真的如此有效果, 那么像现在这样关于减肥的所有言论就不会如此地众说纷纭了。如果说真的有某种幸福公式存在的话, 那么幸福也不过就是无法用公式单位表现的公式而已。尽管如此, 我们却有着不同的观点。当然我们也不曾找到过幸福公式, 但是我们相信存在"幸福公式"。就像每个人都适用一种有效的减肥方法那样, 每个人也适用于一种幸福公式, 这也就意味着每个人都可以找到适合自己的有效的幸福公式。这并不是一种幻想。虽然在后面部分也会做出详细的解释, 但是实际上, 在积极心理学领域钻研的学者们也曾提出过令人信服的幸福公式。

01 积极心理学

从科学的角度对21世纪的核心价值幸福展开研究的学科正是积极心理学。为了真正地理解积极心理学的指向内容，最少也得从三个侧面来考虑。积极心理学指向的幸福，并不是为了完成特别的心理上的体验，单纯地有着积极的想法、积极的情绪就可以的。积极的思考、积极的情绪、积极的体验三者相辅相成才能最终到达幸福的彼岸。所以积极心理学就是为了幸福的人生而对积极的思考、积极的情绪，还有积极的体验展开研究的学科。

幸福不是偶然地从外部获得的幸运，是依据个人能力恰到好处地运用才能的产物。为了使我们变得幸福，为了使我们比现在更幸福，通过对我们能够选择的东西进行科学的探索，给我们提供新知的学科就是积极心理学(positive psychology)。它不是指人类的阴暗面(dark side)，而是为了不断追求人类的光明面(bright side)。

幸福是“不断培养内心的力量”。幸福决定于和谁在一起，做什么，在这个过程中更重要的是抱着怎样的心情。因为幸福就像是我们精心照料自己的花园一般，需要我们用心地去培养自己内心的力量(南承奎, 2014)。心灵的大小(size)、心灵的模样(shape)、心灵的颜色(style)决定了我们心灵的力量。心灵越大越广阔，心灵的模样越柔软越美丽，心灵的颜色越亮越充满希望，我们心灵的力量就会更加强大，我们也会更加幸福。

幸福的本质是不断培养心灵的力量。我将理性的心灵用“Mind”表示，将感性的心灵用“Heart”表示，以此来对二者进行区分。我们假定当理性的心灵和感性的心灵二者相统合的时候，内心的力量是最为强大的。当理性的心灵Mind和感性的心灵Heart都作为一种积极的心理存在时，我们就可以变得真正幸福。所以幸福的本质也就是培养积极的内心的力量。积极的内心力量是积极的思考、积极的情绪，还有积极的体验的产物。为了持续地维持我们的幸福人生，我们应该多一些积极的思考，多感受不同的积极情绪，多体验各种积极经历。

图2-1 积极心灵的力量(The Power of Positive Heart and Mind)

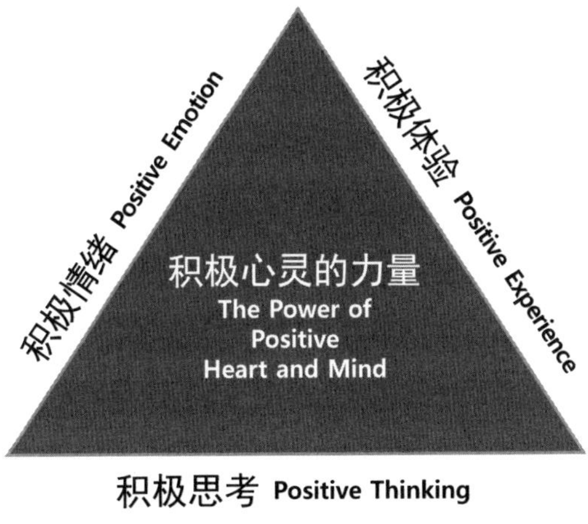

02 关于幸福的观点

虽然对于幸福的观点各种各样，大致可以分为快乐主义和自我实现主义。首先说说快乐主义观点。快乐主义观点(hedonic perspective)中的幸福是指“个人主观地体验到的愉快状态”。美好的人生就是以快乐的最大化来替代痛苦的最小化。幸福是个人对自己的人生感到满意的主观型状态。研究快乐主义型幸福的学者们将焦点着眼于幸福、幸福感、生活满意度、心流体验、积极情绪等。

另一个观点是自我实现主义观点。自我实现主义观点(self-actualization perspective)中的幸福是指“充分发挥自己的潜能”。美好的人生是指发现真正的自己，充分开发自己的性格优势和品德，在人生的重要领域实现有意义的人生。强调自我实现主义观点的心理学家们将焦点关注于人类的积极特质，即性格优势、智慧、人情味、勇气、节制、正义、超越来进行研究。

人类从胎动开始就关心、追求幸福并一直持续下去。从历史观点的角度来仔细体味幸福，对我们理解人类幸福的深层想法和心理是有所帮助的。

1) 古代的幸福观

西方社会，古希腊传统(hellenism)中，哲学、科学、艺术还有心理学都有一定的基础。希伯来传统(hebraism)影响了伦理、道德、宗教信念等方面(권석만, 2009)。一般来说古希腊传统文化和东方文化相互融合形成的古希腊传统的幸福观重视个人的理性和修养，具有哲

学性和人类中心性的立场。希伯来传统中的幸福观重视人与神的关系，具有宗教性和神学色彩。

对古希腊传统倾注心血的古代希腊哲学家们通过理性地思考和反省，他们相信能够发现一条通往幸福的道路。比起主宰者神的意志，他们更加强调通过人类自发地理性地努力，最终能够拥有幸福的人生这一人本主义立场。

苏格拉底认为真正的幸福是通过自我反省获得的。真正的智慧是基于人类的理性和直觉的。发现真理的最佳方法就是把通过五感感受到的体验进行理性地分析。比起一时的欲望满足，最佳的人生更应该着眼于道德上的不断完善和人格尊严的实现。亚里士多德将此种状态称之为Eudaimonia(希腊语：εὐδαιμονία意为幸福，人类最高利益的术语)。亚里士多德提出了能够引导人类到达此种状态的12种美德(勇气、宽容、自尊、亲密、才华、正义、希望、节制、温柔、正直、良心、高洁)。居于这些美德的中间位置的美德称之为中庸。这些美德是人类与生俱来的，只需要我们去发现自身的美德潜能，就能引导我们走向幸福。这些主张被称为幸福的美德理论(virtue theory)。即通过对美德的开发和培养，就可以拥有最佳的幸福美好人生的观点。伊比鸠鲁(Epicurus)将该主张延伸开来，发展为快乐主义(hedonism)。斯多亚主义的哲学家们认为基于理性的情感调节是幸福的核心条件。

从对希伯来传统有所贡献的犹太教中发源的基督教提出，上帝不是应该害怕的对象，而是给人们以深沉的爱的存在，要重视对宗教的献身精神。能够到达真正的幸福的道路是靠耶稣的教导在自己的一生中去发现的。耶稣的教导就指的是像"跟上帝爱世界一样爱人类""像爱护我们的身体一样爱护自己的邻里"等。这些话中所表述的都是关于爱和怜悯的主题。

东方社会中孔子、孟子、老子等圣人们代表的儒教、道教中虽不曾明确地提出幸福这一概念，但都提到美德。孔子将"仁"作为最高的品德，将实现修身、齐家、治国、平天下作为人生目标。仁即"爱人"，因此最佳的人生是指积极的、融洽的人际关系中为了和平的社会和国家能够有所贡献。孟子强调人类应该遵守的五种基本道德，即五常(仁、义、礼、智、信)。老子在《道德经》中提出追求"道"即为追求最佳的人生。老子强调像阴阳相互融合反映出的顺应自然的、无为的人生。认为"上善若水"即为最佳人生。(上善若水：就像水的自然流动那样自然而然的活着。)

在佛教中也可找到关于幸福的观点。悉达多(或为释迦摩尼或佛祖)曾将幸福概括为：苦：人生是痛苦的；集：所有痛苦的原因即为执念；灭：消除执念，便可能涅槃；道：到达涅槃的八圣道。

印度教基于死后也会以轮回的形式再次回到世间，过去的行为决定现在人生的业(Karma)的思想，将从轮回的枷锁中得到解脱(Moksa)作为积极目标。

2) 中世纪的幸福观

中世纪是人类和幸福的黑暗时代。根据中世纪基督教的观点认为，真正的幸福是与世俗的快乐相反的，是人类肉体死亡后在天堂得到的重生。认为人生的本质是肉体的欲望和心灵的追求相互的斗争。基督教指导者们为了向人们警示持续的快乐所带来的危险性,提出了七宗罪(Seven deadly sins)。七宗罪即为愤怒、嫉妒、懒惰、傲慢、淫欲、放纵、贪婪,被看作破坏人格的、引人走入罪恶场的根本根源。而这些罪的核心即为追求快乐,带有自我中心性色彩。

3) 近代的幸福观

美国的独立宣言中曾明确提出:“强调人类一切平等,每个人拥有追求生命、自由、幸福的权利,这是谁都无法侵害的权利。”追求幸福既是个人的选择,也是个人的权利。为了变得幸福,重要的是发现真正的自我,并能自由地表现自我。爱与亲密不仅是我们人生的目标,同时也是幸福的核心条件。

4) 20世纪的幸福观

精神分析学的主创人西格蒙德·弗洛伊德(Sigmund Freud)强调,在人的一生中无意识的心理过程是十分重要的。就像在性格三元论里提出的那样,人类的行为和体验大部分源于性欲的攻击本能引发的无意识的欲望,为了使无意识的欲望更好地适合于当下的社会文化背景,将人类的行为和体验看作是人类防御机制的自动产物。人的本能欲望必将和当下的文化背景产生冲突,将此冲突限制到最小化,不失为最佳的立场。从这一点上,可以说,弗洛伊德关于幸福的观点是消极悲观的。

分析心理学的创始人卡尔·荣格(Carl Jung)认为人类是一个统合的整体的存在,人类具有自发地对自身的内在提出要求的倾向。这是由于人的自性原型(self-archetype)。最佳的人生就是要自性成为真正的自己。这一实现过程也就完成了自性化(individuation), 同时也就完成了自我实现。

精神分析学的观点主要将人看作是依据性欲和攻击本能行动的否定性存在, 与此相反, 行动主义观点将人看作是像机器人一样, 需要依靠周围的环境来组织创造的被动性存在。

人本主义的观点认为, 成熟的幸福人生能够坦然地接受自我和他人的现状, 积极与他人形成良好的纽带关系, 追求自律性和独立性, 热爱自己所做的事情并能够全身心地投入其中, 通过创意性的活动来达到自我实现。人类为了使自身能够发展成为更加有价值的存在, 具有不断开发自身潜能的倾向性。这也被称之为自我实现(self actualization)。人本主义的心理学者们都隐喻地对"科学性"的心理学持以批判性的态度。因为强调科学的研究方法的心理学想要在人类的重要领域有所深入研究是十分困难的。人本主义心理学通常立足于现象性的立场, 比起科学地、客观地验证, 更加重视个人的意识经验, 并且个人的意识经验是其论述的主要内容根据。他们的主张不能够通过实证性研究来证明或进一步深化。其次积极心理学同时承认生活的积极面和消极面, 但是人本主义心理学只是单纯地强调性善论, 只是单纯地将人看作积极的存在。

5) 21世纪的幸福观

进入21世纪, 开始运用科学的方法论对幸福展开了集中性的研究。其结果就是诞生了一个新的心理学领域——积极心理学

(positive psychology)。积极心理学是对人的积极和象征性的侧面进行科学研究的心理学的崭新领域。

称其为积极心理学并不是单纯地强调非要你的脸上挂满微笑。又或者一味地忽视那些令人伤脑筋的实际问题，就像问题不曾存在那样，怀抱着一颗自欺欺人的内心。更不是让你抱着模糊不清的渺茫希望，始终只相信一切事物都将朝着好的方向发展。一味装作幸福的模样，摆出虚假的表情，绝对不会使我们变得幸福，这一事实是我们每个人都知道的真理。与虚假美好前景的出发点不同，积极心理学认为如果想要不断发挥自己的潜能，更需要着眼于当下的现实状况。幸福不是将不断地进步看作一件困难的事情，而是坚信自己能够主动地去改造当下的境况。

遗传决定了人的能力和态度的观点，是我们至今为止还未能摒弃的陈旧固执的观点。正是由于这种毫无理论根据的观点，使得现今社会的数万人深陷于，如果有先天不足，无论作何努力后天也无法改变的泥沼中，沦为决定论的被害者。现在正是果断抛弃命运论和决定论的时候。

即使是在20世纪中期，大多数的科学家们依然认为人类的大脑，在经过青春期阶段之后，会到达一种固着化状态，在此之后将不会发生任何的变化。但是脑可塑性理论(neuroplasticity)是指我们的大脑一生都在不断发展变化的理论。有几位科学家(Maguire, Gadian, Johnsrude, Good, Ashbumer, Frackowiak, & Frith, 2000)提出出租车司机大脑的海马体(hippocampus)比一般人的更大，更发达。海马体与空间记忆能力有着密切的相互关系。海马体由140亿个细胞构成，是大脑皮质层边缘体系的组成部分，仅有长约5厘米，直径约1厘米大小。但是海马体有“记忆信息专区”之称，担当着辨别和记忆信息的功能。它由于外形酷似海马故被称为海马体。

通过刺激海马体可以提升记忆力和判断力。这是由于海马体具有受到刺激便会逐渐变大的特性。出租车司机的海马体比普通人的更大、更发达，这一点就向我们说明了，就像出租车司机对地理位置较为敏感那样，随着我们的大脑生长方式的变化，大脑也会发生很大的变化。脑的可塑性这句话包含着远比我们所能想到的还要更深远更重要的意义。因为假如脑的生长发展不受到年龄的限制，那就意味着人类的潜力将是无穷无尽的。

1950年代，体育专家基于严格的观察和科学的记录，得出了人类在四分钟以内跑完一英里(约1.6km)是不可能的结论。但是英国田径选手罗杰·班尼斯特(Roger Bannister)却以3分59秒4打破了这一论断。这一壮举不仅打破物理性质上的障碍，更是打破了人类心理的障碍。自此之后，新的纪录开始不断被刷新。

总得来说，我们人类潜能的极限是无法预知的。就像我们不知道自己到底可以跑多快一样，我们永远也不知道大脑可以发生多少翻天覆地的变化。只有一个事实应该被我们铭记，那就是人类的大脑能够发生多种形态的变化。相对较小幅度的努力和实践，经过不懈的坚持，终将造就积极的变化。即使是小小的努力，也有可能创造出令人惊异的成就。

在过去的时间里，对人类来说，比起变得更加幸福，变得不那么不幸反而是更加迫切需要解决的问题。当下时期，精神健康领域也需要从疾病模型逐渐进化为幸福成长指向型的预防模型了。就像无法用不幸的法则来说明幸福，人们也无法用精神障碍理论来说明一个成熟的人格。减少不幸的方法并不能够适用于增进幸福。用精神治疗的方法也无法培养人格的成长。在这种问题意识中，运用科学的方法来探索幸福的方针和幸福增进方法正是积极心理学要做的事情。

现代社会存在着不计其数、多种多样的学科领域。科学家们对于世界上过去的所有现象，都尽可能地运用科学的方法来解读。但是对于所有人类都在真正追求的幸福，并没有实现系统的、科学的解读。虽然从古至今，有许多哲学家或宗教提出了一些幸福论的观点。但是这种幸福论观点只是根据主观性体验或思维形成的个人主张，并不能称其为系统的科学的解读。现代人以广阔的科学知识武装自己的头脑，穿梭于绚烂的物质文明世界中，是否因不曾拥有真正的幸福而彷徨失措呢。

进入21世纪才正式开始了对幸福的科学探索。以塞利格曼为代表的许多心理学家运用科学的研究方法，开始了对幸福的集中性研究。作为研究成果，一个新的科学领域就此诞生。积极心理学作为一门运用科学方法来探索以幸福为代表的人类积极侧面的学科，受到世人的广泛关注。

依据塞利格曼(Seligman, 2000)的观点，第二次世界大战之前的早期心理学有着三大实践性使命：第一为治疗精神障碍，第二为发现和培养卓越的才能和天才性，第三为帮助所有的人类拥有一个更加幸福的人生。

当时世界的主流主要是依据疾病模型的预防方法，即为了预防精神障碍，至关重要的是事先切断引起障碍的否定因素。塞利格曼曾说到："心理学不仅是研究人类的弱点和障碍的学科，心理学也研究人类的优势和品德。真正的治疗不仅是治愈已经损伤的部分，更是要将我们内在的无限可能性充分引导和发挥。这便是心理学发展的崭新方向，我们将此命名为积极心理学(positive psychology)。积极心理学培养人类的优势和才能，增加人的幸福感。这也是为了实现心理学重要使命而再次作出的努力。

积极心理学是研究人类积极的心理侧面，并对人类的幸福过程提供支援的学科。为了能够更加深入地理解并增强人类积极的、富有创造能力的、自我实现的一面，积极心理学广泛运用心理学理论、研究方法、介入方式等。积极心理学的学者们也在致力于对人类的潜力、动机、能力采取更加包容接纳的态度，并持有一种高度评价的观点。

大多数的心理学家认为人类能够在积极面和消极面相结合的连续性上进行多种多样的活动，对于消极面的理解与克服也是重要且必不可少的事情。只是积极心理学中，比起剔除消极面，更加关注积极面的提升。

幸福的人生是怎样的呢？由于每个人对于幸福的观点都多少有所不同，所以并不存在决定型的定义(권석만 2008)。幸福人生的第一个条件是快乐的人生(pleasant life)。通过对过去、现在、未来的接纳和感恩，感受到满意感，在现在的人生中对于"当下这一瞬间"的体验能够通过积极的参与和投入感受到快乐和愉悦，对于未来的人生具

有挑战意识和乐观的期待，在每天的生活中怀抱着希望和期待。快乐的人生作为将积极情绪最大化、消极情绪最小化的人生，也可以说是反映了幸福观点的乐观主义立场。

第二个侧面为积极的人生(engaged life)。在每天的生活中热情地投入和参与自己所追求的活动，最大化地发挥自身的性格优势和潜力，从而达到自我实现的人生。在这些优势中最能够体现个人独特性的优势被称之为代表优势(signature strengths)。真实的幸福(authentic happiness)主张将这种代表优势找出并对其加以开发，在事业、爱情、子女教育、休闲活动等日常生活中灵活运用。从科学的角度出发的积极心理学，并不强调所有的人都将幸福作为自己人生重要的积极目标，或者强调必须要具有某种特定的良好品德或主张某种价值取向为最佳价值取向，而是探索当你具备某种品德或价值观的时候所造就的人生形态。积极心理学致力于理解和培养能够使人生更加丰富幸福的积极品德和优势。

第三个侧面是有意义的人生(meaning life)。我们将我们的人生和行为中能够发现或赋予其某种意义的人生称之为有意义的人生。人生的意义能够从比自己还要更广阔的关系中去发现。一般我们认为比起只为自身考虑的自私人生，为了更加有价值的某种事作出贡献的行为举动更有意义。积极心理学重视个人和社会的密切联系。一个人为了他人或社会作出贡献的时候，不仅能够感受到更加强烈的幸福感，而且通过改善社会环境的行为，更加能够增进其自身的幸福感。塞利格曼的著作《马丁·塞利格曼心理学》曾提出了以下的结论："美好的生活来自每一天都应用你的代表优势，有意义的生活还要加上一个条件——将这些优势用于增加知识、力量和美德上。这样的生活一定是孕育着意义的生活。如果神是生命的终点，那么这种生活必定是神圣的(Seligman, 2004: 377)。”

03 幸福的测定

当代大多数积极心理学者坚信个人应该成为幸福判断的主体。由于幸福是一种主观的现象，应当根据个人的主观报告来进行测定。即直接对个人发出提问：“你幸福吗？”或“你有多幸福呢？”。

大部分的幸福程度按“非常幸福”到“非常不幸福”的序列依次罗列出来，假定个人自发地选出自己当下的幸福程度，依据测定工具，幸福的程度由个人感受到的主观幸福水准，相较于周围人的幸福水准，相较于自己理想的生活状态的幸福水准三个方面来评价。

最广为人知的测定主观型幸福的量表为生活满意度量表(SWLS: Satisfaction With Life Scale ; Diener, Emmons, Larsen & Griffin, 1985)。此量表由五个项目构成，每个项目答案采用从1分(完全不是)到7分(非常如此)的“七点”量表。

除此之外，阿盖尔(Argyle 2001)开发的牛津幸福感量表(修订版(The Revised Oxford Happiness Scale))也被广泛使用。原来这个量表总共有29个项目，每个项目里有四个选项(如项目1：我不幸福；我有点幸福；我比较幸福；我非常幸福)，被测试者每次从四个选项中选择一个。

被广泛使用的情绪量表为积极情绪和消极情绪量表(Positive

Affectivity and Negative Affectivity Scale；Waston, Clark, & Tellegen, 1988)。主观型幸福测定工具大部分都是根据自我报告型评定量表，要求被试者自己基于自身“最近”或“过去一周”的经历整体地评价自身的幸福程度或情绪。

生态瞬时评估法(EMA：Ecological Momentary Assessment)是指在一定的时间内，使被试者在自然情景下对日常生活中的经验进行即时记录反应的方法(Moskowitz &Young, 2006; Stone & Shiffman, 1994; Wheeler & Reis, 1991)。由于这种方法能够在自然情景下作出准确的反应，不仅能够将记忆歪曲现象最小化，达到生态意义上的正确观察，并且通过在一定时间的反复自我报告，成为最能代表被试者生活、最具有可信度的评价材料。

自我报告的测定时间根据研究目的的不同可以采用多种多样的方法来选择。第一个方法是指定时间记录法(specified time-interval recording)，指在一定的时间间隔内自我报告。第二种方法为事件-偶然记录法(event-contingent recording)，指在经历过特定的事件或体验之后进行自我报告。最后是信号-偶然记录法(signal-contingent recording)是指研究者根据电子装置随机发出的信号，立刻记录下当时的体验的方法。经验取样法(ESM: Experience Sampling Method; Larson & Csikszentmihalyi, 1983)是通过电子信号装置提示被试者即时地报告自己当前的体验。

昨日重现法(DRM：Day Reconstruction Method)也登上了历史舞台(Kahaneman, Krueger, Schkade, Schwarz, & Stone, 2004)。这一方法报告被试者将参与研究前一天的日常，并对各个活动的心理体验进

行评价，以此为基础使得研究者对被试者所经历的日常活动和心理经验有一个全面的理解和认识。由于研究者了解了被试者参与研究前一日发生的事情，能够使得记忆误差的现象最小化。这一方法由于能够同时评价心理体验和时间的运用，也可以视为经验取样法和记录时间的"时间日记(time diary)"的结合体(장재윤, 유경, 서은국, 최인철, 2007)。

除此之外，直接询问个人的人生蓝图和模式也是十分重要的。如果无视整个人生过程中的幸福过往，只关注于特定时间点的经历，那么最终将会导致为了一棵树，放弃了整片森林的后果。

1) 幸福测量的注意事项

测量幸福时要注意的重要问题是测定分数稳定性的持续时间是多少。自陈性测量工具往往有以下几个问题。首先，自我报告是反应个人的主观经验，并没有标准的对错之分。评价进行时的状况能够很大程度地影响其结果。施瓦茨和斯特拉克(Schwarz & Strack, 1999)提出，人类根据现在的情绪状态评价幸福水准，与从一个整体的角度来测定自己的幸福水准相比，更容易发生偏差。第二，当我们评价幸福或生活的满意度时，人们通常使用一种相对的判断。所以根据判断标准的不同，满意度的评价结果也就有所不同。因此在以后的研究中，评价幸福不仅要参照自陈型量表，同时生理心理的反应，幸福的时间变化，在日常生活中成功的角色扮演等多样的指标也在考虑之列。

2) 幸福的测量

幸福测量的方法依据对幸福的不同定义、不同观点而有所不同。如果要测量幸福, 首先应该确认自己的整个人生是否幸福, 或者最近三年、三个月、三周、三天内是否幸福, 又或者是当下这一瞬间是否幸福。基本上测量幸福的标准从“当下这一瞬间”考虑是最佳的。这是由于当下的每一刻即是过去所导致的结果, 也终将变为未来的财富。能够测量我们是否真正幸福的瞬间既不是过去, 也不是未来, 而仅是现在。因为过去的已经过去, 未来还未到来。

一般来说, 被广泛使用的幸福测量方法有两种。一种是如表2-1所示的整体幸福指数量表, 一种是如表2-2所示的牛津幸福量表。<表2-1>所示整体幸福指数量表由加利福尼亚里弗赛德大学的心理学教授索尼娅·柳博米尔斯基(Sonja Lyubomirsky)提出, 将每一项所选择的数字相加除以4的结果就是整体的幸福指数(Seligman, 2004)。作为参考根据, 美国成年人平均幸福指数为4.8分, 参与试验的人中有三分之二的被试分数都处于3.8~5.8之间。表2-2的牛津幸福量表需要分两部分来计算出结果。第一步, 十二个项目01、05、06、10、13、14、19、23、24、27、28、29反向相加, 1变为6, 2变为5, 3变为4, 4变为3, 5变为2, 6变为1。第二步, 所有项目得分相加之和除以29得出的结果即为幸福指数。平均幸福指数一般为4.30。

表2-1 整体幸福指数量表

1. 通常情况下, 我觉得自己(　　　)		
非常不幸福	①-②-③-④-⑤-⑥-⑦	非常幸福
2. 和大多数同龄人相比, 我觉得自己(　　　)		
不如他们幸福	①-②-③-④-⑤-⑥-⑦	比他们幸福
3. 有些人总是特别幸福, 懂得享受生活, 不管发生什么事情, 他们都能从中获得最大的幸福, 你是这样的人吗?(　　　)		
根本不是	①-②-③-④-⑤-⑥-⑦	一直都是
4. 有些人总觉得自己很不幸福, 虽然他们并不消极, 但是他们似乎也从来没有感受过真正的幸福, 你也是如此吗?(　　　)		
总是这样	①-②-③-④-⑤-⑥-⑦	根本不会

表2-2 The Oxford Happiness Questionnaire

说明: 认真阅读以下关于幸福的陈述。请在每个陈述前面的空白处, 根据所给的量化数值, 填写结果。		
完全不同意	2. 不同意	3. 有点不同意
4. 有点儿同意	5. 比较同意	6. 完全同意
(　) 01. 我对自己现在的状态不满。*		
(　) 02. 我对其他人有强烈的好感。		
(　) 03. 我觉得生活很有价值。		
(　) 04. 我对每个人都很亲切。		
(　) 05. 我起床后经常觉得没休息好。*		
(　) 06. 我对未来不是非常乐观。*		
(　) 07. 我发现大多数事情都很有趣。		
(　) 08. 我总是意志坚定, 做事投入。		
(　) 09. 生活是美好的。		
(　) 10. 我认为这个世界不适宜生存了。*		
(　) 11. 我经常大笑。		
(　) 12. 我对生活中的一切都非常满意。		
(　) 13. 我认为自己没有魅力。*		
(　) 14. 我现在做的事情并不是我想做的事情。*		

(　) 15. 我非常幸福。
(　) 16. 我可以在一些事情中看到美好的一面。
(　) 17. 我总是能给其他人带来快乐。
(　) 18. 我能够找到时间完成我想做的每一件事。
(　) 19. 我觉得自己不能很好的掌控生活。*
(　) 20. 我觉得自己可以承受任何事情。
(　) 21. 我感觉自己的思维非常敏锐。
(　) 22. 我经常感到快乐和喜悦。
(　) 23. 我发现做出一个决定非常困难。*
(　) 24. 我对生活的意义及目标不是很明确。*
(　) 25. 我感觉自己精力充沛。
(　) 26. 我对事情的发展经常起到积极作用。
(　) 27. 我觉得和他人在一起没有乐趣。*
(　) 28. 我觉得自己的身体状况不健康。*
(　) 29. 对于过去我没有什么特别美好的记忆。*

04 积极心理学代表学者

就像在第一章中提到的那样，有许多人都投身于积极心理学领域。首先想到的便是积极心理学的创立者马丁·塞利格曼(Martin Seligman)。他提出了著名的习得性无助理论(learned helplessness theory)，绝望理论(hopelessness theory)和习得性乐观理论(learned optimism)，同时出版了《真实的幸福》(Authentic Happiness)和《认识自己，接纳自己》(What You Can Change and What You Can't)等著作。此外还有像专注于积极心理学的心流体验的学者米哈伊·希斯赞特米哈伊(Mihaly Csikszentmihalyi)，研究主观幸福的先驱者艾德·迪纳(Ed Diener)，研究性格优势和美德的克里斯托弗·彼得森(Christopher

Peterson)等许多心理学者都对积极心理学的发展做出了很大的贡献。

1) 马丁·塞利格曼

马丁·塞利格曼(Martin Seligman)现任宾夕法尼亚大学(University of Pennsylvania)的心理学教授, 1942年出生于纽约州奥尔巴尼, 在普林斯顿大学(Princeton University)专修哲学专业, 之后又在宾夕法尼亚大学取得心理学博士学位。塞利格曼总结出来幸福的公式"PERMA"。第一, P指积极的情绪(positive emotion), 如高兴、喜悦、温暖、自信、乐观。第二, E指投入(engagement), 如像不曾意识到时间的流逝, 沉溺于某种活动不被任何事情所打扰, 自发地积极投身于某事中。第三, R指与他人形成的关系(relationship), 仔细回想生命中那些不可言喻的喜悦瞬间或感到十分自豪的时刻, 都是和他人一起经历的时刻。第四, M指意义(meaning), 即为了自己所坚信的比自身还要重要的东西, 积极投身于此, 为此不断献身。最后A是指成就(accomplishment), 这并不是为了赢过别人, 或获取财富, 而是单纯地享受成就本身带来的乐趣。

2) 米哈伊·希斯赞特米哈伊

以研究创意性和幸福而著名的心理学者米哈伊·希斯赞特米哈伊(Mihaly Csikszentmihalyi), 1934年出生于意大利, 22岁的时候移民到美国, 随后在芝加哥大学(University of Chicago)获得博士学位, 在芝加哥大学等学校担任教授超过40年。他提出幸福的人都具有一种共同的属性, 那就是他们能够专注投入, 得到一种心流体验(flow),

就像是完全投入的攀岩家在攀岩的过程中, 感觉自己也变成岩壁的一部分, 想像自己在岩壁上翩翩起舞一般, 就像是完全投入的演奏家感觉自己也仿佛变成了乐器和音符, 想像自己此刻正立于宇宙之间, 成为宇宙的一部分一样, 当你对某件事情专注投入, 产生心流体验的时候, 就像是漂浮于江面上的浮舟, 不论在怎么艰难险阻的情况下, 也能顺流而下。充分感受到心流体验的人能够专注于当下正在从事的事情, 即使天花板掉落也不曾察觉。他们心无旁骛, 摒除一切杂念, 不会担心自己是否会失败。不去理会他人的视线, 逐渐开始转变自己的时间观念, 即使是无聊的事情, 也能够乐在其中。米哈伊·希斯赞特米哈伊提出, 虽然在现代社会中存在着像手机、电脑等许多妨碍心流体验的因素, 但是如果你能够具有明确的目的, 有计划有步骤地行事, 及时地吸取教训, 总结经验, 那么心流体验就变得十分容易了。同时他还强调为了达到心流体验的状态, 还要注意挑战(challenges)和技能(skills)的均衡。如果你总是做出一些远远高出自身技能的挑战, 将会感到担忧和不安, 反之, 就容易感到无聊。当挑战的机遇和你所持有的技能相互配合融洽时, 就能轻而易举的达成心流体验的状态。

3) 艾德·迪纳

以Dr.Happiness被广为人知的艾德·迪纳(Edward Diener)出生于加利福尼亚州的格伦代尔, 在华盛顿大学(University of Washington)取得了博士学位, 曾任伊利诺伊大学(University of Illinois)心理学系教授。他提出幸福是指个人的主观型幸福(subjective well-being;

SWB)。主观型幸福是指对于当下状态个人的主观型评价, 这种主观型幸福是积极情绪(没有消极情绪)和一般水平上的生活满足(比如像对人生的补偿的主观型的感恩等)相互结合的体现。

4) 克里斯托弗·彼得森

克里斯托弗·彼得森(Christopher Peterson), 1950~2012。在科罗拉多大学(University of Colorado)获得博士学位, 生前担任密歇根大学(University of Michigan)心理学系教授。他同塞利格曼一起研究关于性格优势和美德, 参与研究VIA课题(values in action), 奠定了代表优势(signature strength)研究的基础。

05 变得更加幸福

我们能够变得比现在更幸福吗？当然, 变得更加幸福是实际可行的。但是这也就意味着我们要做好付出努力的准备。在我们的一生中, 当你下定决心要使自己变得更加幸福, 也就意味着同时也下定决心为了幸福做出努力、遵守原则。如果能够切实地理解到这一点, 那么不论是谁, 都能够变得幸福。依据我们思维和行动的不同, 在整个幸福体系中有40%的部分能够通过我们的努力加以改变。这虽不是一个不值一提的数值, 也不是占据绝对优势的数值, 而是一个恰到好处、切合实际的数值。只要有心致力于将自己改造成为一个崭新的、更幸福的人, 且能够正确意识到自己应该怎么样做, 那么幸福便是你伸手可得的东西。

就像没有一种减肥方法能够对所有人都适用一样，达到幸福的唯一秘诀也是不存在的。怎样的战略更具有价值，这需要各自去判断。发现最适合自己的活动，为了能够使自己变得更加幸福，也应该经历那些虽困难但也充满意义的过程。就像当患者能够正确理解治疗的原理，积极配合治疗，便能看到积极治疗效果那样，这一事实不仅适用于医疗领域，同样适用于幸福理论。

大部分的幸福增进方案即使有强烈的效果，听起来也较为陈腐。原因在于幸福增进方案大多听起来无聊乏味，像是空无虚有的套话。我们每个人都拥有按照各自方式来变得幸福的潜力。我们到现在为止总是陷入在不着边际地寻找幸福的陷阱中，并为此彷徨失措。科学的研究表明我们相信的那些能够给我们人生带来巨大变化的因素，实际上不仅没有什么效果，反而由于这些错误的认知，往往会使我们错过真正的幸福。

1）变得更加幸福的尝试

当调查所有国家的人民其一生中最期望获得的是什么的时候，几乎所有的人都始终一致地将幸福作为第一个答案(Diener, 2000)。对于任何人来说，学习变得更幸福的方法都是一个十分重要的问题。在能够代表美国成人观点的全美抽样调查结果显示，超过一半以上(54%)的人认为自己虽然“精神上保持正常水平的健康状态”，但是并不认为自己的人生是充满活力的。也就是说并不具备对生活的强烈热情，没有充满动力、积极地投入到自己的生活中去(Keyes, 2005)。但是如果想要塑造那种充满活力的自己，有人可能觉得这需要充沛的活力和韧劲。但是根据柳博米尔斯基(Lyubomirsky, 2008)的研究来看，即使是微小的努力也能够使你逃脱泥潭。例如，塞利格曼曾经给那些表现出极端抑郁症状的人，布置了一份“记录下每天令你感到愉快的三件事”的作业(Seligman, 2002)。结果参加实验的人中94%的被试症状得到了好转。

为了变得更加幸福，第一步要从了解我们对提高幸福感的渴望不是虚假的希望开始。想要变得更加幸福，这是极其重要的目标。我们每个人都拥有追求这一目标的权利，具备达成这一目标的手段。幸福不是不期而至等待而来的幸运，也不是非得直接地做出行动去寻找才能发现的。幸福应该是被发现的，这一观点广泛传播。“追求幸福(pursuit of happiness)”这一被大家所熟悉的表达中也包含着幸福是需要追逐或探寻的色彩。但是我们认为比起追求幸福，创造幸福(creation)或者建构幸福(construction)这样的表现方式更加合适恰当。因为研究结果表明，我们具备自发创造幸福的能量。

如果想要维持幸福感增进的良好效果，就需要着手准备长期性的项目规划。当我们第一次开始的时候，由于我们还不习惯要学习的新的行动方式或实践项目，难免会觉得有些困难。但是为了实现和维持贯穿我们一生的幸福的课题，不断地将长期的计划付诸行动的话，随着时间的流逝，也就会渐渐习惯这些幸福的策略，随之也就渐渐变得不那么费力了。但是，还有最重要的一点，那就是只有你自身才具备创造幸福的良好效果的能力。所以如果你想要变得幸福，那便要自发地下定决心。

心理学者提出了许多理论，来证明我们平时所认为的高兴和意义的根源并不真正是幸福的源泉，而追求这些行为也终将是无益的(Gilbert, 2006; Wilson & Gilbert, 2005)。大部分人们所称之为幸福源泉的财富、名誉、美貌等其实并不那么重要。

人类生来带着幸福的遗传性气质，即人类生来就具有幸福的基本水平或者幸福的潜力。每个人的幸福水准中，各自遗传因素占据个人幸福的50%(Lyubomirsky, Sheldon, & Schkade, 2005)。幸福定点(happiness set point)和由于遗传因素造就的体质差异一样。有些人受基因影响，天生就是瘦子的体型。那么即使他们不努力也能够维持苗条的体型。反之，也有些人为了想要维持正常水准的体型，流血流汗地拼命减肥，但是稍有放松，还是会长胖。就像这样，幸福定点也是人人各异，有高的，有低的，也有中间的。所以就算是同样的状况下，有的人可以变得与众不同极为幸福，有的人就没有那么幸福，有的人还会极其不幸。

最违背我们直觉上认知的一点是，生活的环境或者条件的差异只占到幸福的10%左右(Diener, Suh, Lucas, & Smith, 1999)。不论是富有或贫穷，健康或多病，美丽或朴素，结婚或离婚，这些外在的条件只能影响我们幸福的10%而已。虽然结婚成对要比独身一人要幸福些，但是婚姻对个人幸福程度的影响实在是很一般的。参照涉及16个国家的研究结果，25%的已婚人士和21%的未婚人士表示自己“非常幸福”(DePaulo & Morris, 2005; Inglehart, 1990)。当我们开始意识到生活的环境不能够成为打开幸福之门钥匙的那一刻，我们就获得了主动追求幸福的力量。

即使我们充分考虑了由于遗传因素形成的个人特性和我们面对

的多种复杂多样的生活环境的影响，但是要充分解释每个人感受到的幸福水准差异，还需要对剩下的40%做出解释。构成这40%的部分是什么呢？除了遗传因素和环境之外，还剩下重要的一个因素。那就是我们采取的行动。这并不意味着通往幸福的道路就是改变遗传因素的影响(实际上是不可能的)或者改变我们当下的环境，比如获得许多财富，拥有外在魅力，获得巨大学业成功等(实际上这是非现实的)，而是在于我们积极计划，参加那些有意图、有目的性的日常活动。这是我们通过练习，积极抓住机会来提升幸福的另外40%的可能性，通过日常活动和思考方式，我们的幸福指数可能得到提高，也有可能降低。这也就意味着，当我们去参照那些生活得非常幸福的人们习以为常的日常活动和思考方式，并加以不断的练习，我们也将会变得比现在更加幸福。幸福的人们一般都会做出以下的行动(Lyubomirsky, 2008)。

- 愿意投入时间同家人朋友在一起，并与家人朋友建立坚定的关系纽带，并乐在其中。
- 感恩自己所拥有的一切。
- 总是积极热心地帮助他人。
- 对未来抱有乐观的态度。
- 欣赏人生中的美丽之处，并不断努力充实自己。
- 维持有规律的良好运动习惯。
- 投身于自己毕生所追求的目标。
- 面对压力、悲伤、磨难，能够保持原则，坚决应对。

当我们观察非常幸福的人们每天实践的活动目录，可能会感到有所畏惧。这有可能是因为从来不如此这样实践。其实这种抱着一种想要全部实践的心态是不对的。我们只需要从中选择出对我们最有效的一件或几件来认真实践就可以了。这是靠我们自己去调节的，就从当下这一刻开始，选择出能够给我们人生带来积极深远影响的活动去实践，这正是我们通往幸福之路的出发点。

为了找到最适合我们的幸福行动，选择正确的行动策略是必须的。能够使我们变得更幸福的努力一定是符合我们的兴趣、价值观、需求的。如果能够了解什么行动是对自己最有效最合适的，就算是达成了目标的一半了。

即使不努力也能够获得好运。但是那样获得的成功，就像是新年初始下定的决心那样，很快就会被抛之脑后。如果想要在某件重要的事情上取得成功，那是必须要付出巨大的努力的。为了能够持续地维持更加幸福的状态，就需要引起某种永久性的变化，这也就表示要在每天的日常活动中一直努力去践行。追求幸福虽然需要付出巨大的努力，就像是“为了变得幸福而努力”这句话表述的那样。我们至今为止所做的事情最终都会变成最大的奖赏回馈给我们。

幸福能够给人生的各个方面带来数不清的积极好处。在变得比现在更幸福的过程中，我们能够更多地体验到高兴、满意、爱、自信心、敬畏感等。幸福带来的效果并不止步于此，我们的能量活力、免疫体制、人际关系、身心健康等生活的方方面面都会获得巨大的改善。其实当我们变得更幸福，也能够增强我们的自信和自尊，更加相信自己是应该被尊重的、有价值的一个人。还有最后一点好处，虽然微小，但也不能够忽视。那就是当我们变得幸福的时候，不仅我们自己, 就连我们的爱人和家人, 小区邻里, 甚至延伸到社会都将受益无穷。

当和不那么幸福的人进行比较时, 就会发现幸福的人更加有活力, 善于社交, 更加能够宽待他人, 更具有合作意识, 也更容易取得别人的好感。如此这般, 幸福的人往往婚姻幸福美满, 同学朋友相处融洽, 更加容易得到社会的支持与信任, 这些也就是理所应当的事情了。其次, 幸福的人更加能够从容地思考, 提出具有独创性的意见, 在职业生涯中也自然备受重视。幸福的人也将会是一个更加优秀的领导者或协作者, 财富也就会随之而来。幸福的人在遭受逆境的时候, 也能够快速地恢复, 同时良好的免疫体制也使得他们更加健康, 甚至幸福的人往往会有更长的寿命。

2) 更幸福的路上的绊脚石

通往幸福的路上最大的绊脚石, 就是我们曾经认为的那些能够使我们变得更加幸福的东西, 其实并不能真正使我们幸福。由于那些被假定为幸福根源的东西看起来是那么直观、符合常识性, 以至于大部分的人们甚至是研究者们都十有八九会被这些虚假的神话所左右。

⑴ 幸福不需要去寻找, 而是存在于我们内在

谎言1∶幸福是需要“寻找”的。也就是说幸福存在于我们触手不可及的某个远方, 它存在于一个像乐园一样的地方, 需要我们去寻找出来。这是对幸福的第一个错误认识。依据这一谎言, 虽然我们能

够到达幸福存在的远方，但是随之也需要我们去满足一些附加条件。如果说今天是不幸福的，但是还是没有从此刻开始主动掌握主导权并采取行动的话，明天依旧不会幸福。如果能够意识到幸福的40%是由个人有意向的决定的话，为了使自己变成一个更幸福的人，必然会主动地参与一些有目的指向型的活动。幸福不是存在于某个遥远的地方，需要我们去寻找。因为幸福就存在于我们内在。虽然这可能听起来像是陈腐的虚话，但是比起任何东西，幸福一直都是我们的内心状态，是我们的感知方式，是我们同生活的世界交流的方式。正是因为如此，明天、后天，甚至是在我们剩下的后半生里，才会有如果想要变得幸福那就要从改变当下这一刻自己的心理状态开始，并且不断地维持该变化这样的终极决断。

⑵ 幸福不是来源于环境变化，而是源于我们内在的变化

谎言2：只有改变环境，才会获得幸福。这是存在于我们日常认知中的又一大错误。这种观点认为只要改变了周围的环境就能够变得幸福。这是一种“如果…就会变得幸福”或者“…的时候，就会变得幸福”的思考方式。这也是有些人所认为的记忆中保存着那些曾经体验过真正幸福的瞬间，但是当下满足那一幸福瞬间的现实条件再也无法实现的逻辑认知。事实是，不管环境怎么样积极地改变，也不会对我们的幸福产生多大的影响。

想要变得更幸福的渴望中渗透着最为讽刺的一点，那就是错误地认为只要改变了周围的环境，幸福便会自己敲门而来，许多人被蒙在这样的幻想之中，只集中注意力于那些能够改变当下状况的事

情。但是不论是怎样的变化，也只能够带来一时的幸福。为了变得幸福，不断改变生活的环境，这种努力是没有效果的。为什么改变生活环境不能够使人变得幸福呢？这是因为心理学家所提出的“享乐适应(hedonic adaptation)”的强大力量所致(Frederick & Loewenstein, 1999)。人类具有能够快速熟悉感觉上、生理上变化的能力。和生理上、感觉上的适应类似，在快乐的变化这一领域也同样适用。乔迁、结婚、新的职场等的日常变化，只能够带给我们暂时的幸福。

为什么会发生享乐适应？一是因为期待值不断增高，另一点是因为开始产生新的比较心理。突然发了横财，得以搬往更大的住宅，但在新的住宅生活不了多久就会认为新的住宅来得理所应当。意外之财悄悄地变成一种正常状况，占据主导地位。于是我们就会开始期待更大的意外之财。虽然买了很喜爱的新车，但是当看到别人拥有一辆BMW(宝马)的时候，自己就会想我也应该要有一辆这样的或更好的。享乐适应的坏处在于某种积极的事情或幸福过后，所带来的幸福感和满意感最终会变成一泼冷水浇下来。但是享乐适应也有益处。当我们遭遇坏事的时候，这种能力就变得不可言喻地有用。当我们遭遇疾病或事故之后，它使我们能够拥有恢复幸福的惊人力量。如果我们不能适应所有的状况，也就不会变成那样。但是享乐适应的证据，特别是能够证明“在经历积极的事情的时候会即刻适应的事实”的证据非常具有说服力。人类能够适应金钱、房子、所有财产、美丽，周围生活的美丽的人、健康、结婚等所有积极的变化。

当下的环境，只要不是特别极端的情况，都不会成为不幸福的核心因素。如果对职业、年薪、婚姻生活、校友关系等不满意的话，为了获得持久的幸福, 所要采取的第一个措施就是在自己的内心深处, 将这些都暂且搁置在一边。虽然有些困难, 但应该为了不去想那些而做出努力。我们要铭记, 阻碍我们幸福的真正原因并不是这些外在因素。也正是因为如此, 就更加需要我们有足够的忍耐性和自制力, 摒弃那些我们习以为常的错误认知是非常重要的。

⑶幸福不是天生的, 而是创造出来的

谎言3：要么是幸福的, 要么是不幸的, 二者必选其一。出生时就决定了我们是幸福的还是不幸的这一错误观点支配着人类的整体认知。许多的人, 特别是那些不怎么幸福的人, 坚信自己的不幸来自遗传, 并且自己无能为力。但是渐渐地有许多具有说服力的研究结果表明, 遗传构造是可以被改变的。

遗传决定的幸福或不幸的气质, 导致了人类彼此之间一半以上的差异。有些人的气质使得他们天生就容易患上抑郁症。希望自己变得幸福的人不会那么严苛地对待自己。因为我们从出生就拿着一副某种程度上已经准备好的牌。幸福的50%决定于遗传的幸福定点, 这一事实是真的吗？对此, 在一对双胞胎的实验向我们展示了强烈的证据。

由于双胞胎的遗传因素中有着共有的特定部分, 所以此项研究能向我们展示许多关于幸福遗传因子的内容。同卵双胞胎100%共有遗传因子, 异卵双胞胎就像普通的兄弟姐妹一般, 共有50%的遗传因子。所以在幸福水准这一方面, 从双胞胎幸福水准的相似程度中可以推断出遗传因素在多大程度上决定了一个人的幸福水准。

根据对双胞胎的研究(Lykken & Tellegen, 1996), 在双胞胎兄弟间的幸福差异中, 家庭收入仅占2%, 婚姻生活不足1%。因此用家庭收入和婚姻来说明双胞胎之间的幸福差异是困难的。也就是说当要推测双胞胎其中一人的幸福程度时, 比起日常生活中发生的各种事件, 同卵双胞胎的幸福水准才是更加有用的线索。但是即使知道异卵双胞胎兄弟中一人的幸福水准, 也无法预测另一个人的幸福水准。与异卵双胞胎毫无任何暗示的情况相反, 同卵双胞胎的幸福水准十分类似。这一发现表明遗传在很大程度上决定了幸福水准。基于后续不断进行的双胞胎实验结果, 学术界普遍认为幸福中的50%由遗传基因所决定。

为了更加确认双胞胎研究得出的结论, 科学家们假定, 同卵双胞胎和异卵双胞胎都拥有相似的家庭环境和经历。但是异卵双胞胎的生活环境和养育方式并不像同卵双胞胎那样相似。将一同长大的同卵双胞胎和从幼儿期就分开成长的同卵双胞胎进行比较发现, 同卵双胞胎的幸福水准依旧十分相似。即使从小就分开成长, 两个人之间的相似性也并没有减少半分。同卵双胞胎中一人幸福的话, 另一位也一定是幸福的。异卵双胞胎不论是分开成长还是一起长大的, 他们的幸福水准都没有表现出很大的关联性。就像是普通的兄弟姐妹一样, 异卵双胞胎的幸福水准也只是基于平均值, 并不会表现出相似。这一发现更加向我们证实了遗传在很大程度上决定了我们的幸福水准, 我们每个人从出生就有一个设定好的幸福定点。

像是形成新的人际关系或遭遇交通事故等, 一些人生的重大变化可能会使我们的幸福水准提高或降低。但是随着时间的流逝, 这一幸福水准最终有再次回到幸福定点的倾向。幸福定点绝对不会发生改变，但是幸福定点无法改变并不意味着我们的幸福水准就无法改变。遗传基因并不能完全决定我们生活中所经历的体验或作出的行动。遗传基因回路会受到我们的体验和行动的影响。我们所做的事，我们进行的有目的的活动，对增加我们幸福水准的影响想要多大有多大。就像种子发芽需要特定的土壤一样，要完全发现遗传基因也需要符合一定的条件。所以遗传基因是否能够被发现是可以控制的。为了使遗传基因不被发现或尽快被发现，需要一些特定的条件或者行动。这也就是说，不论遗传基因的导向如何，最终会否按照导向发展，都是我们可以从中控制的。

每个人都天生带有幸福定点。在大脑的额叶平层上产生的活动可以看作是幸福定点形成的基础。观察那些经常微笑、充满热情、对生活投入的幸福的人的脑部活动，发现了特别的不对称性：左脑的额叶皮层的活动比右脑多(Tomarken, Davidson, Wheeler, & Doss, 1992)。就连新生儿也是如此，当给新生儿更加适合吸吮的物体时，左脑更为活跃。观看喜剧电影的成人也是如此。对照来看，右脑主要在人类感受到不快的状态或消极情绪时表现得更为活跃。

如果不在一定的时间段内进行评价的话，很难得到正确的幸福定点。在测定主观型幸福的多个阶段中，设定相对较长的时间间隔测定出的幸福指数更加具有信赖度。虽然幸福定点设定值的平均值为5分，但是期待的幸福指数可以更高或更低。如果想要维持持久的幸福，不要去努力改变自己的幸福定点。幸福定点不论受到怎样的外部影响，也不会有所改变，因为这就是我们遗传基因已经既定好的程序。就像是天生褐色瞳孔的人，不论什么时候他也会是褐色的瞳孔。但是就像无法改变颜色的瞳孔，我们可以通过配戴隐形眼镜改变瞳孔颜色一般，幸福水准也是可以通过有目的的活动来改变的。

幸福的源泉不在于改变由遗传因素决定的幸福定点。这是由于改变、影响或控制幸福定点是不可行的。通过改变生活环境来获取持久的幸福也是十分不可行的。这不仅是对积极环境会快速适应的享乐适应原理，更是因为要想达到生活上的这种变化，往往需要投入金钱或者说实际上是一种非现实性的状态。

如果幸福的奥秘不是提高幸福定点或积极地改变生活条件，那剩下的还有什么呢？能够持续拥有更大更美好的幸福吗？每个人都会在自己的一生中发现自己开始变得幸福的那一刻。事实上，与我们平时所想不同，人往往上了年纪后，反而会变得更幸福。以曾参加过第二次世界大战和韩国战争的2000名幸存者为研究对象进行的长达22年的研究结果表明，他们的生活满意度一直循序渐进地呈现增加趋势，并在65岁时达到最高点，甚至于在75岁时也不曾出现明显的下降趋势(Mroczek & Spiro, 2005)。根据幸福波动图表理论，幸福的个人差异中，50%由遗传基因决定，10%由环境决定，剩下的40%是靠我们的行动和思考决定。也就是说，我们会受到有目的的活动和策略的影响，幸福的奥秘正是这剩下的40%。认真地观察幸福的人，就会发现他们不是止步于当前满意的状态。他们会主动创造条件，总是为了获得一些新的理解、成就不断做出努力，并且懂得控制自己的想法和感受。付出努力的、有目的的活动会给我们幸福带来强大的影响。我们参与的活动完全可以超越环境或者幸福定点的力量。

假如不幸的人想要享受兴趣、热情、满意、和平、高兴的状态，那只需要学习幸福的人的习惯就足够了。

(4) 幸福不是于外在美，而是由内在美散发出来

仅靠外在魅力也无法持续维持幸福人生。美国审美整形外科手术协会报告称有越来越多的人每年对自己的外貌进行整形。2004年比2003年美容手术实施率增加了44%，大部分的人们在手术之后表现出满意的状态。但是这种满意度仅仅只是一瞬间而已。这种得到提升的幸福感并不持久。向美丽的人提出是否对自己的外貌满意这样的问题时，大多数得到的回答是"是"。但是当向他们提问"整体来看，是否幸福"的时候，外貌可能只对他们的判断有一点点的影响而已。因为就像我们判断自己有多幸福的时候，并不会单纯地考虑天气、人身安全等某个特定的侧面那样，外貌也无法影响我们的幸福程度。

为了揭示外貌和幸福之间没有关系，有研究(Diener, Wolsic, & Fujita, 1995)提出了"究竟幸福的被试者在一般角度来看也是十分具有魅力的，还是说这仅仅只是他们自己认为的结果"这样的问题。研究结果显示，最幸福的被试者虽然有自认为十分有魅力的倾向，但是一般的评审委员们认为他们和那些不那么幸福的人比起来，并没有漂亮多少。认为自己十分有魅力的想法与评价委员们的客观评定之间相背离，这一现象在被试者不化妆的时候表现更加明显。

在其它的研究(Meyer, Enstrom, Harstveit, Bowles, & Beevers, 2007)中，时尚模特们比同辈人更加地不那么幸福。总结起来，更加美

丽的人并不意味着更加幸福。幸福的人对包含自己外貌在内的所有方面都是积极乐观地看待。但是其他的人并不认为他们的外在更加赏心悦目。客观地来说，变得更加漂亮并不能够使我们变得幸福。这与相信自己是美丽的是两码事。

第三章 幸福和幸福的人们

在我的一生中不幸福的日子瞬间都不曾有过
-光明的天使, 海伦凯勒(Hellen Adams Keller)

在这个世界上存在着很多的人, 单凭数据来看, 在地球上生活着77亿多个人。在这些人中有幸福的人也有不幸福的人。幸福的人中也有非常幸福的人和稍微幸福的人。幸福的人为什么幸福呢?幸福的人和不幸福的人有着怎样的差异呢?他们只是幸福的程度有所差异吗?或者是人生的其他部分也存在着差异呢?如果幸福的话有怎样的优点呢?我们可以变得有多幸福呢?怎么样做才会使我们变得更幸福呢?寻找这些问题答案的过程是非常有趣且有意义的事情。

不论是谁都想要变得幸福。换句话说, 即使我们隐藏或是否认自己的期望, 我们也真心地希望变得幸福。我们总是梦想着事业上的成功、与他人之间形成亲密的关系, 又或者是爱情和性, 都是因为我们相信这些可以使我们变得更加幸福, 所以我们渴望拥有这些(Lyubomirsky, 2008)。

最近在社会科学界, 幸福成为了热门的话题并受到广泛关注。但是关于幸福的大部分内容, 并不是根据科学的资料所提供的正确信息。因此在严格地遵守科学准则的前提下展开讨论是有必要的。

01 幸福的定义

对于幸福的定义虽然多种多样，但是可以从学术层面和实际层面来定义幸福。

1）学术层面的幸福

包括积极心理学在内关于幸福的许多研究中，提出的幸福定义多种多样。本书从学术层面对幸福的定义是“幸福即快乐且有意义的活着，找出并开发自己的代表优势，并将其不断活用于自己的日常生活”。为了幸福，我们首先要变得快乐而有趣。缺少了快乐和有趣，我们不会幸福。还有就是要有意义。为了幸福地活着，虽然快乐很重要，但如果没有意义的话，就不算是真正的幸福。同时为了获得幸福，

图3-1 幸福的定义(Definition of Happiness)

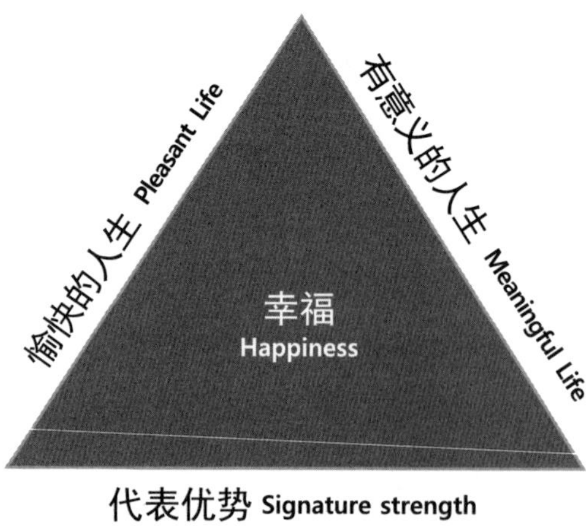

同快乐和意义一起的还应包含我们找出并开发自己的代表优势，并将其不断活用于日常生活。

对于幸福的观点，从大的方面可以分为快乐主义观点和自我实现观点。快乐主义观点认为幸福是“个人主观体验到的愉快状态”。认为幸福就是个人对于自己人生感到满意的主观状态。自我实现观点认为幸福是“充分发现个人潜在的可能性”。通过开发和发挥性格上的优势和品格，从而在人生的重要领域里实现有意义的人生就是幸福。

从快乐主义的观点出发探索幸福的心理学者们，把重点放在积极的主观经验，比如幸福感、生活的满意度、心流体验、积极情绪等方面。与之相反，重视自我实现的观点的心理学家们，把研究重点放在人的积极特质，即性格上的优势和品格上，比如智慧、人情味、勇气、节制、正义、超越等。

比起通过抽象的概念定义幸福，积极心理学者们更致力于通过实证主义的研究以具体的方式来定义幸福。为了实现科学的研究，具体的幸福定义和测定幸福的工作是必须的。基于快乐主义观点探索幸福的研究者们偏爱主观幸福感(Subjective Wellbeing)这样的术语。主观幸福感指的是个人积极地体验自己人生的主观心理状态，而且重点关注对人生的认知性评价。所以也经常使用生活的满意度(life satisfaction)或者生活质量(quality of life)这样的表述。

凯斯和洛佩兹(Keyes & Lopez, 2002)认为真正的幸福和积极的心理健康，应该由情绪幸福感、心理幸福感、社会幸福感这三个方面构成。即真正的幸福和健康的人生，是通过反映积极情绪的情绪幸福感(emotional well-being), 反映个人圆滑的技能水准和适应状态的心理幸福感(psychological well-being)以及体现积极的社会参与和贡献的社会幸福感(social well-being)来实现的。

主观幸福感的情绪要素主要指的是积极情绪和消极情绪。将主观幸福感的积极要素和个人设定的基础相比较, 就意味着对生活状态进行有意识地评价和认知性的判断, 我们将其称为生活满意度。一般来说, 情绪性反应作为一种对短期现象变化的直接反应, 持续时间较短, 具有受无意识性的动机或者生理上的状态影响的倾向。相反认知性反应则是对更长期的生活状态的有意识性的评价, 受到人生价值观或目标的影响。这种心理要素所构成的主观型幸福感, 其定义为经历多数的积极情绪和少数的消极情绪以及高度的生活满意度的状态。也就是说幸福就是指一边富有趣味、充满意义的活着, 一般找寻自己的代表优势, 并能够不断加以开发将其灵活运用于日常生活之中。

2) 实际层面上的幸福

首先, 人们幸福的理由会是什么呢？我们应该怎样做才能变得真正幸福呢？我们能够比现在更幸福吗？如果我们不幸福, 又该如何克服呢？如果我们想要变得更幸福, 应该怎样做呢？带着这些问题, 我们可以从以下几点来定义实际层面上的幸福。“幸福是保有并不断培养心灵的力量。” 幸福在于和谁一起, 带着怎样的心情, 做了什么。其中最主要的因素便是带着怎样的心情。幸福就像是我们精心呵护的花园一样, 是我们对心灵力量的精心呵护(南承奎, 2014)。

心灵的力量由心灵的大小(size)、心灵的模样(shape)和心灵的颜色(style)来决定。当心灵的大小越开阔宽容，当心灵的模样越柔软温暖，当心灵的颜色越明亮、充满希望，我们心灵的力量就会越强大，我们也会越幸福。

依据对幸福的人们和不幸的人们的比较研究，柳博米尔斯基(Lyubomirsky, 2001)得出了幸福的人和不幸的人经历着不同的主观世界，并且分别生活在这样的世界中的结论。即使面对同样的状况、事件，幸福的人们也总会向着维持自己幸福的方向去思考，去行动；不幸的人则是向着维持自己不幸的方向去思考，去行动。即，导致幸福与否最大差异的不是世界本身，而是个人对世界的主观理解。

图3-2 幸福的定义(Definition of Happiness)

就像早起戴眼镜的时候，虽然鼻子和耳朵都感受到了压力，但

是过不了一会就会忽视了这种压力, 像完全忘记了自己戴着眼镜一样。我们在大部分时候对一成不变的或是反复的刺激不怎么容易意识得到。赫尔森(Helson, 1964)针对感觉适应提出了适应水平理论(adaptation level theory)来说明此种现象。着眼于这一理论的概念是享乐适应(hedonic adaptation), 也就是对于引起快乐的情感的刺激也能够很快适应。

布里克曼和坎贝尔(Brickman & Campell, 1971)提出人类的命运是由快乐水车联结起来的。快乐水车(hedonic treadmill)是指人类具有相对安定的、中立的、长期性的幸福水准。虽然我们的情绪体验会有所动摇, 但是从一个全面的、长期的角度来看, 我们的幸福水准不曾改变。新车、豪宅、升职、加薪等可以使我们暂时变得很幸福。但是要不了多久, 这种感情就会消失。这是由于人们对于消极或者积极的生活变化, 都能够快速地适应, 并且能够再次回到之前的幸福水准。就像这样, 随着时间的流逝, 情绪反应逐渐消失的享乐适应, 能够减少长期的情绪性的觉醒带来的消极影响, 从而保护人类, 提高人类的生存值。例如, 如果长久无法适应受到不正当待遇的愤怒或着是同恋人分手之后的痛苦, 数十年来一直为此所困扰, 那么将会产生极为严重的后果。

海蒂和韦尔林(Headey & Wearing, 1989)对快乐水车的概念做出了修正, 提出了动态平衡模型(dynamic equilibrium model)。依据此观点, 人们不是中立的, 而是具有着积极的幸福基准线, 人们根据各自的性格回到不同的基准线上。甚至, 个人的幸福会影响到所将要经历的积极或者消极事件的发生可能性。幸福的人们更多地经历一些积极的事件，不幸的人们则更多地经历一些消极的事件。适应过程是一个个别的过程，并不像快乐水车理论提出的那样是整齐划一的。

02 幸福的人们

我们能够得出幸福的人在日后生活的各个领域(婚姻生活、人际关系、职场生活和职业成就、经济收入、精神健康、身体健康等)都会获得积极的结果。对幸福的人特征进行归纳总结，有以下几点。

1) 幸福的人拥有均衡的情绪体验

幸福的人拥有积极情绪体验略多于消极情绪体验的均衡情绪体验。一般来说，快感(pleasure)大多数持续时间较短，需要有特定的刺激，是一种十分单纯的感觉。而情绪(emotion)不仅是主观的感受，还是特定的生理反应，与思考和行动指示相关联。从这一点来说情绪相对复杂一些。情绪的基本机能就是告诉我们，在面对现在的状况或者未来将要遇到的状况时，采取的应对方式是否合适(Morris, 1999)。

情绪大致分为三大要素，即情绪性体验，生理性反应和行为准备。情绪的第一要素包含愉快-不快，喜欢-讨厌这样的主观性体验。第二，情绪伴随有一定的生理性反应。与特定的情感相对应，自主神经系统会产生生理性反应。最后，情绪的核心要素就是行为准备(action readiness)。当人们感受到特定的情感时，也会感受到想要表现出与其相关的特定行动的压力，从而提前做好发出该行为的准备工作。这种行为准备针对诱发情感的事件，能够做出有效地应对，被称为是情绪的核心机能。

当在积极心理学领域谈到情绪体验时，并不是指向人们每天或每时每刻只经历积极的情绪。那样的目标不仅是不可能的，甚至对精神健康和心理健康都没有益处。当然在作为主观心理状态的幸福中，积极的情绪体验显然是最重要的因素。

大部分的基本情绪都是天生的，这些天生的东西大部分都具备适应的必要进化机能。戴维·巴斯(David Buss, 2000)和现代进化心理学者们所提出的"在当下，积极情绪对于人类的进化、适应、生存是绝对必需品"的意见在学术界得到广泛认可。

积极情绪和消极情绪的运行机制或适应性机能是不同的。消极情绪的适应性机能是积极应对人类将要面临的危险和威胁。消极情绪能够诱发特定行动的倾向性(specific action tendency)，以特定的方式行动。消极情绪告诉我们危险，缩小反应范围，积极快速地应对危险信号。反之，积极情绪作为一种安全地信号，其主要机能不是集中在应对策略，而是对其进行进一步地拓展。积极情绪的进化性益处在于其不是针对当下状况，而是针对未来的状况。

根据积极情绪的拓展-建构理论(broaden-and-build theory)，人们在经历积极情绪以后，就具备在其他状况中使用的一种个人性资源的拓展和建构机能。首先，积极情绪诱发以适应性行动为主导的不特定性行为的倾向性(nonspecific action tendency)。其次，积极情绪促进了生成新的适应性思考-行为倾向性(thought-action tendency)的认知性活动。

学术界普遍认为，情绪的强度和频度对于主观性幸福产生不同的影响(Diener, Larson, Levine, & Emmons, 1985)。一般来说积极情绪的频度对整体的幸福更加重要。比起相对较少地经历愉悦体验来说，在日常生活中能够经常地、连贯性地经历愉悦体验更加重要。当然，强烈的积极情绪也对其体验的记忆产生重要的影响。有学者表明积极情绪的强度和消极情绪的强度之间具有相互关联性(Diener et al., 1985)。感受到非常强烈幸福感的人同样对消极情绪体验也会有强烈的感受。一般来说，不论是积极情绪还是消极情绪，女性比男性的感受更加强烈。

当经历积极情绪时，我们一时的思考机能和行为样式得到拓展，其结果就是通过获得的学习经验，来建构能够使我们在未来状况中更加积极有效应对的认知性、情绪性资源。通过一时的情绪状态所习得的资源，在这种一时的情绪状态结束后仍然持续。即，积极情绪体验具有建构和增加在之后的状况下也能够运用的个人性资源的效果。因此，由于这种资源的增加，引起个人向上的发展和成长。并且由于能够在新的状况中做出有效地应对，帮助人们再次体验到积极情绪。这样形成的良性循环对于适应起到了一定的帮助作用。

与此不同，消极情绪一般缩小了思考和选择范围。当处于危险的时候指引人们做出逃避危险的行为。但是积极情绪不是缩小要求的选择范围，而是为了达到应对资源的极大化从而对选择范围进行拓展。积极情绪具有拓展我们的认识、建构应对资源的机能。

积极情绪也被认为是消极情绪的解药。积极情绪具有使消极情绪引发的生理性效果重新恢复到原来状态的机能(Fredrickson

& Levenson, 1998; Tugade & Fredrickson, 2004)。弗雷德里克森(Fredrickson)提出积极情绪起到了化解消极情绪引起的有害影响的撤销假设(undoing hypothesis), 就是说积极情绪能够帮助由消极情绪或压力造成的身体上、心灵上的后遗症再次恢复到安定、平稳的状态。

积极情绪具有利他主义倾向, 能够提高决策的效率性, 增强创意力, 减少攻击性的倾向(Isen, 2002)。它还能够提高人际关系的质量, 对提升职业满意度也有帮助(Isen, 2001; Morris, 1999)。在感受到特定心情的状态下, 与此心情相一致的记忆具有更加容易拓展的倾向, 这一现象被称为心境一致性回忆(mood congruent recall)。积极的情绪状态能够促进回想起过去积极的记忆, 抑制回想消极的记忆。

有人对幸福体验和多巴胺水准的增加做了相关的研究。有研究者曾在做类似马拉松的身体训练时感受到一种愉快感, 我们称之为"跑步者的愉悦感(runner's high)", 这是由于内啡肽的增加(Farrell, Gustafson, Morgan, & Pert, 1987)产生的。有报告指出, 在感受到强烈快感的性关系中, 内啡肽比平时增加了200%。

2) 幸福的人知道如何获得快乐

幸福的人对人生的每一瞬间都感到快乐。休闲(leisure)指逃离责任义务性质的琐事或工作, 达到一种自由愉悦的休息, 又或者指能够从中发现乐趣的兴趣爱好活动。休闲提供给人们积极的体验, 同幸福和生活满意度具有着十分密切的联系。大多数的人们都想要放慢生活的节奏, 给自己的生活更多些自由和闲适。休闲生活的满意度是能够预测人类整个人生满意度的强烈因素。在平静安稳的状态中，充分的休息、品尝美食、参与兴趣活动等，会在短期内产生增进幸福感的效果(Argyle, 2000)。特别是有组织地参加兴趣活动更容易提升满意度。这是因为在兴趣爱好活动小组中，同组员一起分享相同的兴趣爱好、价值观、活动时间、社会性关系，能够产生愉快的兴奋感；通过共同协作取得成就，充分地体验到归属感和密切的纽带关系(Carr, 2004)。

虽然休闲活动能够使人们变得幸福这一点是显而易见的，但并不意味着只要多多参与兴趣活动，就能够提升对生活的满意度。重要的是，通过休闲活动获得积极的体验。一般来说，越是多参加一些有趣多样的兴趣活动，对于生活的满意度就越高(Bammel & Burrus-Bammel, 1996)。个人自发地感受到参加兴趣活动的意义，获得的幸福度也就越高(Ogilive, 1987)。

3) 幸福的人拥有代表优势

幸福的人都拥有专属于自己的代表优势，充分发挥个人的才能和优点，就能够实现幸福的人生。塞利格曼提出，在生活中充分发挥个人的代表优势就是真实的幸福(Seligman, 2002b)。代表优势(signature strength)是指能够充分表现出个人意志，体现个人独特性和个性的积极性格特征。当你灵活运用特定的优势时，人们能够感受到更加充满活力的热情，能够感受到是在表现出“真正的自己”。真实的幸福(authentic happiness)就是找出自己最根本的优点，并不断开发自己，在每天的工作、爱情、游戏、子女教育中，不断发展完善自己。

最近新开发了一个与DSM(Diagnostic and Statistical Manual of Mental Disorders)相对应的心理优势和特性分类体系-VIA(Virtues in Action)分类体系。这是1999年由唐纳德·克里夫顿(Don Clifton)开始编订，后由梅耶森(Mayerson)基金会支持，皮特森和塞利格曼进一步发展和完善的体系。VIA分类体系在6大范围下分成了24个优势和6个美德。作为性格优势研究始发点的VIA课题项目，由密歇根大学的心理学教授克里斯托弗·皮特森(Christopher Peterson)和马丁·塞利格曼(Martin Seligman)领衔展开。VIA课题项目的研究成果之一的"性格优势和美德(Character Strength and Virtues)"发表于2004年。

要把性格优势和美德同能力(ability)、才能(talent)区分开来。第一，才能和能力比优势和美德更加强调先天性，不会受环境变化的影响，也不会因为个人的意愿而产生。第二，优势和美德本身就带有积极的价值，但是才能和能力总是依据于一定的成就产生其价值。

VIA分类体系(VIA Classification of Character Strengths and Virtues)包含6个核心美德，如智慧和知识(wisdom & knowledge)、仁慈(humanity)、勇气(courage)、节制(temperance)、正义(justice)、自我超越(transcendence)，这些美德称为6大核心长处(the high six)。

第一点，同智慧和知识(wisdom & knowledge)相关的性格优势是指，为了更加美好的人生，努力学习并灵活运用所学，能够帮助人们在人生中做出智慧的判断，获得认知成就的性格优势。即，创意性、好奇心、开放性思维、好学和洞察力。

第二点，同仁慈(humanity)相关联的性格优势是指，能够照顾到周围人, 并逐渐形成亲密关系等人际关系方面的优势。即, 爱与被爱的能力、亲切和社会交往能力。

第三点, 同勇气(courage)相关的性格优势是指, 在内外意见不一致时, 能够勇于直面, 并且不断追求自己目标的性格优势。即, 勇敢、毅力、真实和活力。

第四点, 同节制(temperance)相关联的性格优势是不支持极端的独断主义的中庸优势。即, 宽恕、谦虚、慎重和自我调节。

第五点, 同正义(justice)相关联的性格优势是指作为共同的社会成员的社会性优势。即, 市民精神、公正和领导力。

最后, 同自我超越(transcendence)相关联的性格优势是指, 对现象和行为赋予其意义, 追求一种伟大的、联结全世界的超越力量。即, 对美和卓越的欣赏、感谢、乐观、幽默和信仰。

4) 幸福的人都具有良好的人际关系

幸福的人都拥有良好的人际关系。良好的人际关系能够提供人们影响主观幸福感的情绪性亲密感和社会支持。配偶、家庭、朋友之间的关系中所感受到的亲密感是最能够预测生活满意度的重要变因, 这比物质上的满足、健康和休闲活动的影响都更加强烈(Cummins, 1996)。如果感受过同善良的人形成亲密的、相会扶持的关系的话, 不仅能够提升自尊和自信, 对于困难也能够积极地应对, 极大地减少心理疾病出现的概率。

最能够系统性地预测主观幸福感的要素是人际关系。在人类主要的生活领域中, 能够最好地预测全面的生活满意度的因素是婚姻和休闲生活。其次，当被问到人生中最重要的是什么时，最常见的回答就是亲密的人际关系(Emmons, 1999)。

积极的人际关系是幸福的必备要素。许多研究也提出了，对生活满意度和幸福来说，最重要的唯一源泉就是和他人形成积极的人际关系。积极的人际关系本身就能够给人以满足感。这是因为同他人建立关系是人类最根本的内在要求(Deci & Ryan, 1985)。同他人的联系感和社会性支持，不仅能够提升身体上的机能，也能够促进疾病的恢复(Cohen & Herbert, 1996)。人际关系的缺乏是比吸烟还要严重的损害寿命的因素(House, Landis, & Umberson, 1988)。如果要问"最近发生的最难受的事情"是什么的话，50%以上的人会回答说是人际关系，特别是与重要的人离别或者产生矛盾等事情。人们接受心理治疗时，最常见的问题也是与人际关系相关的问题(Pinsker, Nepps, Redfield, & Winston, 1985)。痛苦的人际关系也危害着我们的健康，使我们的免疫功能低下(Kiecolt-Glaster, 1999)。就像这样，人际关系影响着我们的幸福或者不幸，在我们的人生中扮演着十分重要的角色。

5) 幸福的人具有强大的自尊感

幸福的人具有强大的自尊感。自尊感(self-esteem)是指对自己持有全面积极性的评价和友好的态度。众所周知，自尊感是幸福以及主观幸福感最关键的变量(Campbell, 1981)。自尊感和个人的适应性机能有着密切的关联。具有积极自尊感的人，不仅在人际关系的满意感、亲密感、关怀体恤他人的能力以及生产执行能力等方面，都表现出较高的水平，还能够良好地调节愤怒的情绪，较少会出现反社会性行为的倾向(Hoyle, Kernis, Leary, & Baldwin, 1999)。

6) 幸福的人是乐观的

幸福的人都有着乐观的态度。心理上的乐观性(optimism)是指对未来积极期待的认知倾向性。它带有着三个特征(권석만, 2008)。第一, 对于未来事物会向着积极方向发展的整体性期待, 称之为气质性乐观(dispositional optimism)；第二, 对通过自己的行动和努力能够达到自己所追求目标的信念, 称之为希望(hope)；第三, 对于事件的原因, 总是能够转向利于自己一方的说明方式(explanatory style)。高度乐观的人也表现出高度的幸福和对生活高度的满足。当然, 由于非现实性的乐观会引起虚假的安定感和危险的感觉, 从而导致不幸。所以如果希望乐观能够对长期性的幸福增进有所帮助的话, 需要我们时刻保持以现实作为依据的乐观(Schneider, 2001)。

7) 幸福的人是外向型的

幸福的人是外向型的人。幸福和外向型不仅有着极其密切的相关性, 而且在一些研究中显示足有.80的相关度(Fujita, 1991)。外向型的人大多具有较多的积极情绪倾向, 即对于积极的补偿具有天生的敏感性, 对于积极的事件会产生更加强烈的反应, 因此对于这些事件总是能够以积极的方式去记忆, 之后回想起来也会偏向于积极的方向发展(Seidlitz & Diener, 1993)。在当下这个交流多元化的时代, 外向型也成为同时代相切合的性格特质(Moskowitz & Cote, 1995)。

8) 幸福的人认为自己有着足够自制力

幸福的人是自我控制者。控制感(sense of perceived control)是个人在面对人生重要事件时能够良好地控制自我的一种信念。具备内控控制点(internal locus of control)的人, 比具备外控控制点的人在多个方面都表现出较高的幸福水准(Lefcourt, 1981)。最近皮特森(Peterson, 1999)将个人控制感(sense of personal control)定义为"坚信自发地总是向着将良好的结果最大化, 将坏的结果最小化的方向去发展"。当我们做一些事情的时候, 我们情绪上、动机上、行动上、生理上的活力都受到了极大的鼓舞。

9) 幸福的人都拥有明确的目标

幸福的人都有着具体鲜明的人生目标或者目标意识。人生的目标意识并不一定要和宗教相关联。科学研究表明, 不论是何种东西, 只要能够积极追求对自己有意义的多样化的目标, 都能达到增进幸福感的效果(Oishi, Diener, Suh, & Lucas, 1999)。

10) 幸福的人都很健康

健康和幸福是一种双向关系(Baumgardner & Crothers, 2009)。健康促进幸福, 同时幸福也影响着健康。我们身体的健康状态影响着我们的幸福水准。疾病和伤害使我们痛苦, 限制了我们参与愉快活动体验的机会。这种缘由使得疾病能够不断增加我们的消极情绪, 减少我们的积极情绪。由于每个人对自己健康状态重要性的认识不同, 健康对于幸福的影响也有所差异。客观地来说, 即使是相同的疾病, 病人也会根据主观的评价来适应疾病。虽然能够再次回到幸福定点(happiness set point), 但是如果患病的程度十分严重或者是慢性疾病的话, 长期来看, 幸福水准或者生活满意度也会降低。

精神健康对幸福的影响也是十分强烈的。幸福的人比不那么幸福的人表现出较少的精神疾病症状(Diener & Seligman, 2004)。在过去, 青少年患有抑郁症的现象是很少见的, 抑郁症的平均发病年龄是30岁。在当下, 十来岁少年中也有相当大一部分人患有抑郁症。心理上的痛苦、消极性情绪、不安等消极症状逐渐增加的趋势, 导致了较低的生活满意度和个人幸福感的不足。

11）幸福的人都有事做

为了幸福, 都要有事做。幸福的人能够从自己所从事的事情中找到满意感, 对于事情的满意感能够促进个人幸福。失业对幸福有着即时的消极影响。失业能够提高患抑郁症或其他身体疾病的可能性, 打击人的自信心, 让人变得不幸福(Argyle, 2001； Diener & Seligman, 2004; Layard, 2005)。

职业对于幸福来说十分重要。职业不仅仅意味着经济上的收入, 还能够充分发挥个人的潜力, 找到人生的意义所在, 这也是幸福的主要源泉。拥有工作的人比没有工作的人更加幸福。幸福和职业满意度之间表现出相当高的相关性, 大约为.40(Diener et al, 1999)。幸福的人因为从事职业活动而更加具有建设性。在职场中能够做出建设性成果的人更加幸福。

12) 幸福的人享受学习

智力和幸福间并没有相关性。并不是说智商高就更加幸福。但是受过更多教育的人比起没怎么受过教育的人, 稍微要幸福些。较高的教育水准能够给人提供机会和自由以选择获取充分的个人满意和较高的经济报酬的职业。根据阿盖尔(Argyle, 2001)的理论, 获得越高的教育水平, 就表现出越高的主观幸福感, 同时还与获得良好的情绪、身体健康、个人控制感, 以及获得更多的社会支持相联系。

但是教育水准或者智力水准与幸福并没有表现出联系性。教育水准虽然和幸福表现出正相关, 但是其相关性十分微弱(Argyle, 1999)。但是在失业状态中, 教育水准高的人, 比教育水准低的人表现出更高的不幸感, 这是由于期待值差异所导致的。智力水准本身并不影响幸福程度。

13) 幸福的人不富有, 但也不贫困

人们都知道无法用钱买来幸福。但是, 却在实际行动中表现出仿佛用钱能够买来幸福一般。过去30年间, 对大学生的调查研究结果表明, 越来越多的人开始强调金钱在人生中的重要性。1970年仅仅只有39%的大学生表示金钱是自己人生的主要目标, 1998年的调查中, 74%的学生表示自己的主要人生目标就是成为一个富人(Myers, 2000)。整体来看, 金钱虽然对十分贫困的人来说有助于提升他们的幸福感, 但是同社会中的他人相比较, 对具备平均收入水平的人来说, 金钱几乎不会影响他们的幸福水准。

大部分的美国人比起过去, 虽然变得富裕了, 但是也变得更加不

幸福了。但是随着物质上的丰富，精神不健康的比率别说是减少了，反而也在不断增加。例如，在1957年患有神经衰弱的人有18.9%，1976年增加到了20.9%，1996年达到了26.4%(Swindle, Heller, Pescosolido, & Kikuzawa, 2000)。

幸福的人很富裕吗？其实也一般。梅隆财团和UCLA以美国数百所大学的数千名学生为对象进行的研究结果表明，进入大学时，最为快乐的学生们比不那么快乐的大学生赚得钱要多，同时表现出较高的职业满意度，较少经历失业(Diener, Nickerson, Lucas, & Sandvik, 2002)。

快乐的学生比不那么快乐的学生赚钱更多的理由有以下几点。第一，快乐的面貌给学生提供了"我能行"的信念，勇于面对新的挑战，在遭遇挫折的时候能够较快适应。第二，快乐是他人喜欢的一种积极品质，能够快速地融入同事圈，在与他人一起工作时营造出舒适的相处氛围。第三，快乐的人更容易说服自己的想法，有利于坚定地给他人提供支持和帮助。最后，快乐的人因其有着积极乐观的态度，更容易获得他人的好感，受到他人的良好评价。

14）幸福的人拥有美好的婚姻

婚姻和幸福有着密切的关系(Baumgardner & Crothers, 2009)。我们之中大约有90%的人表示，在结婚之后自己变得更加幸福了(Myers, 2000)。回答称自己十分幸福的人的比例中有26%的未婚人士，已婚人士的比例达到了40%，几乎是未婚人士比例的两倍。比起未婚或离婚，分居或独身的人，有伴侣的人更为幸福(Diener, 1999)。婚姻和幸福的密切关系在美国、欧洲的一些大型调查中也得到了印证。对收入、年龄等的混淆变量进行控制后，婚姻和幸福之间依然表现出有意义的关系(Gove, Hughes, & Style, 1983)。同工作状态和健康等生活其它方面相比，结婚后、拥有一个家庭，与生活满意度和幸福都有着较强的关联性，这一点反复得到印证(Inglehart, 1990)。

我们应该留心选择性效应(selection effect)的作用(Veenhoven, 1988)。这并不是结婚之后变得更加幸福了，也有可能是结婚的人比起未婚者在结婚前就已经更加幸福了。幸福的人比不幸福的人更加容易成为一个良好的婚姻伴侣，所以他们结婚的可能性也就更高些，因此应当以较快结婚的家庭为基础来看待这一点。

15）幸福的人拥有着多彩的积极体验

幸福的人在成长的一生中，经历着多彩多样的积极体验。比如成功经验、恋爱经验、交友经验、心流体验、峰点体验、高原体验等多样的积极体验。

03 如果要成为更幸福的人

如果能像真正幸福的人那般扬起微笑，激情投入，充满能量与热情的话，不仅会获得随着幸福而来的诸多益处，如微笑回敬、真挚友情、学业优异、事业有成，还会真正变得幸福(Lyubomirsky, 2008)。如果生理上都表现出幸福感，那么我们至少也能在某种程度上有所感知。舒展眉头，扬起微笑，张开双手，就能够感受到更多的快乐。反之，眉头紧锁，拳头紧握，更加容易感到厌烦生气。我们的脸部、身体、音调等都向我们的大脑传输着信号，当身体的反应告知大脑，我们感受到了特别的情绪时，大脑会引导我们在实际中做出反应。

在一项让被试者从微笑着用牙齿咬出一支笔，与愁眉不展地用嘴巴抿住一支笔中选择一项的心理实验中(Strack, Martin, & Stepper, 1988)，让被试者评价提供给他们的漫画有多么有趣时，得到的实验结果显示，在被试者自身都未曾察觉的瞬间，脸部肌肉作出微笑表情的被试者，比做出皱眉表情的被试者认为漫画更加诙谐有趣。这告诉我们，像这般仅仅做出幸福的表情或者姿态，就对我们体验到快乐有很大的帮助。可是这种效果并没有那么好。演员们通过一些面部肌肉活动，从而做出逼真的演出效果，例如收缩眼部周围的眼轮匝肌，收缩嘴角向上拉巨型神经节等。演员们称此时感受到了幸福。但是这种感觉与其说是一种实际的幸福感，倒不如称其为"好像我是幸福的"更为贴切(Levenson, Ekman, & Friesen, 1990)。

如果人类通过身体行为来表现情感的机能存在障碍的话，那么感知情感的能力也将会受到巨大的影响。牟比士症候群(Mobius syndrome)是一种面部肌肉麻痹、无法活动的先天性障碍。实际牟比士症候群的患者仅仅带着一种僵硬的表情。这些患者只能感知到情感，却无法体验情感。有位患者曾说到："我并不能实际感受到幸福或悲伤，只能在想象中去感受。"(Cole, 1998)

人们随着年龄的增长，渐渐地就会长出符合自己性格的表情纹。非常年迈却又十分幸福的人，面部表情就像是被固定一般地始终带有幸福的表情；整个人生充满了愤怒与悲伤的人，面部表情也总是表现出像生气、悲伤那般。如果能够消除脸上那些悲伤、生气的表情纹，这些人在实际生活中也会变得幸福吗？如果说关于表情纹的假设成立的话，那么答案就是肯定的。给36岁~63岁患有抑郁症，二至十七年的女性患者面部有皱纹的部位，注射一种麻痹肌肉的肉毒杆菌毒素(botulinum A)，经过两个月后，10名被试者中有9名表示不再表现出抑郁症状，剩下的1名抑郁症更是得到了极大的好转。消除那些皱纹确实不仅能够使得我们在他人眼里看起来更加幸福，具有魅力，同时本人也能够实际地感受到幸福。

当你想着"在这张照片上，我并不想摆出这个姿势"的时候，做出为难的微笑表情，或者当你说"这真是个冷笑话"时发出的无聊笑声，包括这些笑声在内的所有微笑，都对幸福的提升有所帮助。这种细微的变化，可以在应对问题或构建社会关系时，提供强有力的上升作用的最初能量，从而减少不安与痛苦，放大喜悦和幸福。请尝试着露出一次微笑，张开怀抱，充满活力地大胆拥抱吧。就像充满自信、乐观开放的人一般去行动。那样的话我们就能够战胜逆境，和他人建立融洽的纽带关系，广交朋友，成为一个对他人有影响的幸福的人。

04 维持幸福的五大秘诀

比起偶然敲门的大幸运，幸福更是每天清晨起床后舒适、安宁与喜悦

- 本杰明·富兰克林(Benjamin Franklin)

幸福的维持有5大秘诀(Lyubomirsky, 2008)。暂时变得幸福是相对较容易的事情。如何维持新达到的幸福水平才是真正要挑战的难

题。我们通过从事有目的的活动能够改变40%的幸福成分。若想要长期地维持幸福水准, 就要遵守5大秘诀。

1) 维持积极的情感

尽可能多的创造幸福的瞬间。实际生活中经常体验到的积极情感, 像高兴、愉悦、满意、平和、好奇心、朝气、热情、活力、自信等情感都是幸福的象征(Diener, Sandvik, & Pavot, 1991)。虽然人类最终都能够在日常生活中战胜消极的情感, 但幸福的人只不过比不幸福的人更多的体验到积极的状态罢了。积极的情感造就幸福的人。倾注努力和信念获得的持续性的积极体验, 能够帮助我们在很长的一段时间里一直维持着特别幸福的状态。如果突发横财, 比起把这笔钱一下子全部用在一件事情上, 倒不如花费在每天或者每周的一件一件小事上, 后者不失为变得更幸福的终极方法。

由于积极情感大概持续的时间很短, 便将其看作是极其渺小的部分, 这一观点是非常不正确的。一瞬间的快乐不仅仅只是营造了当下的好心情, 更是拓宽了生命的地平线, 提高了人的社会性能力、身体运动能力和智力(Fredrickson, 2001)。积极的情感能够创造出螺旋上升的效果。一点点积极情感的提升造就的或大或小的变化不断累积, 积极的情感就会逐渐把我们变成一个真正幸福的人。《金银岛》的作者罗伯特·路易斯·斯蒂文森(Robert Louis Stevenson)指出, "当我们生活得很幸福的时候, 我们的人生就如不断上升的音阶一般。"

人们为什么仅仅只认为地震、海外旅行、结婚、离婚等这些大事是重要的事情？这是因为能够使我们充满期待的，令人印象深刻的，不断反复回味的，乐于与他人分享的正是这些事情。我们人类总是只想去了解、记忆人生中那些特别的、重要的事件。所以比起平凡的364天，更能够留在我们记忆里的，是那个发生过天大的好事或天大的坏事的一天。但是如果能够正确地理解，在平凡的日子里所经历过的积极情感，可转化我们的关注点，仅仅只是前一秒我们不曾发现的新的可能性，就会在我们心里落地开花。积极的体验并不仅仅止步于带来好心情，还会给人以崭新的洞察力和理解力，从而改变人，刺激你去以另一种截然不同的眼光来看待世界，给你提供感受幸福瞬间的可能性和希望。

抑郁症是以缺乏积极情感为主要特征的症候群。患者缺乏快乐和好奇心、满意和热情的状态。也就是说像空碗一般的状态(Davidson, 1993)。实际上，从快乐的事件中无法感受到喜悦，就是抑郁症的症状。相较于期待发生不好的事情，不相信已发生的好事才是他们的症结所在。陷入抑郁症的人，即使是记忆那些曾经发生过的快乐事情，也令他们焦头烂额。比起消极的事件阻碍抑郁症的恢复，积极事件则是开启了抑郁症恢复的引擎。抑郁症的恢复和好转需要靠积极的事情来完成。最有效的缓和抑郁症的活动，就是积极的情感，以及围绕着积极情感的积极想法和增加积极体验的活动。

在我们的日常中，情感、想法、体验都是相互联系的，我们要注意到它们几乎是同时发生的。幸福策略就是增加积极的情感，培养积极的思考，完成积极的体验。快乐、满意、自信心的感觉，能够帮助人们看到自己人生的“宏图”。在我们受到压力或精神性创伤时，它们提供给我们"心理的休息期", 来缓和我们由于不愉快事件造成的痛苦。当我们身处逆境的时候, 被动员的积极情感帮助我们逃离压力追逐, 使我们得到充分地恢复。

幸福活动促进积极的思考。认知理论(cognitive theory)和绝望理论(hopelessness theory)都认为, 消极的、负面的想法是抑郁症的根源。这是由于抑郁悲观的态度和记忆中痛苦、愤怒、嫉妒、恐惧等的消极情感再次造就了消极的思考方式, 从而形成了一个恶性循环的漩涡。与此相对照, 幸福活动帮助我们摆脱消极的思考方式, 平衡了我们的消极偏见。幸福活动促进积极体验。如果你践行人际关系相关的实践活动, 当你和家人、朋友在一起的时候, 就会感到那是一段平静安稳, 令你十分满意的时间。如果你践行亲切, 就会突然感受到自己的能量, 体验到被人认可的感觉。感受到倾情投入的乐趣, 就会在日常生活中变得更加有效率、更加成功, 从而感受到更多的乐趣。

美国国民中有11%的人认为自己"毫无生机"。虽然这不是来自临床抑郁症患者的数据。但是多数人表述自己是停滞地、空虚地生活, 认为人生是"寂静又绝望"的。不要嘲讽快乐。即使观看索然无味的秀(show)也能够从中发现快乐, 沉浸在天体物理学的课堂中也能够发现快乐。这两种快乐都对幸福的人生举足轻重。这两种快乐都能够提供多种多样的好处, 使人变得更加具有社交性, 更加充满活力, 更加地有本事。许多研究都表明, 不论根源是什么, 拥有幸福心情的人们都更加有效率, 更加令人产生好感, 更健康、更积极、更亲切、更乐于助人, 拥有较强的自我恢复能力, 更加具有创意性。这句话也就是在说, 积极的情感实际上能够帮助我们达成人生目标, 实现人生的意义。当人们感受到幸福的心情时, 也会意识到自己的人生将变得更加有意义。更多地感受到积极情感的话, 也会评价那一天是更加具有意义的一天(King, Hicks, Krull, & Del Gaiso, 2006)。真挚和伟大一定要伴随着严肃, 这一观点只不过是错误的观念。

由于幸福的根源不同, 是否能够自然而然地维持体验也就变得不同。因此幸福瞬间的根源是很重要的。在不正确的快乐中感受到的喜悦和通过艰苦努力得来的喜悦是一样的, 都能够促进人的认知、身体发展和社会性发展。但是不正确的快乐转瞬即逝。人们快速地从快乐感中醒来时, 只会留下更多地挫折感和消极情绪。通过幸福策略获得的快乐是通过持续地反复不断得以强化。这其中理由之一就是这种快乐同包含挫折感的快乐不同, 是通过自己的努力获得的。自己具有控制自我的能力和责任感的感受, 也能够发挥强烈的幸福增进效果。积极情感的根源不是世界杯竞技赛、巧克力或一杯红酒, 而是我们真正地做自己的时候, 那种积极的情感一直给我们快乐和幸福的力量。积极的情感的根源就是我们做自己时爆发的情感。

2) 抓住最佳时机, 做出改变

虽然了解自己要作什么是重要的进步, 但是了解怎么样正确地进行实践也很重要。和幽默相同, 幸福活动的时间点也是十分重要的。为了防止发生适应, 应该学会配合时机。为了使各个活动能够保持新鲜感, 有意义地持续发展下去, 需要调节活动的实施频度。从找准时间的介入到看到效果, 我们需要一边调节幸福活动的时间和频度, 一边在既定的时间节点尝试各种各样的实验方法。正宗的犹太教夫妇们在女性生理期的前后七日禁止进行亲密地接触, 就连抚摸都不可以。为了避免发生不小心的身体接触, 连日常的微小行动都会十分注意。这种规定在有些人看来可能觉得不可理喻, 但是不经意间也带来了维持爱情和热情火花的效果。

由于幸福活动的状态是灵活的, 不是一成不变的, 因此并不能够很快地适应。相比于所有物, 人们在某种体验中对时间和资源进行投资的话, 会变得更加幸福(Van Boven, 2005)。这是因为第一, 比起物理对象, 体验随着时间的流逝, 发生改善的可能性更高。第二, 同个人所有物不同, 当对自己的体验做出评价时, 同其他运气好的相比较后, 做出不好评价的可能性更低。第三, 体验具有更高的社会价值, 更容易形成良好的关系。最后, 各种各样的体验更少受到享乐适应的影响。

运用多样的活动也是强化幸福活动效果的另一重要方法。参与多样的活动, 能够阻止适应的发生。人们在活动中有追求变化的倾向, 这是因为想法和行动的变化在本质上是有刺激性的, 能带来快乐的。(Berns, 2005; Ratner, Kahn, & Kahneman, 1999)那些有机会在10周一直以多种方式表现亲切行为的被试者们, 变得更加幸福, 并且一直维持着幸福状态。但是那些每周都进行类似活动的被试者则表现出了亲切策略的反效果。像这样, 多样性是使得活动效果极大化的决定性方法。当开始幸福活动的时候, 要不断改变方式方法。当然这离不开自身的努力, 但是如何去实践也是十分重要的。

3) 确保社会支援

我们大多置身于一个广泛的关系和社会关系网中。我们依存于他人生活, 如果没有他人的帮助和协力, 我们将无法达成许多目标。心理学家们一般认为社会支援(social support)是从他人, 特别是从建立深厚关系和意义的人们那里, 得到的所有帮助和安慰。为了应对人生的不幸和挑战, 获得社会支援是很关键的。至少有一位朋友的女性, 比起没有朋友的人能够更好地应对问题。社会支援给我们动力, 引导我们向着目标前进, 帮助我们实现包括职场、人际关系、个人成长等诸多方面的目标。一个人受到配偶、子女、朋友、父母、兄弟或者同事的帮助, 更容易实现行为变化。

这并不是说我们需要一大帮人, 而是一两个亲切的朋友就足够了。社会支援是和行为变化一起作用的必要因素。配偶、朋友、人生导师, 又或是其他同事们, 在我们丧失动力、毫无进步的时候, 能够鼓励着我们向着目标不断努力前进。

4) 动机, 努力, 坚持奉献

成功的幸福增进活动的又一必备钥匙, 就是不断奉献, 全力以赴。虽然下定决心并且坚持到底并不是一件简单的事情, 但是在人生中, 最辉煌的, 最有意义的, 在任何事情中都需要的努力也同样困难。动机、推进力和灵感在下定决心去开始学习, 并且不断努力和奉献的阶段起着必不可少的作用。当要做出某种新的尝试时, 看着自己的创意和充满热情的样子, 就会感受到自己获得了强烈的动机。

当某种体验或结果极其有趣, 或富有挑战性的时候, 因为会发自内心地相信它是有趣的, 所以如果说要去做什么事情, 自己就会知道自己具备着强烈的动机。动机的效果令人惊叹。与活动的种类无关, 带着动机的参与者变得更加幸福。反之, 没有动机的参与者几乎没有什么变化或者止步于微小的变化。

不努力, 不尝试, 不付出, 不执着, 不能够自始至终地坚持目标的话, 那也就将仅剩下失败、踌躇、懦弱的心灵和不充分的努力。不论是变成更幸福的人, 还是禁烟, 或者是治疗疾病, 如果想要发生某种变化, 其核心都是实践。努力和奉献之外不存在任何捷径。每天都是崭新的开始, 每天做出新的贡献, 有的时候可能对贡献产生动摇或者丢失了实践贡献的决心, 从而无法贡献。但这都是非常正常的, 不可避免的真实的人性, 因为人无完人。

5) 追求良好的习惯

虽然刚开始的时候最为困难, 但是随着时间的流逝, 通过反复的实践练习就会逐渐自发地形成一种习惯。每个人都有着一些好习惯或坏习惯。按习惯做出的行动都有着自发性的特点, 不需要提前下定决心或者带着某种目的行事。仅仅只是自然而然地做出行动。习惯通过反复地练习形成, 我们应该把积极思考和行动策略的习惯化作为我们的目标。

05 自我诊断

人生总是在不断学习中成长。当我们对世界、对自己刚刚开始形成认识的时候，每个人都会有令自己好奇的事物。这其中就会对以下问题感到好奇。如："我是幸福的人吗？""我过得很好吗？"现在开始，让我们探讨一下这两点。

<表3-1>是能够测量我们自己有多幸福的"个人幸福指数自评量表"。此量表是由幸福的人所具备的24项特征构成。第19个"我算是拥有很多消极情绪体验的人。" 为逆向加分。完成后，将所有项目分数相加，总和除以24就会得出自己的幸福指数。

<表3-1> 个人幸福指数自评量表
(Self Diagnosis Scale for Personal Happiness)

No	项　目	完全不同意	不同意	一半	同意	完全同意
01	我的情绪很稳定。	1	2	3	4	5
02	我的人际关系良好。	1	2	3	4	5
03	我是一个懂得快乐的人。	1	2	3	4	5
04	我有值得一提的代表优势。	1	2	3	4	5
05	我有很强的自尊心。	1	2	3	4	5
06	我是乐天派。	1	2	3	4	5
07	比起外控者，我是内控者。	1	2	3	4	5
08	整体来说我是个外向的人。	1	2	3	4	5
09	不论是在职场，还是在学校，我都有自己要做的事。	1	2	3	4	5
10	整体来说我身体健康。	1	2	3	4	5
11	我已经结婚或者未来会结婚。	1	2	3	4	5
12	我有过站在顶峰的峰点体验。	1	2	3	4	5

13	我的经济水平属于正常。	1	2	3	4	5
14	我在所从事的事中感受得到心流体验。	1	2	3	4	5
15	我付出爱, 也收获爱。	1	2	3	4	5
16	我有和我关系密切的人。	1	2	3	4	5
17	我认为世界是珍贵又美丽的。	1	2	3	4	5
18	我算是拥有很多积极情绪体验的人。	1	2	3	4	5
19	我算是拥有很多消极情绪体验的人。	1	2	3	4	5
20	我认为我很幸福。	1	2	3	4	5
21	别人总说我很幸福。	1	2	3	4	5
22	我对我的人生很满意。	1	2	3	4	5
23	我身体健康。	1	2	3	4	5
24	我精神健康。	1	2	3	4	5

<表3-2>是评价我们生活得有多好的个性化幸福行动适应性测试。这是一个帮助我们找到更适合自己的幸福行动的测试。根据5个标准：天性、喜欢、价值、愧疚和被迫, 对自己要进行的12个活动：①努力实现目标, ②增加心流体验, ③享受生活的美好, ④表达感恩之情, ⑤培养乐观心态, ⑥避免思虑过度, 不要攀比, ⑦多行善事, ⑧维护人际关系, ⑨积极应对, ⑩学会谅解, 信仰宗教, 寻找精神寄托和冥想, 体育锻炼, 等等进行7分量表评价。

个性化幸福行动适应性测试的计算总共由两个阶段组成。第一阶段, 用在12项幸福行动中每一项出于天性, 喜欢和价值三个基准的项目平均分数, 减去愧疚和被迫项目的平均分数。具体公式如下：

适应值=(天性+喜欢+价值)/3-(愧疚+被迫)/2

第二个阶段是把得分最高的四个幸福行动记录下来。

<表3-2> 个性化幸福行动适应性测试

<table>
<tr><td colspan="3">表中列出了12项幸福行动。思考一下，如果你在一段时期内每周都采取其中一种或几种行动，这是出于什么动机呢？此处提供了5个原因，分别是天性、喜欢、价值、愧疚和被迫。请认真评估，从1~7中选出一个数字，在空格处标出你的答案。</td></tr>
<tr><td colspan="3">每个人都有自己的行事理由，就下面列举出的各种理由，为自己可能坚持一个行动的原因进行评估，评估等级如下：</td></tr>
<tr><td>根本不</td><td>①-②-③-④-⑤-⑥-⑦</td><td>非常</td></tr>
<tr><td colspan="3">( ) 天性：我会坚持这项行动，因为符合我本性，因此我能够坚持到底。</td></tr>
<tr><td colspan="3">( ) 喜欢：我会坚持这项行动，因为我喜欢这样做，我发现这个行为很有趣且充满挑战性。</td></tr>
<tr><td colspan="3">( ) 价值：我会坚持这项行动，因为我认为这项行动很有价值，即使我并不喜欢，我也能做好。</td></tr>
<tr><td colspan="3">( ) 愧疚：我会坚持这项行动，因为如果我不做的话，就会感到愧疚甚至焦虑，我会强迫自己去完成它。</td></tr>
<tr><td colspan="3">( ) 被迫：我会坚持这项行动，因为其他人想要我做，或者是出于周围环境，我不得不这样做。</td></tr>
<tr><td colspan="3">01. 献身于目标：挑选1~3个对你意义重大的目标，然后投入时间和精力去追求它。
( )天性( )喜欢( )价值( )愧疚( )被迫</td></tr>
<tr><td colspan="3">02.增加心流体验：做真正让自己感兴趣的活动，不管是在家里还是在工作中，多做一些能让自己沉浸在其中的事情，这非常具有挑战性，也非常有趣。
( )天性( )喜欢( )价值( )愧疚( )被迫</td></tr>
<tr><td colspan="3">03.享受生活的美好：停下脚步，体会生活中的快乐和惊喜瞬间，享受这一刻并细细品味，通过思考、写作、绘画等方式与他人一起分享美妙时刻。
( )天性( )喜欢( )价值( )愧疚( )被迫</td></tr>
<tr><td colspan="3">04. 表达感恩：对自己拥有的一切心怀感恩，对亲密的人表达感恩，或在日记中表达感恩，对以前你从未表达过谢意的人说出你的感恩之情。
( )天性( )喜欢( )价值( )愧疚( )被迫</td></tr>
<tr><td colspan="3">05. 培养乐观的心态：想象一个关于未来的最美好场景，把它写在日记里，不管发生什么事，都努力发掘生活中美好的一面
( )天性( )喜欢( )价值( )愧疚( )被迫</td></tr>
<tr><td colspan="3">06. 避免过度思虑，不要攀比：禁止自己胡思乱想，不和他人相互攀比。
( )天性( )喜欢( )价值( )愧疚( )被迫</td></tr>
</table>

07. 多做善事：为别人做一些好事，不论是朋友还是陌生人，也不管是直接提供帮助还是暗中帮助，不管是无意识的还是计划好的，能帮助他人之时你都能够及时伸出援手。 ( )天性( )喜欢( )价值( )愧疚( )被迫
08. 维护人际关系：找一段需要加强的人际关系，投入时间和精力去修复、培养、巩固这段关系，并享受它。 ( )天性( )喜欢( )价值( )愧疚( )被迫
09. 积极应对：加强应对策略，寻找各种方法，缓解压力，克服困境并疗愈创伤。 ( )天性( )喜欢( )价值( )愧疚( )被迫
10. 学会谅解：对那些曾经伤害过你或误解过你的人，通过写日记，写信的方法消除怒气，放下怨恨。 ( )天性( )喜欢( )价值( )愧疚( )被迫
11. 从事宗教活动，提高精神修养：经常去教堂、寺庙或清真寺，多读以净化心灵为主题的书籍。 ( )天性( )喜欢( )价值( )愧疚( )被迫
12. 增强体质，保持健康：经常锻炼身体，或者进行冥想，实践微笑。 ( )天性( )喜欢( )价值( )愧疚( )被迫

个性化幸福行动适应性诊断

第一阶段：计算出12项行动的适应值分数，即天性、喜欢和价值三项的得分的平均值，再减去愧疚和被迫两项的平均值。具体公式如下：

适应值=(天性+喜欢+价值)/3-(愧疚+被迫)/2

第二阶段：记录适应值最高的4项行动

1)　　　　　　　　2)

3)　　　　　　　　4)

日期：

第四章 幸福理论

不能自发地感受到自己幸福的人无法收获幸福
-古罗马皇帝马尔克奥列里乌斯(Marcus Aurelius)

本章将要为大家介绍的是包括积极心理学在内多种学科领域中关于幸福这一主题的不同幸福理论。在断定杯子中的水少了一半还是剩了一半之前, 有必要先仔细探索一下杯子里面有些什么吧。因为根据杯子里所装东西的不同, 我们人生的价值也会变得不同。虽然我们的人生并不总是充满着美好。因为有很多东西是我们无法选择的, 像是天气、遗传基因、灾难、邻居等这些。其次还有那些与个人的失误或者过错毫不相关的意外事故和疾病。简单来说, 在我们的一生成长过程中, 不幸随时可能推门而入。乔纳森·海德特(Jonathan Haidt)的《幸福假设》一书整合了古老的智慧和现代幸福学精髓, 做出了这样的结论:"人类需要不幸和创伤, 那样才能够真正发现自己的优势, 拥有丰富的人生, 实现发展。"如果消除我们人生中的所有苦痛, 我们也将无法体验幸福。也就是说, 如果没有不幸, 那么通过苦难和考验所获得的人生最高嘉奖"幸福"也会被掠夺。

但是在本章中将要谈论的并不是不幸, 而是关于幸福的内容。追求幸福是在美国独立宣言中明确提到的不可侵犯的人类基本权利之一。许多调查结果也显示, 人类最希望达成的人生第一目标就是幸福。例如，在一项以42个国家的7000名大学生为研究对象的调查显示，追求幸福和对生活的满意，是大学生认为的最重要的人生目标(Suh, Diener, Oishi, & Triandis, 1998)。

心理学领域关于幸福的多种理论，在권석만(2008)的著作《积极心理学》和 이현수(2008)的著作《积极的心理学》中有系统性的总结。如果想要了解更详细的内容，可以作为参考。本书整理了7大重要的幸福理论，分别为：①幸福理论，②自下而上理论和自上而下理论，③欲望实现理论，④目标理论，⑤比较理论，⑥适应和应对理论，⑦优势和美德理论。

就像先前所论述的那样，幸福的观点大致可分为快乐主义观点和自我实现观点。幸福理论的大部分观点都基于快乐主义立场，比如欲望实现理论、目标理论、比较理论以及适应和应对理论。而幸福理论、自下而上理论和自上而下理论与优势和美德理论是基于自我实现主义立场的幸福理论。

表4-1 幸福理论

幸福理论
① 幸福理论(well-being theory)
② 自下而上理论和自上而下理论
③ 欲望实现理论
④ 目标理论
⑤ 比较理论
⑥ 适应和应对理论
⑦ 优势和美德理论

01 幸福理论(well-being theory)

幸福理论(well-being theory)在社会福祉领域被广泛研究。虽然幸福理论中更习惯于使用“well-being”，而不是使用“幸福”一词，但是表达的主旨和内容几乎是一致的。well-being常常和“真实的活着”“美好人生的方法”“生活的质量”同时使用，在辞典中被解释为追求身体健康和心灵安宁的态度或行动。Well-being也指身体和心理，工作和休息，家庭和社会，个人和团体等相互平和、不偏不倚的状态。

幸福理论中评价幸福时所用的标准，被定义为对于生活的满意度和积极情绪体验的主观型幸福(subjective well-being)(Diener, 1984)。因为像社会经济指标这类的客观测定值，是无法直接地评价个人的人生有多幸福或者有多满意。即使这些指标告诉我们一些关于个人人生的事实，但是却无法告诉我们人类是怎样看待这些事实的。

幸福理论中将真正的幸福和积极的精神健康分为情绪幸福感、心理幸福感、社会幸福感三个方面(Keyes & Lopez, 2002)。真正幸福和健康的人生是反映积极情绪的情绪幸福感(emotional well-being)，反映个人圆滑技能和适应状态的心理幸福感(psychological well-being)以及积极社会参与和贡献的社会幸福感(social well-being)一起实现的状态。

凯斯和沃特曼(Keyes & Waterman, 2003)提出，人类成长的过程中所经历的主观幸福感大致分为情绪幸福感、心理幸福感和社会幸福感，具体需要考虑15个方面，且每个方面都具有不同的特别机能。第一，情绪幸福感是指通过将自己人生中所经历的积极的、消极的体验平衡一下, 并以这种平衡状态来看待自己的人生, 从而获得的幸福感和满意感。情绪幸福感由积极情绪, 消极情绪, 生活的满意度和幸福感构成。第二, 心理幸福感是指人生经历的积极体验。心理幸福感的6大积极方面分别为①本体感受, ②同他人的积极关系, ③个人的成长, ④生活的目标, ⑤环境控制, ⑥自律性。这些方面和精神健康有着密切关系。特立独行地追求自己的价值和理想的人是幸福的人。最后, 社会幸福感与以个人基准为重点的心理幸福感相对照, 将重点放在更具公开性和社会性的基准上。社会幸福感的水准依据社会一贯性、社会实现、社会统合、社会承受、社会贡献等资源来评价。

我们的人生源于对生活的情感状态、个人健康状态、社会健康状态的评价(이현수, 2008)。情绪幸福感水准高的人评价自己人生时, 更多是满意、幸福和积极, 而不是不满、不幸和消极。心理幸福感水准高的人认为自己能够发挥出圆满的心理作用, 从而达到个人的成长, 实现生活的目标, 获得圆满的本体感受。那些认为自己享受社会幸福感的人觉得自己自发地做出社会贡献和圆满地实现社会参与。

02 自下而上理论和自上而下理论

幸福不是偶然敲门而至的幸运, 而是个人科学努力的结果。外向型、积极的人际关系, 人生的目的, 情绪的安定等都是能够提升生活满意度的重要因素(Argyle, 1999; Compton, 2005; Diener & Lucas, 1999)。

1）自下而上理论

幸福是由生活中各种快乐瞬间的总和所决定的, 这一观点被称为自下而上理论(bottom-up theory)。根据这一理论, 幸福源于我们一生中经历了多少主观幸福感或者增加幸福程度的快乐瞬间。其次源于能够帮我们建构快乐体验的环境和生活条件, 更多地经历快乐喜悦瞬间的人就更幸福。基于这种立场, 不断增加我们在职业, 宗教, 财产, 健康等方面的快乐, 对于幸福也是十分重要的。因此, 如果想要为提升自己的幸福做出努力的话 , 那么应该把重点放在改善生活环境和生活条件上面。

2）自上而下理论

自上而下理论(top-down theory)是指个人的幸福受到个人遗传性气质, 性格、情绪倾向的强烈影响。个人的遗传性气质或性格因素使得个人以积极的方式来接纳日常的体验, 在人际交往中发出友好交往信号, 积极地适应环境, 从而影响个人的主观幸福感。根据自上而下理论, 比起个人所处的环境, 对待生活的态度更能够给幸福带来强烈的影响。

为了增进幸福感, 应该将重点放在改变个人的态度和信念上面。塞利格曼(1991)提出, 类似于乐观主义的生活态度是可以通过学习来改变的。幸福度的偏差中52%源于性格, 只有23%源于当下的环境状况。其他类似的研究也表明, 环境因素的影响低于8~15%(Diener et al., 1999; Lyubomirsky, 2001)。虽然性格和环境因素都很重要, 但是这些研究表明, 性格对于主观幸福感更重要。

由于幸福测量方式和评价维度的不同, 客观的环境因素和性格特质之间也会相互影响(Heady, Veenhoven, & Wearing, 1991; Leonardi, Spazzafumo, Marcellini, & Gagliardi, 1999)。自下而上理论能够很好地解释对某一具体生活领域(如：婚姻, 职业)的满意度, 而对人生整体的满意感则更适合运用自上而下理论来解释。

3) 统合理论

我们可以认为, 幸福一方面由于性格原因受到自上而下理论的影响, 另一方面由于生活条件和体验受到自下而上理论的影响。每个人怎样看待个人的生活状况, 做出怎样的不同反应, 都影响着个人幸福感。幸福是由性格特征和生活条件间相互影响的心理过程所决定的。第一, 幸福受到遗传、心理、社会环境的影响。第二, 幸福的自下而上理论和自上而下理论需要相互统合。第三, 影响幸福的因素, 根据就近性原则可以分为远端原因和近端原因。远端原因(distal causes)是指在诱发某种心理性体验的因果过程中经历多个阶段, 以一种间接的方式发挥作用。近端原因(proximal causes)意为直接诱发心理性体验的因素(Abramson, Alloy, & Metalsky, 1988)。最后, 幸福作为这些因素所达成的结果的同时, 也能够成为其原因。

可能在这个世界上, 幸福度最高的人就是那些出生在西欧国家中上流阶层的家庭, 在父母的接纳理解和支持下成长, 拥有强烈的自尊感, 乐观外向, 在自己喜欢领域中做着喜欢的事的健康已婚者。他们带着自发地内在动机, 积极活跃地参与到家庭、职场、休闲等活动中去, 在获得愉快的生活体验的同时, 赋予这些体验积极的意义, 从中感受到积极的情感。其结果就是对于自己人生的整个阶段, 都能够做出积极的评价, 在生活中时常感受到积极情绪, 偶尔感受到消极情绪。

依据统合模型, 最能够影响幸福感的近端因素是心理性过程。即, 运用名为性格的加工方式, 对名为生活条件的原材料进行加工, 创造出名为幸福的产品的这一程序就是心理性过程。

03 欲望实现理论

欲望实现理论(desire fulfillment theory)认为人类具有着食欲、性欲、物欲、权欲、名欲等多种多样的欲望, 当这些欲望被充分满足的时候, 就能够感受到幸福感(Diener, 1984)。在关于幸福的两大观点中, 欲望实现理论是基于快乐主义的幸福理论。快乐主义的立场认为, 人类的幸福程度不仅源于欲望满足的快乐, 还源于能够促进欲望满足的外部条件(如：衣食住行, 财产, 阶层, 社会地位, 教育水准等)。

1) 欲望和动机

在日常生活中, 虽然经常使用欲望一词, 但是在心理学领域更倾向于使用动机或需求一词。研究者因关心领域和学术特性不同, 常把动机(motivation)称做需求(need), 要求(demand), 欲望(desire), 想(want), 激励(drive)和意念(motive)等。如果要更进一步地做出学术性定义的话，动机是“某种行为的原因，决定了行为的方向和强度，维持该行为持续性的心理性结构概念”(南承奎, 1999)。人类的欲望和动机具有以下几个特征。第一，动机诱发目标指向型行为，成为行为的原因。第二，动机具有调节目标指向型行为的机能。决定行为的强度和方向，包括以哪种形式表现特殊行为，该行为出现得有多么强烈等。第三，不断促进目标指向型行为的继续，也就是为行为持续提供能量。因此，我们才能展现始终如一的面貌。

2) 需求和需求层次

需求(need)的英语表达，在类似职场的生活实际中常以复数形式(needs)出现，究其根源是因为其被分为生理性需求和心理性需求。生理性需求是指饥饿、口渴、性欲等明显的生理性依据，是全人类都共同拥有的先天性需求。比起生理性依据，心理性需求是指类似自尊心或成就感等，受到直接、间接影响后天习得的后天性需求。这种需求在其他物种之间不存在，同时也并不是人人都具备。

1954年亚伯拉罕·马斯洛(Abraham Maslow)带着“世界上的人们最想要的是什么”这样的疑问提出了需求层次理论(need-hierarchy theory)。认为人类为了实现有层次的需求导致了行为的动机化。这一理论有三个假定前提。第一个假定前提为缺乏原理。人类为了满足那些无法被实现的特殊需求而产生动机。在这些需求中，那些个人不完全满足的需求可能会引起紧张。人类为了减少这种紧张感就会做出行动，促使自己恢复到内在平衡状态。但是如果这一需求被满足，这一需求将不再发挥创造动机的作用。

第二个假定前提为层次原理。虽然人各有异，但是大部分人们所共同追求的需求大致可以分为几个范围。因此依据能够实现这些普遍的共同需求的心理发展水平，这些需求依次以金字塔的形态构成体系。人类想要满足的需求从最底层开始，依次是生理需求，安全需求，社会需求(爱和归属感)，尊重需求，认知需求，审美需求和最高层次的自我实现的需求。

第三个假定前提为前进原理。人类的需求是从最低层次开始不断向上发展的。因此当低层次的需求被满足后，就会上升到更高一层的需求，为了满足相邻的更高一层的需求就会发生动机化。

需求层次的最低层是生理需求：食物，水，呼吸，睡眠和性。首先要满足这些需求，人们才会开始追求安全、稳定的职场，经济上的富裕，安宁的家庭和可预测的环境。再上一层就会开始追求社会需求，如亲友挚交，归属感，爱情，亲密的关系，成为集团成员。如果这些需求无法被满足，就会感到孤独和被孤立。再上一层是尊重的需求。包含对社会地位、尊敬、认可、成就和权利的需求。如果这些需求无法被满足，就会感到自卑，找不到自己的价值。因此人们为了满足各个层次的需求而采取相适应的行为。

但是需求层次理论有以下几点问题。第一，整体需求按照金字塔的划分，虽然各层次的满足遵循由低而高的顺序，但是有时也会发生例外。同最基本的生理需求无关，轻易能够发现那些一直按照自己原有生活方式活着的人。第二，人们并不像马斯洛所主张的那样，按照统一的顺序来满足需求。有些人在是实现自尊的需求之前，就实现了爱和归属感的需求，有好胜心的人可能先致力于塑造强大的自己，再追求家庭安宁。第三，由于文化背景的不同，动机的先后顺序也可能发生变化。因为在东方文化和西方文化中所追求的目标是不一样的。例如个人主义指向的西方文化圈，比强调集团主义的东方文化圈，对尊重需求有更强烈的追求。

3）外在动机和内在动机

动机类型的不同对幸福感产生的影响也不同。与依靠获得外部奖励而产生的动机相比，追求因对行为本身感到满足而产生动机的人，更加能够感受到幸福。内在动机被外部奖励取代的现象称为过度合理化(over justification)。即使是做同一件事，如果总是对外界补偿有所期待的话，对于事件本身的兴趣或者喜爱程度反而会降低。因为从事这件事的理由，除了对这事件本身有兴趣之外，还有能够获得外界补偿这一合理化理由。

外在动机是为了获得他人的称赞或认可，规避社会批判与惩罚，从而派生出的新的需求。因此其本质是无法带给我们幸福的。追求外在价值(经济上的成功，个人魅力，社会人气)的人，主观幸福感表现出较低水准，而追求内在目标的人，主观幸福感则表现出较高水准(Kasser & Ryan, 1993, 1996)。

具有内在动机的人，比起因外在补偿产生动机的人，在工作业绩、毅力、创意性、自尊感、活力等方面都表现出较高水平，整体的幸福水平也比较高。具备内在动机的人在健康增进行动、宗教参与、亲密的人际关系、政治活动等其它多种领域中也表现出积极的倾向。当你带着内在动机全身心地投入到感兴趣的事情中，就会达到一种名为心流体验的积极心理状态。

瑞安和德西(Ryan & Deci, 2000)将内在动机定义为"追去新的挑战, 拓展自身能力, 不断探索, 积极学习的先天性特质", 并将其视为人类的积极代表属性之一。

构成内在动机的三大基本需求中, 第一为能力需求(competence), 追求能够快速有效地适应环境的速成体验；第二为关系需求(relatedness), 期待互相之间形成相互扶持的人际关系纽带；第三为自律需求(autonomy), 期待独立自主地完成人生中的重要性决策。

自我决定理论(self-determination theory)认为, 幸福感来自于满足自律需求、能力需求和关系需求这三个基本的心理需求(Baumgardner & Crothers, 2009)。自律性需求的满足发生在不受他人指示, 自己主动想要去从事某种活动的时候, 一般发生于同自我概念相一致的时候。能力需求的满足发生于我们通过自己的努力达成所期待的结果, 并因此使我们能够更加肯定自己能力的时候。关系需求在通过同他人建立亲密友好, 积极友善的关系时获得满足。能够给予亲密感和社会支持的社会成员间的相互作用, 为关系需求的满足提供了帮助。

4) 快乐主义和禁欲主义

一直以来对于包含着欲望概念的快乐, 有着积极和消极两种立场。积极立场称其为快乐主义。快乐主义者提出了以下几种主张。第一, 欲望提供给人们生活的活力和意欲。第二, 欲望能够提升人们应对人生中紧急问题的能力。人类自然而然的欲望是促进人类生存和适应必需活动的信号。第三,欲望是快乐的源泉。欲望的满足能够使我们感受到快乐和幸福。而禁欲主义者将欲望和追求快乐看作类似无节制的贪欲或放纵的极端状态。即,过度夸张欲望的危险性。但是适当的欲望和对快乐的追求,能够使我们身心愉悦,享受人生。对欲望的过度抑制和压抑反而不好,它不仅会使人生变得枯燥乏味,甚至也可能引起精神疾病。

另一方面,将欲望和快乐视为危险的禁欲主义者们提出了以下观点。第一,欲望的满足是十分困难的。大部分的上瘾现象,都是由于追求欲望和快乐导致的不幸结果。第二,欲望能够使人变成一种毫无节制的存在。幸福感不仅注重快乐的强度,快乐的结果也同样重要。就像毒品一样,因欲望满足而产生的快乐多为一些短期的享受,从长远的角度来看,多给人带来消极的结果。第三,欲望和快乐毫无意义可言。最终只能带给人们无限的空虚感。最后,欲望削弱了社会关系和纽带。欲望基本多为一些利己性的事物,对于他人的立场和要求变得迟钝。

5) 快乐和享受

积极心理学的代表学者之一米哈伊·希斯赞特米哈伊,对快乐和享受做出了区分。快乐(pleasure)虽然是指类似食欲、性欲等生理上的需求,或者是受到类似他人赞赏的社会性需求,获得满足时感受到积极状态,但是这不仅不能够实现心理上的成长或发展,且只能通过反复的体验来维持这种快感。享受(enjoyment)是指达成目标时,期待被满足时,获得意外的心理体验时,或者创造出有创意性的成果时，体验到的积极情绪。这种享受的本身给予人们成就感和新鲜感，而且其影响力不仅会一直持续，还会拓宽我们的可能性，激发潜力，不断创新。因此研究一种方法使人在体验快乐的同时变得更加高效，能不断体会具有生长性质快乐，是积极心理学的重要课题(Csikszentmihalyi, 1990)。

6) 欲望实现理论的局限性

欲望实现理论基本有以下几点局限性。第一，能够满足各种各样欲望的外部条件和幸福度之间的相关性非常微弱。第二，欲望的满足状态只是一时光景。无法持续地满足欲望。第三，当一种欲望得到满足时，很快就会对此状态感到熟悉，从而有可能无法从中感受到幸福。第四，即使是充分地实现自己的欲望，你也会注意到比自己处于更加优越状态的他人，从而感受到较低的幸福感。最终，除了欲望实现以外，幸福感还会受到许多类似于与他人比较、追求目标、适应、情感等各种心理因素的影响。

04 目标理论

目标理论(goal theory)是指当人们实现自己所追求的目标，或者带着信念不断向着目标前进时，会从中体会到幸福感。这一理论也可以视为欲望实现理论的延伸。因为当你把欲望具体化为一个目标，其中也就包含了与目标达成相关的的认知性评价。

内在冲动状态的动机经过不断地成长变化，同认知因素相互融合，受到社会的影响，最终转变为一种价值。也就是说，价值就是动机受到社会影响后转变为认知上的信念。这种价值不仅会影响我们的选择和行为，也成为引导我们设定什么样目标的重要性心理因素。

根据目标理论，人类在设定目标，向着目标前进的过程，或实现目标的时候感到幸福(Austin & Vancouver, 1996)。在人的一生中目标和成就之间的差异越小，就会觉得越幸福。

1) 目标的类型

一般来说，当人类所追求的目标和自身的动机相契合时，幸福感会增加。追求与自我接纳、积极的人际关系、乐于助人等相关联目标的人，比追求物质上的成功、外在魅力和社会名声的人，表现出较高水准的幸福感(Cantor & Sanderson, 1999; Kasset & Ryan, 1993)。

接近目标(approach goals)是指赋予向着某种事物去行动的动机，而回避目标(avoidance goals)则是为了逃避危险、困难、恐怖等。一般来说，接近目标比回避目标同主观幸福感的相关性更高。当接近目标的速度比预期速度快的时候，更加能够增进幸福感(Hsee & Abelson, 1991)。充分考虑自身的实际状况，选择实现可能性较高的现实性目标十分重要。例如罪犯，没有明确的目标或者是期待同监狱(prison)以外的人建立密切联系的人，比将体力锻炼作为目标的人，对生活的满意度明显要低很多。

越是追求一些抽象的目标，越会降低当下的幸福水准。空想似的目标是不正确的。为了达到具体目标和抽象目标间的平衡，设定一个抽象且具有意义的长期性目标和直接联系行动实践的具体目标是最佳的方法(Emmons, 1992)。

2) 目标等级和统合性

为了实现幸福人生, 追求有密切联系且相互和谐的目标是十分重要的。所追求目标之间的统合性越高, 竞争目标之间的内在矛盾越少, 主观幸福感水准也就越高。能够帮助达成更宏大更抽象目标的小目标称为个人追求(personal strings)。文化对于目标的选择有重要影响。结合个人所处的文化背景或者是底层文化, 实现越多的较高评价的目标, 越能够增加你的幸福感。

3) 目标的可实现性

根据目标理论, 幸福不仅由个人所追求的目标的实现可能性所决定, 还取决于对接近和达成目标的发展速度的主观评价。评价过程的核心是对我们所追求的主要目标在当下完成了多少, 以及以后会如何良好地实现的评价。

根据斯奈德、兰德、塞利格曼(Snyder, Rand, & Seligman, 2002)的主张, 希望(hope)是两种信念的结果。第一是对于通往目标的道路的信念, 就是相信自己能够找到实现目标的方法。第二是不断追逐目标的意志, 相信自己具有达成该目标所需要的充分动机和意志。换言之, 希望就是指具有达成目标的实际方法和相信自己能达成目标的充分渴望的执着信念。那种希望水准较高的人们能够更多地感受到积极情绪, 始终期待未来能够变得幸福, 更加自信, 能够较好地应对压力, 更容易找到通往目标的备选方案, 更容易得到来自他人与社会的支持(Snyder et al., 2002)。

目标理论认为追求目标能够带来幸福。追求目标代表着我们积极地投入到生活中去。遵循内在动机, 积极地选择和追求目标, 向着现实又具体的目标, 积极投入到社会活动中去, 就能够不断增进我们的幸福感。

05 比较理论

比较理论(comparison theory)将幸福看作是比较的结果。人类虽然总是依据各种各样的标准来进行自我评价, 但是最重要的比较标准是他人、过去、理想中的自己和所追求的目标。根据比较理论, 当个人把自己当下的状态同这些标准进行比较时, 往优越方向那一侧, 随着差异越大, 越能感到较高的幸福感。根据比较理论, 高标准的向上型比较者更加容易感受到不幸, 反之向下型比较者幸福感随之增加。

1) 与他人的比较

我们进行自我评价的时候, 最常用的一般比较标准就是与他人比较。社会比较(social comparison)是我们自我评价中最具代表性的方法, 依据以什么样的人作为比较对象, 评价结果会大不相同。依据比较对象的不同, 社会比较分为和自己类似的人进行比较的水平比较(lateral comparison), 和优秀于自己的人进行比较的向上型比较(upward comparison), 以及和差于自己的人进行比较的向下型比较(downward comparison)。

幸福的人较少进行向上型比较，更多地进行向下型比较(Lyubomirsky & Ross, 1997)。一般来说，更多地进行向下型比较，幸福感会随之增加。幸福与我们比他人更加优越的评价有一定的联系。当周围的比较对象越是处在困难的状况中，个人就越是能够感受到幸福。

2) 和过去的比较

评价现在的自己，第二个比较标准是过去的自己。我们比较现在和过去，从而了解到积极变化的时候，就能够感受到幸福。不幸的人由于自身的性格、态度，具有将不幸永久化的倾向，幸福的人为了实现积极的变化，具有不断努力的倾向。幸福最重要的就是认识到现在并不是一种绝对状态，而是一种比过去变得更好的积极变化。为了实现持续的幸福人生，需要我们能够持续地认识到循序渐进的积极变化。

3) 和理想中自我的比较

根据希金森(Higgins, 1987)的理论，将理想中的自我分为理想自我和应为自我。理想自我(ideal self)是指自发地将自己同理想中的自我相贴近。应为自我(ought self)是指父母和身边重要的人所期待的自我的样子。我们在进行自我评价的时候，总是将理想自我和应为自我一起进行比较。

对于自我的满意感不仅由现实自我决定，还取决于理想自我的标准。如果理想自我的标准过高，就很难感受到自我满意感。个人的幸福受到理想自我和应为自我的深远影响(进行自我评价时)。带有过高理想自我的人们很难轻易感受到幸福。但是这并不意味着带有较低理想自我的人就更容易感受得到幸福。

4) 和追求的目标相比较

某些事件对于我们的幸福感能够产生多大的影响, 通过我们和自我所追求目标之间的比较来体现。一维评价过程中, 个人会从当前所直面的事件的目标关联性、目标一致性、自我参与性等方面来评价。积极的自尊感的形成和维持通过三大过程来实现。第一是为了做出对自己正确的评价而不断努力的自我评价过程(self-assessment), 第二是为了确认当下自我评价而不断努力的自我集中过程(self-verification)。第三是为了对自我做出善意评价而不断努力的自我提升过程(self-enhancement)。根据研究结果, 自尊心较强的人具有更多地经历自我提升过程的倾向(Sedikides, 1993)。即使是较高的期待水平和较低的成就现状, 只要能够感受到向着目标不断前进这一事实, 就能从中感受到幸福。

5) 社会比较过程

包含财富和幸福的关系在内, 人生中所发生的大部分变化, 人类都会在大约三个月内完全适应(Diener & Lucas, 2000)。经济上的富裕并不能够给人们带来长久的幸福, 原因之一就是社会比较过程(social comparison process)。人人都有将自己的人生同他人的人生相比较的倾向。随着收入水平的提高, 人类对物质的欲望也随之而增加(Sirgy, 1998)。随着收入水平的提高, 认为“能够变得幸福的必要条件”的标准也在随之上升(Brickman & Campbell, 1971)。

06 适应和应对理论

幸福的奥秘之一就是不管你在怎样积极的环境中或幸福感里, 只要单纯地维持此种状态, 幸福感就会降低。这是因为人类会逐渐适应持续的积极状态。即在幸福中, 快乐体验的持续时间容易被忽视, 其中的原因就在于我们会逐渐适应。

1) 适应过程

由于快乐是一种愉快的回报性体验, 所以我们通过反复的体验来追求快乐。但是通过反复体验获得的快乐的强度, 有逐渐减少的倾向。虽然第一次时是非常愉快的体验, 但是通过反复几次的体验, 经常会发生快乐或趣味逐渐降低的情况。这种现象称之为适应(adaptation), 也可称之为脱敏(desensitization)或者习惯化(habituation)。即, 这意味着虽然我们追求快乐, 但在反复的体验中逐渐感到无聊, 总是期望不断追求新的快乐。因此人类在不断适应新的变化中, 有重新恢复到中立状态的倾向(Brickman & Campbell, 1971)。

幸福的奥秘之一就是我们“在重复中变得迟钝, 在变化中变得敏感”。虽然反复地持续同一个活动, 会使得我们丧失兴趣, 但是如若在每次活动中给予一些微妙的变化, 或者从中发现新鲜的事物, 就能够不断维持我们的兴趣。由于对快乐的适应过程是非常普遍的，所以对幸福的理解非常重要。经历天大的幸运或不幸的人们，对自己现在的人生，比我们想象中还要无法明确地感受到自己是幸福或是不幸。因为即使经历了悬殊较大的人生，也会很快充分地适应。

适应状态发生的首要原因是适应过程能保护我们不被某种突发情感的刺激所击倒。经历天大的幸运或不幸的人们，随着时间的流逝，他们所经历的幸福或不幸最终都会回归到日常水准的状态(Brickman, Coates, & Janoff-Bulman, 1978)。因为我们还要继续生存下去。也就是说，为了能够使我们再次恢复到正常的日常生活轨迹中，这种不会维持太久的兴奋状态，对我们来说是十分有益的(Barkow, 1997)。第二，适应也使得我们对周边发生的变化开始变得更加敏感。

2) 应对

适应是一种被动过程，反之，应对就是一种主动过程。对于新的变化赋予积极的意义，做出合理的行为，在需要的时候懂得求助，在逆境中奋发，积极面对问题的人，更加容易感受到幸福感。对于未来积极结果的期待不仅可以改善心情，也可以使你在压力面前，能够找出合理应对方法。

应对(coping)是指当一个人判断与环境的交互作用可能会为自己带来负担，甚至超出自己拥有的资源时，他为处理(减低、最小化或忍耐)这种交互作用的内、外需求而采取的认知和行为上的努力(Lazarus & Folkman, 1984)。在一生中每个人都会面对压力，不是压力本身，而是怎样应对压力、其效果如何，才是我们应该考虑的重要问题。

拉撒路和福克曼(Lazarus & Folkman, 1984)提出人类在评价状况时，通过初次评价、二次评价和再评价来实现。这里初次评价(primary appraisal)并不意味着更重要，而仅仅是具有一种时间顺序意义。比如对"考试"或"升职"等生活事件的评价，主要基于自身的健康或福利观点。对个别事件的评价，基于它和自身的健康、福利是否有关，或是以积极联系、消极的联系来进行评价。消极的联系根据详细状况的意义不同，可以评价为伤害(harm)或失去(loss)，威胁(threat)和挑战(challenge)。伤害或失去就像疾病或事故一样，是我们对已经发生的状况做出的评价。威胁是对将来可能发生的危险的评价，挑战是对自己的行动是否有危险以及可能带来的积极结果的判断。

二次评价(secondary appraisal)是与已经被评价为消极状况相互联系的应对资源。如果初次评价是对某种特定状况或事件"对我来说的意义"的话，二次评价的焦点就是"在这种状况下我可以做些什么"。在二次评价中常常出现以下三个疑问："我可利用的应对方案有哪些呢？""我是否能够成功地运用这种方案？""这样做有多大的概率能够减少压力？"。在初次评价中得到消极评价的事件，其强度会通过二次评价发生改变。比如在初次评价中，将要入职前夕，面试会被评价为一个相当具有威胁性的事件；当自己具有了面试所需要的应对资源和预测结果的时候，威胁性评价的程度在降低，有可能更多地将其视为一种挑战性评价。

再评价(reappraisal)是指随着获得的新信息的增加，评价也随之发生变化。比如失业的人再次填写求职申请书并获得面试机会，就会感到自己的技术其实比自己之前想的要更高，或者是如果能够稍微放低眼光去寻找工作，就会发现再就业市场其实并没有想象中那么不好。当你接收到这些新的信息时，就能够很大程度地减少消极性评价。当然再评价并不总是能够减少消极的想法，也有可能增加你的消极想法。当以前被评价为积极的状况发生变化，或开始以不同的角度去看待时，就可能会发展为威胁性或消极性评价。

(1) 应对资源

应对做得有多好，取决于应对资源及其有效地灵活运用。拉撒路和福克曼(1984)提出有意义的应对资源具有以下5大特性。第一，健康和活力。充满健康活力的人，比起病怏怏、弱小的人，更加能够管理好内在和外在的压力需求。第二，积极的信念。相信最终能够朝着自己希望的结果发展或成功，这种信念越强，应对能力也就越强。第三，解决问题的技巧。如果具有当面解决问题的必要能力，就能够更有效地应对。第四，社会交往技巧。同他人相互合作的社会交往技巧能够更有效地缓解压力。克服压力的力量来自于社会支持(social support)。最后是物质上的资源。比如当私家车发生故障时，能够有充分的钱来支付修理费用的话，自然可以容易地克服那些压力。

最近积极情绪作为一种应对资源，受到广泛地关注(Baumgardner & Crothers, 2009)。积极情绪在应对压力和生活中的伤痛时，起着重要的作用。积极情绪的体验可以缓解或减少痛苦或压力的消极效果，从而产生有益的结果。积极情绪能够增进乐观、希望、自信、对枯竭的心理资源起到鼓舞的作用。它还能够加强人体的免疫功能，从而对人的生理资源提供帮助。即使是在逆境中人们，如果能一起寻找微笑的方法，分享彼此的记忆。

(2) 应对方法

拉撒路和福克曼将应对方法分为问题取向应对和情绪取向应对(Lazarus & Folkman, 1984)。问题取向应对(problem-focused coping)是指直接做出努力去解决那些诱发压力的问题，相信自己的应对资源和技术，持续地为解决问题做出努力。与之对立的情绪取向应对(emotion-focused coping)强调，不是关注问题本身，而是做出努力来缓解在问题中产生的消极情绪状态。比如在职场的上下级关系中感受到压力的下属，通过和上级领导的对话，能够更好地理解上级领导的要求，从而出色地完成工作或者是发现上级领导提出的要求中那些不恰当部分，努力做出改正，这就称之为问题取向应对。反之，为了减少在同上级领导的相处中产生的愤怒、不安等情绪，借酒消愁或沉迷于玩乐，贬低职场生活的重要性等的做法，称之为情绪取向应对。仔细查看迄今为止的研究结果，一般来说虽然问题取向应对更具有效果，但是在某些不可控的状态下，短期地采取情绪取向应对可能更有效果。要考虑人生中必然会经历一些压力的这一特性，不要太关注压力本身，究竟是健康还是疾病，而应关注如何应对压力，视角不同，看到的结果也会不同。

阿斯平沃尔和泰勒(Aspinwall & Taylor, 1997)提出了第三种观点：预先应对。预先应对(proactive coping)是指努力避免那些引发压力的事件。比如，当第一次得知具有可能引发严重疾病的症状时，不是隐隐担心直到最后真正患上了严重的疾病，而是应该停止等待立刻去寻找专业的医生获得帮助。在期末结束之前完成期末报告，也可以视为预先应对的一个例子。

3) 适应和应对的启示

适应和应对给我们以下几个启示。第一，要注意积极的变化。即使是微小的事物，如果善于观察就会发现积极的变化。第二，虽然不是无视消极的一面，但是更要关注积极的一面。第三，从积极的角度解释并接纳事件背后的意义。积极地接纳消极事件，发现其对未来的深远意义。最后，对未来怀抱积极的期待。为了得到最佳的结果，做出积极应对。幸福不是别人给的，而是你自己去发掘的。

07 优势和美德理论

基于自我实现立场的优势和美德理论(strength and virtues theory)强调的幸福是指发现个人的优势和美德，并将其灵活运用于现实世界。优势和美德理论开发了同DSM相对应的心理上的优势和美德分类体系——VIA(Virtues in Action)分类体系。这是受梅尔森财团支持，由克利夫顿在1999年开始编订，后由皮特森和塞利格曼发展延伸的分类体系。VIA分类体系由6大美德和24个优势所构成。

www.viacharacter.org

1) 精神疾病的诊断和统计手册

美国精神医学会(APA)在1994年发行了《精神疾病的诊断和统计手册(Diagnostic & Statistical Manual for Mental Disorders, DSM)》的第四版(DSM-IV: APA, 1994)。2000年再次发行了修订版(DSM-IV-TR: APA, 2000)。DSM-IV-TR将心理障碍主要划分为17个类别, 各类别下罗列了200种以上的精神疾病。

作为对精神疾病的说明和分类最为普遍使用的DSM-IV, 有以下几点特征(Kaplan, Sadock, & Grebb, 1994)。第一, 对于精神疾病的原因和定义不是采用理论性的说明, 而是以临床上的特征为中心做出解释。第二, 提供了各种疾病的具体的直观可信的诊断依据。第三, 细化指出了与各种疾病相关联的附加性症状(比如：发病年龄, 发病率, 疾病的发展过程, 并发症等), 加深了对心理疾病的理解, 为建立治疗计划提供了帮助。第四, 当诊断信息不足或者患者的临床状态、病历的诊断结果不完全符合诊断标准时, 提出了保留诊断或者不分化的方法。最后, 为了对患者进行综合性诊断, 使用多种变因评价方法(利用5个诊断轴来评价)。

2) 优势和美德的分类体系

优势和美德的分类体系(VIA Classification of Character Strengths and Virtues)的六大核心美德, 分别为智慧与知识(wisdom & knowledge)、仁慈(humanity)、勇气(courage)、节制(temperance)、正义(justice)和自我超越(transcendence)。

⑴ 智慧与知识

同智慧和知识(wisdom & knowledge)相关的性格优势, 是指为了更加美好的人生, 努力学习并灵活运用所学, 能够帮助人们在人生中做出智慧的判断, 获得科学成就的性格优势。智慧与知识的美德包含创意性、好奇心、开放性思维、好学和洞察力5个方面。

⑵ 仁慈

与仁慈(humanity)相关联的性格优势, 是指能够照顾到周围人, 并逐渐形成亲密关系等人际关系方面的优势。仁慈的美德包含爱与被爱的能力、亲切、社会交往能力等3个方面。

⑶ 勇气

同勇气(courage)相关的性格优势, 是指在内外意见不一致时, 能够勇于直面, 并且不断追求自己目标的性格优势。勇气的美德包含勇敢、毅力、真实和活力4个方面。

⑷ 节制

同节制(temperance)相关联的性格优势, 是指既不过分强调保护的积极特质, 也不支持极端的独断主义的中庸优势。节制的美德包含宽恕、谦虚、慎重和自我调节4个方面。

(5) 正义

同正义(justice)相关联的性格优势，是指作为共同的社会成员的社会性优势。正义的美德包含市民精神、公正、领导力等3个方面。

(6) 自我超越

最后，同自我超越(transcendence)相关联的性格优势，是指对现象和行为赋予其意义，追求一种伟大的、联结全世界的超越力量。自我超越的美德包含对美和卓越的欣赏、感谢、乐观、幽默、信仰等5个方面。

发挥自我的优势，发挥自己独有的才能，能够使我们感受到幸福。任何一个人都能够在自己喜欢的事情中，为了获得幸福而不断做出努力。首先要了解自己的优势，在日常生活中制定我们能够付诸实践的计划，这是我们可以选择的方法。如果你想要确认自己的五大优势，可以登录www.viasurvey.org来完成个人优势量表(有中文版本)。

如果自己不重视自己，那么你将一事无成，别人更不会将目光投注于你。因此首先要关注自身。自我眼中的自己并不是指面对外界时自己的样子，而是那个称之为“自己”的本来样子。就像我们每个人都有着不同的指纹一样，各自的本质也各不相同。我们应该珍视名为“自我本质”的那一部分。因为当我们珍视自己的时候，就会逐渐变得健康而幸福，所以我们要首先学会珍视自己。为了使自己能够变成更加值得珍视的人，就要从发现自己的代表优势，并且懂得如何灵活运用开始。

08 关于幸福的七大真相

虽然你可能并不想要了解，但众所周知的关于幸福的七大真相有下面几点：

1）人们有时期待不幸发生

比起不冷不热的情感，我们反而更喜欢痛苦。如果我们自己能够控制那些突然涌来又突然消失的痛苦，那我们是可以欣然接受的。这一点也能够用来说明女生总是会买那些小一码的鞋子来穿的原因。就像是傍晚回家后脱下鞋子时，那种痛苦如潮水般消去的同时，也就能够感受到瞬间的幸福一样，我们不只期待幸福，有时候也期待不幸。

2) 我们并不是为了一直幸福而出生在这片土地上

进化的目标是在任何时候都能够存活下来。幸福的瞬间使得我们为了改进自己能够生存下来的计划而不断做出努力。正是因为如此，我们品尝美食，享受人生，游历人间。但是如果一直幸福的话，会怎么样呢？那样是不行的。那样有可能将我们引向死亡。正是因为幸福的转瞬即逝，我们才会不断反复地体验崭新的人生，得以继续生存繁衍下去。没有人是“获得诅咒”一直幸福地生活下去的。偶尔的不幸能够再次召唤来幸福，给你一次尽情体验幸福的机会。

3) 没有让我们一直幸福的天生良缘

找到一份仅属于彼此的那份良缘，从此幸福地生活下去，这一非常浪漫的愿望在很长的时间里一直让人们保持不幸状态。其实，在77亿人口中，有多大的几率能找到那个只属于自己的对的人？那也得至少是在平均寿命达到80岁以后。人无完人。但是偶尔也会想着是否辜负了那份天赐良缘，于是瞒着自己的爱人在爱情里开小差。虽然不完美，但是为了最佳的人生，和我们相爱的人互相支持、互项鼓励的过程就是我们幸福的源泉。

4) 幸福或不幸不会永远存在

当我们置身于幸福之中时，总会觉得那份幸福就会一直持久下去。但是幸福总是在不经意间来来去去。不幸也是如此。关于心理创伤的研究表明，遭受巨大不幸的人80%以上能够很好地从阴霾中走出来。虽然这需要一定的时间，但是即使没有任何的治疗行为，大多数在两年以后都会逐渐走出伤痛，甚至比从前变得更加坚强。事故、疾病、离别、去世等，都是我们人生的一部分。

5）像铜牌获奖者那样活着

奥林匹克运动会颁奖的瞬间，银牌获奖者和铜牌获奖者谁更幸福呢？当然是铜牌获奖者。把我们变得幸福或不幸的，不是结果而是评价。重要的在于自己的比较对象是谁。铜牌获奖者比银牌获奖者更幸福的理由在于，银牌获奖者的比较对象是金牌获奖者，而铜牌获奖者的对象是位列第四的选手。

6）如果你想要为自己做些什么，记得为了别人去做些什么

我们无法把自己弄得很痒。因为当你的手碰到你的脚之前，你的大脑已经对痒做出了反应。幸福也是如此。即使你自己还未拥有幸福的时候，也可以给他人传递幸福。幸福是会传染的。当对方因为你变得幸福的时候，只是看到对方幸福的样子，也会比自己饱餐一顿摸着肚子的那种感觉，还要更强烈。因此在我们的大脑中有着名为“镜像神经元(mirror neuron)”的神经细胞。微笑也会传染。因此如果时常微笑，不知不觉你的身边也就充满了微笑的人。

7）爱自己，那样的话别人也会爱你

已经被证实当女性阅读时尚杂志后，心情会莫名奇妙地变糟糕。这是因为自然而然的比较产生的。但是男性却不会将健身杂志上的

模特同自己相比较。当男性对自己的身材不满意的时候，通常会去澡堂中打量一番，然后对自己说“也没有很差么”。站在镜子面前的女性，则会上下仔细打量，直到找出自己不完美的地方才会放下警惕。而男性站在镜子面前只是打量两秒，然后简单地说一句“还不错”。随着年龄的增长，体重的增加是正常的。我们出生的时候也不过只有3kg而已。

第二部分

积极心理学和心理

第五章 成功心理和积极心理学

天才赢不了努力的人，努力的人赢不了快乐的人

-篮球之王：迈克尔·乔丹(Michael Jordon)

本章将要介绍的是从积极心理学的立场来看成功心理。我们每个人都期待成功。那样的成功就像是每天早晨早起的约定一般。成功的内容多种多样。小到个人琐事，大到宇宙飞船发射，甚至是关乎全人类的事业。拥有一个成功梦或没有，能力出众或平凡，好运不断或运气一般，颜值爆表或普通俗人，天生丽质或样貌平平，成功都与这些毫不相关。成功是每个人都要经历的重要心理体验。在我们的内心有不计其数能够使我们幸福的财产，如最珍贵的礼物—希望，最大限度的自由—想象力。我们应该尽情地享受这些专属于自己的礼物和自由，把对人生最美好的希望装进内心，尽情地去想象成功的喜悦。

成功这一幸福体验在冯·赫希森(2010)的《好运不会不请自来》关于幸福的五大指南之一的“自我克服的幸福”中有明确的说明。书中提到不断地挑战，坚持不懈地努力，勇敢地直面缺点，努力克服，不断提升自我，都能够给人持续的满意感。为了心流(Flow)付出的努力，不是浪费时间，而是对时间的有效利用。因为能够克服自己内心的懦弱，逐渐变得自信。

我们从出生就经历着各种成功。来到这个世界的第一句问候，用洪亮的哭声使得包括我们父母在内的许多人变得幸福。当然在概率只有五亿分之一的竞争中成功受精，算是成功的，出生的第一声哭泣，是我们的第一次成功体验。从咿呀学语到某一瞬间开始学会讲话，从手脚并用、蹒跚学步到独立行走、能跑会跳，从认字读书到握笔写字，从开始背诵恐龙的名字到认识汉字，再到学习一门外语，在成长过程中，我们积累了许许多多的成功体验。我们因成功而存在。

韩国从2013年7月开始，民法将成年标准定为年满19周岁。成年之后，结婚不需要父母的同意，保险合同可以自己签订，可以以自己的名义办理银行卡，等等。只要是在合法的范围内，可以做任何自己想做的事。就这样，当我们年满19周岁，或者说从我们20岁开始时要独挡一面了。独挡一面就是指在这个世界上创造那个"只属于自己的舞台"，这也就意味着成功的体验开始变得现实化、具体化。

首先，成功的关键词之一是"比起实现我所期望的，他人所期望的，离幸福更加接近。"也就是说，成功是从满足他人的期望开始的。当今世界用一种别样的眼光来看待成功，以别样的想法来思考成功，以别样的计划来实践成功。为了得到成功又圆满的人生，应该拥有现实的成功标准，对我们已经获得的东西时刻怀抱着感恩之心，并基于现实的梦想，认可那些我们通过努力换来的结果。从现在开始让我们一起来了解积极心理学中的成功心理吧。

01 成功和成就

在英语中成功为“success”，成就为“achievement”。但是二者具有几乎相同的意义。成功和成就都是指实现目标。如果非要对二者进行区分的话，成功的焦点在于结果，成就的焦点在于过程。我们每个人都期待幸福。每个人也都梦想成功。梦想成功不仅对个人，而且对社会、国家、甚至全人类都是一种积极的发展。可是有的时候成功和野心令人混淆，所以当人们无法获得成功或者是获得了成功也无法感受到幸福。

野心和目标取向有着重要的差异。有野心的人一定要战胜他人，但是追求目标的人只是要克服自己内心的懦弱，尽自己最大的努力就够了。有野心的人总是为了战胜他人而费劲心思，而追求目标的人总是为了自己和他人用尽全力。追求目标的人清楚地认识到，比起自己内心100%的满足，那些来自于外在的认可并不能够让人感到巨大的满足。除此之外的其他满足也几乎不需要。成功是一场与自己的战争。真正的成功在于遇见那个比昨天更优秀的自己。

02 成功的五个阶段

在这个世界有人成功，有人失败。有人自发地评论自己是成功或失败的，也有人评论他人的成功或失败。虽然标准并不明确，但是可以确定的是每个人都对成功有着自己的标准。可以说成功的标准因人而异。这一点也告诉我们，衡量成功并非易事。虽然没有一个明确的成功法则，但是成功的原则显然存在。

我们对成功的定义和我们自身的年龄有着密切的关系。随着时间的不同，也需要一定的适应过程。人生兜兜转转，成功的标准也变来变去。1岁的婴儿学会自主如厕，25岁开始拥有性生活，50岁拥有一定积蓄，75岁依旧能拥有性生活，90岁还能自主如厕等，都是成功的标准。

一般来说，当你从事自己喜欢的事情时，成功的几率更高。要区分真正喜欢的和那些看起来喜欢的东西，取决于你是否愿意为此欣然付出财力。如果是我们喜欢的东西，自然会欣然接受它的价格。但是不论喜欢的东西是什么，当你开始投身于此，都会经历热情-倦怠-成就这一过程。每个人都是带着满腔热情去开始一番作为的。但是在某个瞬间开始丧失了兴趣，看不到其中的价值，经历一种倦怠的状态。如果能够最终战胜这种倦怠便可向成就进阶，大部分的人往往无法战胜这份倦怠，最终落入失败的深渊。

年龄	10-19岁	20-29岁	30-39岁	40-49岁	50-59岁
心理状态	反抗期	无能期	坚持期	回报期	成功期
走上成功的路	初始期	停滞期	忍耐期	回报期	顶峰期

通往成功的路至少要经历五个阶段的漫长旅程，在这个过程中要具备持续的旅行热情。这与怎么样做、做什么、为什么做都无关。要想到达成功的顶峰，每个人都要经历“初始期-停滞期-忍耐期-回报期-顶峰期”这个过程。将成功的五个阶段和心理状态相联系，更有助于加深理解。

1）成功的第一阶段—初始期

第一阶段是充满兴趣和发展可能的初始期(beginning stage)。一个崭新的开始，一份亮眼的成果。所以也称之为“闪光期”。这是一个每个人都觉得成功就在眼前的时期。好像来到一个新的世界，对一切都感到新奇又有趣，充满热情。在这一时期人们无可厚非地会觉得自己什么都做得很好，以后也会做得更好。觉得这一切不仅是自己喜欢又擅长的事情，同时还完全符合自己的价值取向。仿佛这一刻突然找到了人生的意义所在。人们在这一时期感到非常的幸福，觉得幸福的人生快乐的人生，充满热情的人生和有意义的人生都拉开了帷幕。

为了提高成功的可能性，在初始期我们必须要做的事情就是学习。我们应该既具有某一领域的专业知识，又了解一般人都知道的生活常识。学习具有以下三方面的意义。第一，学得越认真，也就越能获得相应的专业性。在某一领域获得大家的认可并进而成为该领域最具权威性的专家，这能带给我们无限的自由。第二，在不断学习的过程中意识到他人对待生活有多么认真。不论想出多么令人新奇与鼓舞的想法，几乎同一时刻世界上许多人的脑海里也有类似的想法。这让我们认识到世界上不止我一个人在认真地活着。最后，在不断学习的过程中了解自己。就像潮水退去后显现的蜿蜒海岸线，了解到真实的自己。

在你打算做些什么的时候，先认真思考三件事。对于我将要做的事，我将要走的路，我将要过的人生“快乐吗？”“有意义吗？”“我能做得好吗？”。如果你都能自信地给出肯定的答案，那就必将是你要走的路。

2) 成功的第二阶段—停滞期

第二阶段是谁也无法逃避的经历消沉的停滞期(stagnating stage)。事情无法再取得进一步的发展，虽然投入了更多的时间和精力，但是也没有一点儿像样的进展。反而总是感到在不断地倒退。人们开始不停地询问自己“这真的是适合我的事情吗？”人们也曾尝试改变固有的方法，也曾试图寻找新的突破口，但是仍然毫无进展。人们开始觉得一切都是徒劳，不过是白白浪费时间与精力，开始后悔当初如果做了别的事情，可能比现在好点。这时候只要稍微找到一点借口，就会开始揣摩放弃的机会。人们会想哭，期待有谁能给自己一个耳光，想要暂时停下休息一会儿。那样的话就可能会做得比现在要好些。没有任何的实际回报，开始怀疑自己“难道自己一直在做蠢事么？”人们在这一时期感到非常的不幸。幸福的人生中强调的快乐的人生，充满热情的人生和有意义的人生都荡然无存。

大部分无法获得成功的人，都曾到达停滞期这一阶段，也在这一阶段决定放弃。但是与其说是放弃，更多地人认为这是为了新的开始而做的准备。以更适合的事情才是更快速的成功之道来说服自己。坚信与其走一条同自己的才能、兴趣及价值都不相符的道路，倒不如带着满腔的热情重新开始。虽然几乎每个人都会产生这样的想法，但这只不过是大部分一事无成的人惯用的理由和借口。对自己的能力的信念称之为自我效能(self efficacy)。自我效能过高或过低是那些选择中途放弃或者误入歧途的人的理由和借口。虽然通往成功的入口有所不同, 但是到达成功这一终点站的过程是一样的。能否充满智慧地度过停滞期, 是决定失败或成功的关键。

3) 成功的第三阶段—忍耐期

第三阶段是为了登上成功的顶峰, 寻找正确登顶之路的忍耐期(enduring stage)。这是一个默默地一如既往地坚持着自己所走的道路, 不断向前发展的时期。在这一时期, 最需要就是堂堂正正地站在自己人生的击球区, 下定决心来一击名为成功的场外本垒打。虽然这并不是实现快乐的人生和充满热情的人生的必由之路, 但确是追求自己人生价值的有意义的人生的必要途径。

忍耐期不是单纯地挨过时间的煎熬, 而是不断修炼进步的时期。以多元智能理论闻名的霍华德·加德纳(Howard Gardner), 对以甘地、弗洛伊德、毕加索、爱因斯坦为代表的成功人士, 进行了一系列的研究。加德纳的结论是, 如果想要在商业、运动、医学、艺术等领域具备一定专业知识获得成功, 至少需要长达十年的不懈努力。当然为了一直维持成功, 即使在十年之后也要不断继续努力, 甚至是比以前更要奋发图强。虽然拥有天赋的人很多, 但是真正实现那份天赋的人却是极少数的。发挥天赋不是像鲜花只盛开那样容易, 更可贵的是远远超越常人的努力。努力是绝对不会背叛我们的。艰苦卓绝的奋斗过程, 也给予我们一定的快乐。因为我们每个人都乐于绽放自己潜力。

积极的思考在忍耐期是十分重要的。积极性可以分为对过去的积极性和对未来的积极性。当事情无法继续进行下去的时候，我们总是埋怨他人的过错。但是我们应该意识到问题一半的责任在自身。不是等到所有情绪消退后开始后悔，而是为了能够获得某些经验教训，它们是具有建设性质的后悔。也不是要你成为乐观主义者，而是要成为有着成功的决心，满腔的热血和冷静的头脑的实用主义者、现实主义者。

4) 成功的第四阶段—回报期

第四阶段是开始看到一点点之前的付出和努力成果的回报期(rewarding stage)。虽然微小但是略有收获。曾经对此漠不关心的周边朋友开始产生兴趣，表现出认可。你可能开始变得有些忙碌，登门拜访的人也逐渐增多。

5) 成功的第五阶段—顶峰期

最后一个阶段是在我们奉献了所有热情、时间、精力之后，迎接最振奋人心的时刻，在那一瞬间可以尽情地享受那份悠闲的“成功登顶”的顶峰期(crowning stage)。此时你傲立于顶峰戴上王冠。

到达顶峰期后最重要的就是永远保持一颗赤子之心。汽车业界的巨匠鲍勃·哥伦布(Bob Golomb)谈到，指引自己一举一动的三大单纯行为准则是：“重视顾客，重视顾客，重视顾客。”财富(Property)、权力(Power)、声誉(Prestige)是无法保证成功的。不要失去自己追求成功的那份初心，找出自己擅长且喜欢的事情并享受其中吧。

03 成功人生的条件

对成功的评价因状况而异,也会随时代背景的不同发生变化。虽然最为常见的判断是获得财富,从事业或者经济水平来评判一个人是否成功,但一般评价成功的标准有三个。第一,是否有正在从事的事情?第二,有爱的人吗?最后,周围有朋友吗?简单地说,当你有一份稳定的工作,有一个相爱的人,拥有着良好的人际关系,你就是一个成功的人。这种现象和心理学者阿尔弗莱德·阿德勒(Alfred Adler)强调的人生课题(life task)是一脉相承的。他强调人的一生中有三大需要面对和解决的课题,分别是事业(work)、爱情(love)、朋友(friend)。

图5-1 成功人生的条件(Core Conditions of Successful Life)

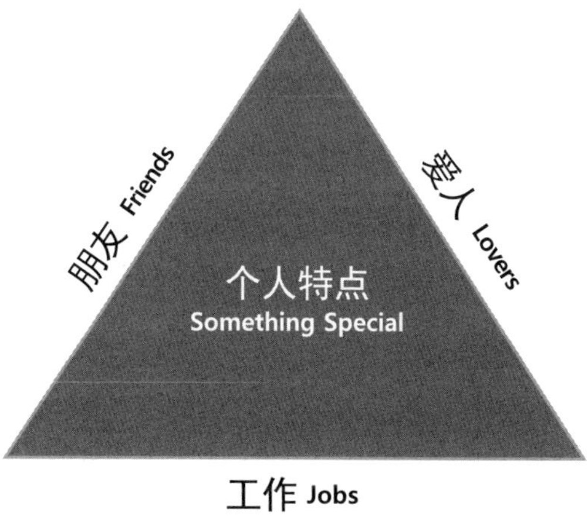

1）成功的人有想要做的事情

要想得到“你是一个成功的人”这样的评价，至少你要有一件自己想要做的事情，并且享受做这件事情时带给你的快乐。

2）成功的人有爱的人

要想得到“你是一个人成功的人”这样的评价，你要感受到被爱并懂得去爱别人。爱情是我们人生中必须要经历的重要心理体验。

3）成功的人能和他人建立亲密的人际关系

要想得到“你是一个成功的人”这样的评价，你要能够建立包括亲人、朋友、同学等在内的广泛亲密的人际关系。在现代社会，重要性不亚于互联网的就是人际关系网(humannet)。

4）成功的人都有着各自的闪光点

在《全新思维(A whole new mind)》一书中，作者丹尼尔·平克(Daniel Pink, 2005)提出以后是一个高概念、高感性的时代。这里的高概念(high concept)是指创造艺术和感性的美的能力。这是感知趋势和机会的能力，创造优秀的故事情节的能力，将乍一看没有任何关联的的观点相结合并创造出优秀发明的能力。高感性(high touch)是指引起共鸣的能力。它是理解人际关系微妙之处的能力，是在一个人的个性中能找出带给他人喜悦的要素的能力，是在平凡的日常中找出目标和意义的能力。

即将到来的未来，需要那些有着相对特别能力的人才。下面有6大未来人才的条件。第一，仅仅只有技能是不够的，要靠设计(Design)取胜。只具备单纯功能的产品、服务、生活方式已经不够。因此要创造视觉上的美丽，贡献美好情感的价值，那样才能够获得经济上、个人方面的回报。

第二，只有单纯的主张是不够的，还要兼顾故事情节。在我们的时代，由于人生充满了信息和数据，所以只专注于输出强烈的信息是不够的。一定存在某个地方，某个人能找到反驳的要素，从本质上来说就是要有能力创造出说服、沟通、自我践行等的故事情节来作为支撑。

第三，只有专注是不够的，要实现整合。在产业化、信息化时代中，更多地开始要求专注和专门化，但是当今社会最迫切需要的能力不是分析而是整合。为了能够看到宏伟蓝图，建构一个新的整体，需要你具备将各种不同性质的组成部分相互整合的能力。

第四，只拥有逻辑是不够的，还需要共鸣。人类所特有的能力之一就是逻辑性思维。但是在信息日益丰富，分析工具不断完善发展的世界，只拥有理性思维是不够的。为了成功就需要有差别化。要理解什么可能会伤害到他人的心灵，强化与他人的纽带关系，培养照顾他人、体恤他人的精神。例如，软件的发展使得医疗惯例也不断变化。医生逐渐脱离以前单纯依据数据信息来进行治疗，开始朝着兼顾病人情感的对话治疗和整体性治疗的方法发展。

第五，只追求认真是不行的，还需要有娱乐。有需要认真的时候，也有需要变得认真的时候。但是过分的认真不仅会给日常生活带来消极影响, 也会破坏个人丰富多彩的生活。在当今社会, 不论是工作还是日常生活, 都需要偶尔的悠闲和享受。

最后, 只注重物质的积累是不够的, 还要使其具有意义。我们生活在富饶的世界中。物质上的富饶能够给予人们来自自己本身需求之外的物质上的好处, 从而使人感到满足, 甚至是过度满足。这就导致了人们开始更加看重对美和情感的追求, 引导人们开始寻找目的意识、超越的价值、精神上的满足感等更深层的意义。在将来这些赋予意义的能力是必需的。

有电视节目讨论了安哲秀(韩国有名的企业家)成功的五大细节。第一, 具备其他领域的常识和包容力。第二, 培养沟通的能力。第三, 积极的思考。第四, 从不止步学习。最后, 克服自己的极限。

04 成功和目标

朝着有意义的人生目标前进, 是引导我们走向成功、持久幸福的最重要策略之一。追求对自己重要东西的人, 比那些不曾拥有过强烈的梦想和期待的人更幸福(Cantor & Sanderson, 1999)。为了实现目标, 从事一份工作, 追求一种价值, 参与有挑战性的活动, 这些过程比达到目标对幸福来说更重要(Brunstein, 1993)。实际上, 当你仔细分析许多趣闻轶事, 更常见的情况是人类在很长的一段岁月里, 经过不断的努力拼搏, 终于有了一些收获后却感受到了巨大的空虚感。但是目标是引导我们走向成功和幸福的重要起点。

就像之前已经谈论到的一样, 野心和追求取向之间有最重要的一点差异。在日本北海道札幌农业大学的卸任致辞中，威廉姆克拉克(William Clark)曾说"年轻人应该是野心勃勃的(Boys be ambitious)"。以此话来教导年轻人应该带着梦和希望来迎接新的世界，唤醒他们的挑战精神，在许多年轻人的心中留下了无限的感动。但是这种野心应该是为了更好的社会和人类，通过一种良好的方式来发挥作用。如果你在野心中埋没了自我，这就有可能成为一种有问题隐患的野心。虽然有野心的人总是想着一定要赢过别人，但是追求目标的人只需要克服自己内心的脆弱，尽自己最大的努力就心满意足了。虽然有野心的人总是为了比别人做的更好而付出更多的心力，但是目标取向的人总是为了自己和别人，付出最大的努力来实现目标。目标取向的人清晰地知道，来自别人的任何认可，都比不过自己内心100%的满足所带来的满足感。除此之外其他的满足感都是那么地微乎其微。

为什么追求目标的过程对幸福很重要？首要理由是投身于追求某一目标，会让我们产生目的意识，让我们感受到将人生掌握在自己手中。第二，拥有一个有意义的目标，会不断使我们受到刺激，从而激发我们的自信和能力，强化我们的自尊感。第三，追求目标更加能够赋予我们人生的结构和意义。投身于目标中，你能够获得的第四个好处是帮助你领悟活用时间的方法。为了实现更高的目标，就要着手于几个小的阶段或者细化为许多低一级的目标，从而制定一个详细的实现计划。这是促进人生的单纯化和改善人生的真正技术。第五，不仅能够使人们在经历危机的时候，依然能够坚持不懈地努力，而且让人们相信在经历考验磨难的时期，如果能够投身于自己追求的目标中去，就能够更加自如地应对问题。最后，在不断追求目标的过程中，会产生很多与他人交往的机会，而这一建立社会关系的过程本身就能够为你带来幸福。

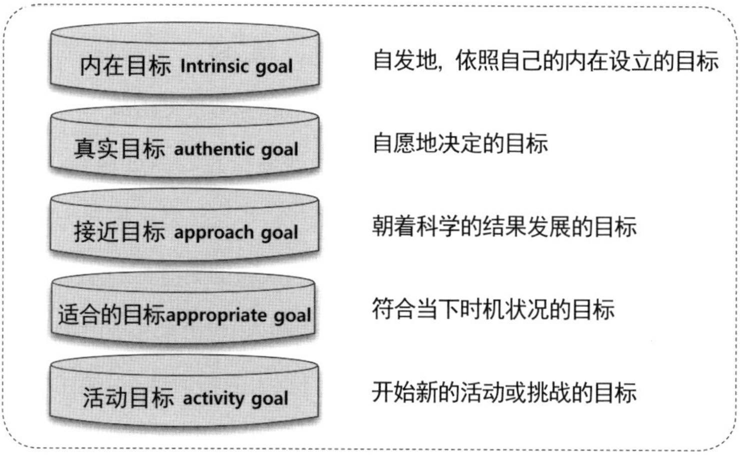

1）内在目标和外在目标

追求梦想是幸福的必须要素。但是追求什么样的梦想也尤其重要。从本质上说，追求有意义的人生目标，能够让人获得巨大的满足感和喜悦(Ryan & Deci, 2000)。不依靠于外在而是根据自己的内在所决定的内在目标(intrinsic)，能够给我们带来基本的满足，同时带有一定的意义：对我们人生的成长起到促进作用，让我们变得更加成熟，学会去为集体奉献。给我们以回报或者给我们压力，促使我们不断努力的其实正是我们自己。自发地、依据自己的内在设立的目标有利于我们转换心情，所以我们追求内在目标。内在目标能够使我们变得幸福的又一理由是，我们视为具有本质价值的个人目标，能够直接地满足我们最基本的心理需求。这里提到的最基本的心理需求,是对自律的需求(控制自己行为的感觉),对能力的需求(有效地应对周围世界的感觉),对关系的需求(对自己构建的关系网感到满足)。

与此相对应的外在目标(extrinsic goal),是为了得到财富或者社会认可,亦或为了逃避丢脸或者收入损失的惩罚,而努力去做的事。难道说外在目标在任何时候都是坏的吗?并不一定如此。有时为了建构能够帮助我们实现珍藏已久的梦想或是达成内在目标的资源和机会,我们也会追求外在目标。

2) 真实的目标

真实的目标(authentic goal)是自愿地决定的目标。追求发自内心的、有价值的目标时,人们会感到更加健康、幸福,更加乐于付出努力。其次,真实的目标实现的时候,幸福感会更加强烈(Seldon, 2002; Seldon & Elliot, 1999)。如果实现了真实的目标,我们真正的价值准则和与生俱来的需求就会得到满足,从而也就获得了强烈的情绪诱因。选择一个适合自己的目标是建立目标的方法之一。当你向这某个目标努力的时候,心情也会变好,那么我们就会变得更幸福,实现目标的可能性也会增加。目标与我们的性格越符合,就越能感受到目标所带来的回报和享受,幸福感得到提升的可能性也会越大。比如外向的人,适合追求同他人沟通交流等一类的目标,喜欢掌控局面的人,适合选择能够发挥自己领导能力的目标。如果要知道哪种目标才是最适合自己的,那需要具备一定的自我意识和情商。如果能够充分理解自己的人生价值观,清晰地了解自己的兴趣爱好和需求，那么你就能找到最适合自己的特定活动或人生课题。如果你无法清晰地认识自己，那你应该仔细想想，当你在追求某种特定的目标的时候是否感受到幸福。

3) 接近目标和回避目标

能够对我们的幸福感起到促进作用的，不是为了逃避不好结果等的回避趋向目标(avoidance goal)，而是包括朝着某种好的结果，向前发展过程在内的接近趋向目标(approach goal)。根据定义的不同，即使是相同的目标，有可能成为要达成的目标(比如：要成为一个拥有强健身体和健康饮食习惯的人)，也有可能成为要回避的目标(比如：不要再长胖)。许多研究表明，总是想要逃避目标或者以回避的方式来解读自己目标的人，没有积极追求目标的人幸福，他们更容易感到不安、痛苦和不健康(Elliot & Sheldon, 1998)。当然，具有许多回避性目标的人基本上对自己追求的事情不擅长(Elliot & McGregor, 2001)。理由之一是，比起把握一条实现目标的道路(比如：为了健康正常维持一日三餐)，回避目标时会有许多道路摆在你面前。如果总是把注意力集中在回避目标上面，就会总以一种消极的眼光来看待事物，对失败或威胁也会变得过于敏感(Strachman & Gable, 2006)。就像当你努力不去想或者不去做一件事情时，结果却总是想起这件事，或想去做这件事，这是一种反弹效应(rebound effect, Wagner, 1994)。当你为了逃避挫折而想到的所有行动、方案最后都会带来反效果，反而真正使你陷入到挫折的状态。

4) 和谐的目标

互补的和谐目标(harmonious goal)是正确的。如果追求相互矛盾的目标，会使你感受十分厌烦，充满失望，最后同时放弃两个目标。这会使你不断感到压力和不幸。说比做更难。如果和谐无法实现，放弃其中一个目标或许比两个目标最终都牺牲要好一些。

5) 灵活、适当的目标

我们需要灵活、适当的目标(flexible and appropriate gaol)。当你选择灵活、适当的目标时，也就是你在适当的时机选择了适当的课题，那么你感受到巨大的幸福是必然的。一般来说将现有的机会条件同自己的目标进行结合是十分明智的行为。我们的文化背景，期待着我们每个人在特定的人生阶段完成特定的人生课题。比如：建立认同感和自我意识、完成学业、结婚、成家立业、生儿育女、退休等。所有的事情都有该完成的时间点。20来岁的时候定下的目标和5，60来岁定下的目标显然不同。年轻人可能大多会制定一些与学习新知、体验新事物相关的目标。上了年纪的人不那么关注拓宽信息面，而对那些调节情绪的、有意义的目标更加关心。如，将自己的积极情感极大化，尽可能地逃避不愉快的情感状态。随着时间的流逝，我们视为优先地位的目标虽然不断变化，所有的年龄层显然都拥有一个共同点，那就是追求目标比放弃目标能带来更大的幸福感。

6) 改善状况目标和活动目标

比起改善状况的目标，开始一个新活动的目标更加能够带来幸福感。当你为了改变环境而不断做出努力的时候，虽然设定目标、实现目标使人们变得幸福，但是也要接受享乐适应。快速地适应新的状况，为了感受到之前的幸福水平，开始期待更高水准的新的享受。但是在追求活动目标(activity goal)的过程中，人们不断参与新的挑战，不断有新的机会去体验各种各样的活动。虽然事实上状况变化带来的效果，比活动变化的效果要大得多，但是人们在积极的状况变化中发生享乐适应，(因此在此基础上再多的变化也不会增进幸福感)，而活动变化(追求活动目标的过程)不会轻易被适应。

如果想成功，就从上述所列出的各种目标中选择一个或更多有意义的目标，付出时间、努力、热情去追求。达成目标的道路就像目标一样多种多样。但是最成功地付出努力的人们都具备了几个特点：追求内在的真实的，接近取向的，和谐的目标。另外以活动为焦点的灵活性的目标，比追求外在的、不真实的、回避取向的、矛盾的、以状况为焦点的静止目标，更加能够带来幸福感。

05 成功和职业

不管是谁，都会认为职业是成功的核心标准。有职业意味着有正在从事的事情，具备了经营生活的基础。任何人都是造就自己幸福的铁匠。但是并不是所有的铁匠都是幸福的。特别是对于那些没有就业的,或者失业的人来说,成功和幸福不过是发生在遥远国度的事情。

对于失业者来说,他们没有生活的必要基础。他们无法认识到自己是社会的必要存在,无法感受到自己正在朝着某些有意义的事情前进。失业者很容易陷入抑郁,患上精神疾病,是因为他们无法再将自己的能力展现给别人或自己。这是问题的核心。失业和身体上痛苦、慢性疾病、持续的压力是幸福的最大敌人。失业带来的压力的种类多少有些不同。我们通过不断的挑战来缓解压力,获得幸福感。但是对于失业的人来说,他们都不曾拥有这种机会。

1) 职业的定义

职业可以被定义为是为了维持生计而从事的事情,为了获得一定的经济收入或实现社会价值而持续参与的精神性、肉体性的活动。同职业相关联的用语有Career, Job, Occupation 等。职业生涯(career)是指同报酬、时间无关,一个人平生所从事的所有事的总和。工作(job)包含具体职业的最小单位。职业(occupation)则用于一定会收到报酬的时候。

2) 职业的意义

职业至少具有三点意义。第一,经济学上的意义——职业是维持生计的手段。第二,社会学上的意义——职业是社会生活和社会活动的基础。最后,心理学上的意义——职业是自我实现的手段。

3) 职业的价值

职业并不因为它是大事就更重要，或者因为它是小事就没那么重要。所有人以及他们所从事的职业，就像结构一般，为了使相互联结的世界变得更加美丽、伟大，在不断进化发展中。所以我们应该尽全力对待自己负责的事情。

不是所有以凝重的表情进行的工作都是有意义的、重要的事。尽管如此，也还是有许多人总是带着一种人生整个就像是一种惩罚一样的表情来来往往。虽是30来岁却感觉像是60来岁一般。企业让他们早点退休，也有可能是在表露对他们的同情。如果想知道你正在从事的事情是否是你的天职的话，那就对着自己的内心这样提问："即使我无法获得报酬，我也会从事这件事吗？"当你发现了自己的天职，就会离幸福更近一步。

06 成功和幸福

积极情绪和幸福能够促进成功吗？长久以来，幸福的人在所有的领域都是成功的吗？答案是肯定的(Baumgardner & Crothers, 2009)。许多纵向研究、横向研究以及实验研究的分析结果表明，幸福的人在婚姻、朋友、收入、职业、精神健康、身体健康中都享受到了更大的成功。比起不那么幸福的同龄人，幸福的人拥有较满意的婚姻生活，更受他人的欢迎和喜爱，朋友多且关系融洽，主要受到上司的善意评价。此外，幸福的人更加注意自己的健康，更加有效地应对挑战, 收入水平也更高。

我们在支持或者嘲笑的环境中都能够生存。我们的人生可能是失败的也可能是成功的。韩国的男人都擅于做事, 并且努力做事。当然女人比男人做得更好, 更认真。如果每个人都能认真地完成自己擅长的事情, 那也就能够确信开始走上了一条属于自己的成功之路。走在通往成功的路上是一件十分享受的事情。但是并不是因为成功过所以幸福。幸福引领着成功。幸福是衡量成功的最重要的因素(Lyubomirsky, King, & Diener, 2005)。

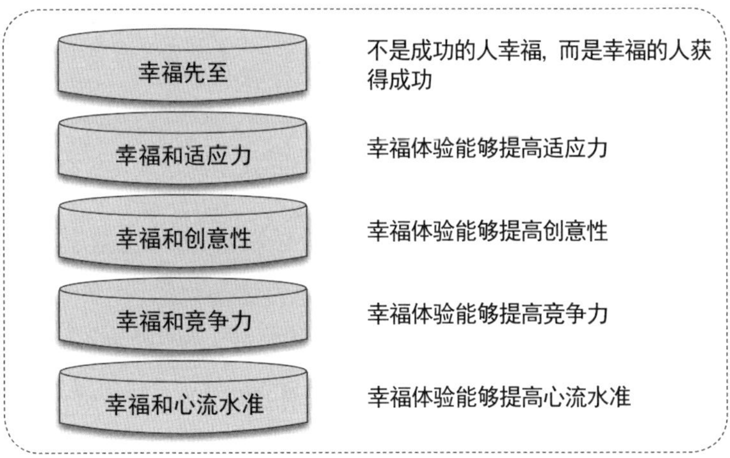

1) 幸福先至

1543年哥白尼(Copernicus)在其著作《天体运行论(De Revolutionibus Orbium Coelestium)》中提出了完全不同于以往的观察宇宙运动方式的划时代性理论, 认为地球是围绕着太阳中心自转的。在今天的心理学领域, 也在发生着相同的事情。至今为止人们都相信幸福在围绕着成功这个中心自转, 成功就像太阳一样是停滞不动的, 幸福就像行星一样围绕在太阳周围。但是新一代的心理学家们认为, 成功是围绕幸福转动的。当我们幸福又积极, 充满热情的时候, 成功才会随后而至。幸福先来, 随后才是成功。认为成功是围绕着幸福转动的这一积极心理学主张, 可谓是心理学界的哥白尼式革新。这并不意味着幸福是一切的中心, 只是单纯地想强调幸福是成功的原动力这一事实而已(Achor, 2010)。

大部分的企业都认为, 要更加长久地、努力地工作才会取得成功, 幸福则是之后要考虑的问题。他们也相信朝着目标奔跑的过程是不能够向幸福东张西望的。对于他们来说, 幸福是为了成功可以轻易放弃的奢靡享受, 或者只不过是历经辛苦后获得的快乐而已。他们还认为要对幸福有所关注的信念只不过是对于成功没有拚尽全力。但是无法摒弃这种信念的企业或个人, 别说是幸福了, 就连获得成功的机会都抓不住。

最近在心理学和神经科学领域中, 许多划时代的研究结果清楚地表明, 幸福并不是按照我们长久以来以为的方式变化的。积极心理学指出, 只有充满幸福感的人才会获得成功。

坚持不懈地维持积极精神状态的医生, 比不那样做的医生, 在合理性和创造性项目的得分要高出三倍, 在诊断速度和正确性上高出19%。还有研究结果表明, 积极的营业员比悲观的营业员实际业绩要高出56%。同时积极的学生明显比消极学生的数学成绩高出很多。由此可以得出结论, 我们的大脑处于积极状态的时候, 比处于消极或者中立状态的时候能够发挥出更大的能量。

许多研究结果表明，不一定要付出巨大的努力才会获得最佳的成功。并且盛行已久的支配和服从的企业文化不能够给员工赋予更多的动机。像这样以幸福和积极心理学为主题的划时代的研究结果，给学术界还有商界带来了颠覆性的结果。

幸福首先会给身体方面带来影响，在这一点上，从长期的角度来看，也大大提高了成功的可能性。关注企业员工的幸福，并为员工的幸福作出投资的话，可以改进员工的健康状态。这一点从组织结构上来看可以造就更多的工作成果。在关于工作环境的一项研究中，感觉到不幸福的员工一个月平均有1.25天，一年平均有15天，由于生病而不能正常上班。

2) 幸福和适应力

心理学家在很早以前就了解了消极情绪会给思维和行为带来怎么样的影响。这里消极情绪意为一种进化性的产物。在丛林中遭到袭击的时候，我们的身体会本能地分泌出压力荷尔蒙，并其次在眨眼的瞬间作出正面对决或者飞快逃跑等各种准备。当然这种反应可能会以失败而告终，但是比起什么都不做，呆滞在原地等待猛兽的袭击，要好得多。

那么从进化学的观点来看，积极情绪对人类有哪些帮助呢？以幸福为主题的多种多样的研究结果显示，积极情绪果然不亚于消极情绪，也在人类的进化过程中担任着其固有的角色。根据芭芭拉·弗雷德里克森(Barbara Fredrickson)的拓展-建构理论(broaden and bulid theory)，如果说消极情绪能够在我们遭遇危机的瞬间即时地做出斗争-逃走的反应的话, 那么积极情绪就在担当着不断激发我们能力和潜力的角色。当你充满积极情绪的时候, 学习能力和创意性得到明显提高, 不断产生各种各样的新奇想法。与此相关的一个研究团队(Fredrickson & Branigan, 2005)曾证实, 积极情绪受到刺激的被试组, 比消极情绪受到刺激的被试组在完成作业的过程中展现出更多的创意性思维。积极情绪能够提高思考力和创意力, 使得人们能够更积极地灵活运用物质、精神、社会上的广泛资源, 充分感受到幸福感。

就像已经解释过的那样, 感受到幸福的时候, 我们的大脑会分泌多巴胺(dopamine)和血清素(serotonin)。这两种荷尔蒙不仅使我们产生愉快的心情, 还会刺激我们的学习中枢接受新的信息, 提高处理信息的能力。也就是说能够提高我们接受信息、记忆信息、快速查找信息、灵活运用信息的能力。其次能够维持大脑神经回路的精细、复杂、组织化。总的来看, 能够提高我们感知幸福的高层次的思考力和创意力, 培养我们应对复杂问题的处理能力。

3) 幸福和创意性

多元融合的时代, 需要创意力和想象力。在当今以信息和革新为商业成功核心要素的现状下, 把建立具有创意性、独特性的战略称之为企业成功的钥匙, 并不为过。世界级的制药公司默克集团(Merck)开发了一种名为非那斯特来(finasteride)的成分, 用于解决前列腺肥大症。但是在临床实验的过程中出现了意外的副作用——多毛症。研究团队创意性地利用这种副作用生产出了防脱发药物, 默克集团也因此获得了数十亿美元的收入。

我们相信每当积极情绪受到刺激的时候，员工的创意力和业务能力都会有所提高，如果企业能够灵活利用这一点，改变工作氛围，工作团队的业绩将会有明显提高。维珍集团(Virgin Group)的CEO理查德·布兰森(Richard Branson)曾说到："享受是我们企业成功的最主要原因。"

很多研究都明确证明了积极情绪的效果。例如数学考试之前回想起最幸福瞬间的学生比一般学生得到更出色的成绩(Bryan & Bryan, 1991)；维持积极情绪的职场人士比中立的或者消极情感状况的职场人士能够更加有效地处理业务(Kopelman, Rosette, Thompson, 2006)。这些研究都向我们传达了一个明显的信息。当下这一瞬间感受到幸福的人，也一直在享受着成功，反之总是认为幸福在成功对面的人，三番五次地经历失败。

在实际的医疗现场，误诊多是由于创意力和思考能力不足造成的参照效应(anchoring)。参照效应是指当出现和初期诊断相矛盾的信息时，仍然执着于第一次诊断，即一般将思想固定在某处。

为了探究医生的积极情绪状态会为诊断过程带来怎样的影响，一些研究者进行了一项以医生为研究对象的实验(Estrada, Isen, & Young, 1997)。首先将医生分为三组，刺激第一组被试的积极情绪，刺激第二组被试的中立性、客观性的情绪，对第三组被试不做任何的刺激，然后让被试进行正常的诊疗工作。这一研究的目的在于测试三组被试分别以多快地速度正确地做出诊断结果，观察被试者怎样避开参照效应的陷阱。实验结果显示，第一组被试以最快速度做出既正确又富有创造性的诊断结果。并且仅仅使用了限定时间的20%。第一组被试比第三组被试快了两倍。刺激积极情绪的方法并不是非要一些奖金、升职、休假等的物质性奖励，其实仅仅一袋糖果就足够了。仅仅是十分微小的刺激，也能够充分有效地激发积极的情感。这一研究结果也表明，为了提高医生的诊断能力，医院可以通过改善工作环境来激发医生们的积极情感。比如给予医生多方面的奖励，营造充满活力的工作氛围，积极探讨一个有弹性的工作方案等。当然这不仅仅针对医生，还有护士，实习生，以及其它在医院工作的各种技术性从业人员。

4）幸福和竞争力

现代社会是实力和专业性的时代，也是人性和创意性的时代。在实力和专业性的时代，幸福能够提升我们的竞争力。重要的发布会之前不是应该担心自己是否会失误，而是要努力地维持自己的积极情绪。因为积极情绪能够迅速地强化我们的思考能力和创意力，缓解压力和紧张感。心理学家称其为撤销效应(undoing effect)(Fredrickson, Mancuso, Branigan, & Tugade, 2000)。积极情绪能够极大地提高应对压力的灵活性。当然积极情绪也能够提高思考能力，缓解紧张感。实际上表现出积极情绪的被试者，注意力和思考能力集中，缓解了紧张感，从而重新恢复正常状态(Fredrickson, 2001)。

在商业化时代大多数的人总是因过于简单、不认真等，忽视刺激积极情绪的作用。但是不计其数的研究证实，积极情绪给商业环境带来不容小觑的影响。大概对每个人来说，都会有一件只要想起就会心情大好的事情吧。请记得即使是再小的事情或体验，也会在某个重要的瞬间发挥出令人惊奇的效果。

我们能够享受到的幸福会有千变万化的。幸福取决于自己如何看待事物和世界。虽然为了提高幸福感，从思想和行为两个维度不断努力地追去改变是十分重要的，但是努力关注渗透在日常生活中的琐事也是不可或缺的。有趣的视频或者和好友的一通电话、一袋糖果等都能够造成工作层面上惊人的变化。为了达到幸福，巨大的变化固然重要，但当我们回首找寻幸福的能动性过程时，会突然明白我们往往最先集中注意力于那些日常的琐碎小事。

5）幸福和心流水准

为了获取成功，一定的休息是必要的。但是休息是当你终于解决一个难题，迎接这一时刻来临的好方法。长时间地收看电视这一行为与休息相差甚远，这是因为这样使得我们的大脑无意识地接受过度的刺激。长时间收看电视后，立刻进入睡眠状态或者是开着电视进入睡眠的话，不仅没有真正地进入睡眠状态，睡眠的质量也会因此下降。在完全清醒的状态下看电视这一行为也与心流体验相差甚远。

心流体验是我们幸福的必要因素。当我们和事业融为一体的时候，会逐渐变得幸福，当我们的事业受到打压的时候，会感觉到不幸。美国心理学者希斯赞特米哈伊将这种幸福称为心流(flow)，并提出了达到心流体验的状态所必备的条件——明确的目标兴趣，集中性的活动，消除忧虑担心，不知不觉之中时间流逝，快速地反馈，出色完成任务的能力，良好的掌控力等。阻碍心流的因素主要有一次性处理所有事情，超出能力的要求，与其慢慢地朝着正确的方向发展倒不如快速地朝着错误的方向前进，马马虎虎地做事，做事时总是先考虑自身利益，对别人精于算计，无休止的确认时间和邮箱，绝对不向他人请教意见等。

心流不在于做什么事而是在于怎样做。从理论上来说不论我们从事什么职业都能够获得幸福，但是实际上当我们选择与自己的能力相符的职业时，更加容易感受到幸福。冯·赫希森曾说到心流和性很类似。如果想要获得心流的感受，就要丢掉自我，把自己托付于时间的洪流之中。肯·威尔伯(Ken Wilber)也提出，人类发展的最高阶段就是无论在何时何地都能达到心流状态。

第六章 恋爱心理与积极心理学

不成熟的人说:“我爱你,因为我需要你。”
成熟的人说:“我需要你,因为我爱你。”
--《爱情的技术》作者 艾瑞克·弗洛姆(Erich Fromm)

美貌是否使我们相爱,使我们幸福呢?有魅力的外表是自然的礼物。人生中获得这种礼物的人,在很多方面都受益良多。他们在日常生活中、学校里、职场中,甚至在法庭上也会获得各种各样的好处。我们经常会盲目地认为外表美丽的人内心会更加美丽。这种行为被称为晕轮效应(halo effect)。这种毫无根据的由表及里经常会以失望的形式来回报我们。因为并不是美的就是善的。人们对于美丽的人的期待太高,而要达到这样的期待当然很难。

美丽的东西不过是暂时的。明尼苏达大学的埃伦·伯奇德(Ellen Berscheid)对240名50岁左右的男女进行的一项实验表明,美丽的消逝给当事人造成了多大的痛苦。给被试者看自己学生时期的照片,并要求他们对自己的魅力进行评价。结果20多岁时有卓越美貌的女人们,与那些曾经不起眼的女人们相比,过得更加不幸。这些女人对自己的人生以及婚姻生活的满意度非常低,自信心也降低了。甚至年轻时曾经美丽的女人们,丈夫出轨的比率也更高。有句老话说,男人们通过第一任夫人获得成功,通过成功来迎娶第二任夫人。

但每年仍有超过50万名德国人接受整形手术，单纯从算术角度来说，也许在未来160年内，所有的德国人都会变成帅哥美女。但是需要注意的是，整形手术副作用发生的概率高达20%。即使是吸脂，手术过程中死亡的情况也常有发生。

接受整形手术的4名患者中就有一名在5年内接受过精神治疗。也就是说最初有问题的并不是肉体，而是精神。大部分整形医院的医生们并不具备了解患者精神层面障碍的能力。错误的诊断对医生来说也是有危险的。美国每年有不少整形外科医生被精神不安定的患者所杀害。这是他们因整形手术而毁容之后所做出的报复。

在德国，光是2008年就实施了超过100万例的肉毒素(Botox)手术。一次注射价格约300欧元的肉毒素，市场在以每年两位数的增长率增长。在美国，由于肉毒素的余波，以至于到了需要从外国吸纳演员的境地。脸部饱满僵硬的美国演员们，如果需要表现自己的愤怒，除了张大鼻孔之外没有别的方法。注射肉毒素的话，不知道是否能看上去年轻5岁，但是确实看上去智商下降30以上。

第六章的内容是从积极心理学观点来看男女之间的恋爱心理。分析人们陷入爱情的过程与爱情的体验，并说明如何将其与幸福进行联系。恋爱心理的基本过程，首先是产生好感，其次是产生亲密感，之后陷入名为爱情的一种特别的心理体验，并且在尽情地感受到幸福之后，选择结婚或者分手。

01 好感

人类不是独居而是同许多人一起生活的。所以心理学不仅阐述一个人如何独自生活, 同时也解释和说明人类如何与他人一起和谐地生活。现在开始将对人类在社会生活中将要直面的各种各样的人际关系, 以及与其相关联的体验逐一进行说明。

在不断成长的社会生活中, 我们通过使他人对自己产生好感, 从而建立联系, 随之进一步发展成朋友或同事之类的亲密关系。与其他人建立朋友关系或者其他亲近关系, 是日常生活中非常重要的过程。我们通过人际关系来充实我们的需求, 给予并收获舒适与爱, 获得感情上的支持, 听取忠告或者向别人指教, 对别人产生影响, 发展自我形象(Reisman, 1979; Brehm, 1992)。比起突然建立起来的关系, 大部分的亲密关系更多是随着时间流逝而慢慢发展起来的。影响亲密关系形成的要素也是各种各样的。如果想得到一个人的好感或者对他人表示好感, 需要做到以下几点。

1) 培养外在吸引力

外在吸引力(physical attraction)对于获得好感很重要。大部分的文化都确信, 美的可能是善的。所以人们都希望能与美的东西产生关系。根据已有研究(Feingold, 1992), 人们认为有魅力的人更加具有社交性, 有领导力, 性格温暖, 精神更健康, 更具有智慧。更倾向同有魅力的人约会或者结婚, 也是因为人们具有这样的认知。在更受外在魅力所吸引的倾向性上, 男性比女性更加突出。大部分男性更加喜欢外在散发魅力的女性。在男女交往时，被认为是最重要的13大特征中，男性认为外在魅力是第3大重要特征。反之，女性却将这一点评为第6位(Buss, 1985)。大多数女性想要跟有魅力的男生约会的倾向更低些。在已婚夫妻中，女性的外在魅力能够带给男性一种享受感，而有外在魅力的男性则带给女生一种不安感。

范戈尔德(Feingold)认为对于外在魅力，自己主观的看法比客观性的评价更重要。大部分的人尝试以客观的标准来判断的时候，无法认定自己是美或帅的。但是当有些人懂得喜欢自己的时候，就不会担心自己长得不如时尚杂志上的模特一样好看。最终为了稳定自己的情绪，相较于客观性的评价，自己怎么样评价自己才是重要的。

没有必要因为自己不美丽或者不帅气而产生消极情绪。具有外在魅力的人不仅仅是极其少数的一部分人，且他们也没有获得什么特殊优待，大多数都像平常人一样普普通通地生活。人们在寻找结婚对象或者是约会的时候，总是倾向于寻找同自己外貌相似的人。这是因为在现实生活中，找寻一个理想的人是十分困难的事情，同时人们认为选择一个与自己外貌相似的人，被对方拒绝的几率可能会小些。

2) 拉近距离的相处

相邻性(proximity)是指物理性的距离。就像俗话说的远亲不如近邻那样，我们总是倾向于同生活在附近的人建立亲密关系。当你和最好的朋友分别生活在不同地方的时候，就会感受到互相之间关系逐渐疏远。因此物理性的距离在人际关系中扮演着重要的角色。有一项实验结果明确表明了相邻性对人际关系的重要性。研究将彼此互不相识的大学生随机分配在各个宿舍之中，在数月之后对形成亲密关系的人进行调查，发现空间上更接近的人之间形成了亲密的关系。宿舍里同一层楼的人比不同层楼的人之间要更亲密一些，在同一层楼，同自己房间相邻的人比与自己房间相隔较远的人之间更亲密些。

为什么我们会与离自己近的人更亲密一些呢？相邻性为什么能够促进人际关系的形成呢？第一，因为遇到在自己周边生活的人机会更多。由于经常的接触，会逐渐变得熟悉，好感度也随之增加。第二，不需要付出巨大的努力，也能够轻易地遇见生活在自己周边的人，所以这种遇见不会产生很大负担感。物理性的距离越大，彼此交往之间的负担感也就越大。因此相邻性促使人们产生一些经济上的接触，从而促进人际关系的形成。第三，生活圈子比较接近的人，由于彼此之间的相似点更多，比较容易形成亲密关系。在临近区域生活的人，社会经济水平、受教育水平、兴趣爱好、价值观等都比较类似，更容易产生共鸣。第四，认为应该要和生活在自己周边的人形成良好关系的这种认知压力，促使人们主动地形成亲密关系。邻里关系不和睦对彼此来说都是十分头疼的事情。因此我们更愿意付出努力，同邻里之间建立亲密积极友好的关系。

3) 努力变亲近

熟悉度(familiarity)能够增加好感。不论是什么，我们都倾向于喜欢自己经常接触的东西。有一项研究(Saegett, Swop, & Zajonc, 1973)

将所有被试者集中在一个房间内, 让他们站着彼此打量对方, 并调整对每个人观察的时间。之后询问被试者喜欢谁的时候, 被试者称最喜欢的那一位都是观察时间最长的那一位。虽然被试者之间在此前并没见过面, 彼此也没有交谈过, 单凭着与自己有过最长时间眼神接触, 就产生了好感。这种单纯地增加接触次数, 好感得到提升的现象, 称之为单纯呈现效应(mere exposure effect)。

我们具有对自己经常接触的人产生好感进而建立亲密关系的倾向。这种倾向带有生物学的适应价值。我们最经常接触的人, 是我们的父母或者看护人, 对于他们表现出的好感或者依恋的倾向, 增加了照料我们和保护我们的机会。

因此比起陌生人, 对亲近的人表现出好感, 提高了我们的生存可能性。另外, 由于了解并熟悉与自己亲近的人, 更容易预测和理解对方的行为。这种可预测性也是我们对亲近的人产生安定感和好感的理由。

但是反复地接触不是都能够增加好感。虽然至少对自己不讨厌的对象, 通过反复接触可以增加好感, 但是对于感到不愉快的对象, 不会出现单纯呈现效应。经常地遇见自己讨厌的人, 反而会增加厌恶感。

4) 培养相似点

俗话说物以类聚, 人以群分。我们都倾向于喜欢同自己有相似点的人。这种相似性(similarity)是促进人形成亲密关系的重要原因。有研究表明, 当彼此具有很多类似点的人成为朋友后, 彼此之间的态度、价值观、兴趣爱好的相似度更高。但是这种研究结果虽然可以解释因为彼此间的相似才变得亲近，却也无法排除因为变得越来越亲密，也就随之变得越来越类似。因此为了了解相似性和亲密度的因果关系，有研究人员让一开始拥有相似态度、观念的一对被试者，和拥有不同态度、观念的一对被试者，生活在同一个房间里，经历一段时间的生活后，了解被试者彼此之间有多亲近。实验结果表明，观念、态度相似的一对之间的亲密度更高些。这一研究表明，态度、兴趣爱好等的相似是促进人际关系形成的原因。

那么为什么相似性能够促进人际关系形成呢？第一，彼此相似点较多的两人更容易了解彼此，更容易判断彼此之间接触的特性。这就从心理上减少了相处负担，使得相处变得更加轻松容易。第二，我们下意识地认为和与自己有类似点的人相处，可能对方更容易喜欢自己，接纳自己。所以我们期待和对方形成一个积极良好的关系，这促进了好感的形成。第三，彼此相似的人之间能够互相给予回报。彼此相似的人们在态度、意见上大多能够引起共鸣和彼此认可，从而得到积极的体验。

5) 成为对他人有帮助的人

人们都倾向于喜欢提供给自己回报的人，而不喜欢无法提供给自己回报的人(Brehm, 1992)。在社会交往中，人们彼此之间付出和接受各种各样的回报，如信息、关爱、职位、金钱、技术、亲切等。回报是维持关系的催化剂。与不幸福的夫妻相比，幸福的夫妻之间以一种积极地、互相给予回报的模式相处。而和朋友的交往或者是亲密的恋人关系，根据他们彼此付出和给予的回报不同，彼此的关系可能会持续维持，也有可能就此切断。

在人际关系中收获回报很重要。也就是说，你不愿意受到伤害。1974年霍曼思(Homans)指出人与人之间的互动会产生成本。人们在交往中投入时间、精力和金钱，有时候也会产生糟糕的结果或情绪。是否继续与某人交往下去，与在彼此活动中获得的满意度有关。只有当回报超过成本时，人们才会获得满意。在成本超过回报的互动中，人们倾向于打破关系或者开始一段新的关系。虽然回报应该超出成本多少，并没有一个明确的标准，但是人们根据自己过去的经验，会设定出一个维持当前关系所需的最少成本值。因此不会维持一段提供给你的回报比设定的最小值还要少的关系，或者是更进一步发展这样的亲密关系。

6) 摒弃刻板印象和偏见

大部分的人都带有刻板印象和偏见。刻板印象(stereotype)是指对某个人有着先入为主的定式思维。这种思维有时也发挥着为人、场所、生活事件分类的作用，常见的是根据地域对人的性格进行划分。比如：首尔人总是"很挑剔""和蔼可亲"，江原道的人"勤俭朴素""单纯"，忠清道的人"泰然自若""庄重文雅"，全罗道的人"固执""偏激"，庆尚道的人"顽强""倔强"。

当人们在看待属于某一集体的个人时，总会倾向于以这个集体的刻板印象来解读这个人。类似这种的偏颇有助于巩固和维持刻板印象(Schlusher & Anderson, 1987)。但是由于刻板印象往往忽视了某一集体成员间的个人差异, 因而会引发问题。当然刻板印象也具有积极适用的一面。比如：试想一下, 每当我们面对不同形态或颜色的椅子、汽车, 以及其他的事物, 都要重新学习这些事物所具有的功能, 那么我们的生活将会变得多么艰难。如果通过职业对某些人加以区分(比如：教师、医生、法学专家), 依据他们的制服区分职业的话, 也就可以轻易地了解到他们能够给我们提供多大的帮助。当我们看到黑暗的远处有个陌生人提着刀向我们走来的时候, 脑海中会立刻意识到这是"危险的时刻", 需要立刻逃跑。

当把刻板印象同对人、事、物的感觉相结合的时候, 就形成了偏见(perjudice)。这是对于他人所形成的呆板印象或者强烈感受。偏见是可以被习得的。但是在人类进化的历史中, 为了保护自己, 偏见也不失为一种手段(Fishbein, 1992)。根据这一观点, 我们的祖先为了生存, 必然需要对家庭、对部落、对国家有着坚定的凝聚力。因此才会把集体内的异乡人看作为敌人, 对于异乡人怀有疑心、恐惧和敌意。拒绝接纳异乡人的倾向在当今社会仍然存在。

消极的刻板印象和偏见, 会使得人们总是以消极的眼光看待他人。比如, 在美国, 比较西班牙人和黑人, 对于白人的描写就显得更加友好。经营者(CEO)认为工会领导者总是采取一些不协作的行为(Zalkind & Costello, 1976)。消极的刻板印象和偏见, 会使得人们不公平地对待他人。人们的僵直化思维有时会在意识中把某些人塑造成一个讨厌的人, 或产生轻视他人的现象。结果就是有些人会被差别对待。差别对待是指仅仅因为某些人所属于某一特别的社会集体而受到的区别性对待。纵观历史, 一直到某个时期为止, 由于法律和社会的压力, 才有改观。此前女性都不被允许参与投票, 黑人需要乘坐黑人专用公交, 同性恋者不被允许进入军队。还有基于身体残疾的偏见, 这种偏见总是认为他们的生活就应该经历更多的磨难。

因为刻板印象和偏见无视他人, 讨厌他人, 将会引发不可言喻的可怕事件。纳粹在德国试图灭绝犹太人, 越南战争时大量屠杀市民, 中东的恐怖袭击, 南斯拉夫内战时的种族屠杀等, 都向我们展示了由于刻板印象和偏见所造成的严重后果。

根据调查研究, 消极的刻板印象或偏见中存在自利性偏差。由于这种刻板印象的特点很容易造成差别化。如果对人们进行一种精神训练, 使其认为某一集体具有某一消极的特性, 那么人们就会消极地看待这一集体的成员, 并且理所应当地认为他们应该接受消极待遇(Zimbardo, Ebbesen, & Maslach, 1977)。人们不仅差别化地看待这一集体, 并且通过思维和行动来合理化自己的认知。迫害他人的人一般倾向于通过谴责受害者逃避责任。

那么我们应该怎么样克服这种刻板印象和偏见呢？第一, 寻找他人的独特之处。特地付出时间来深刻了解他人的性格或者个人特点, 不失为一个好方法。根据调查研究, 这可以修复和减少快速地对某人进行归类判断的倾向(Rajecki, De Graaf-Kaser, & Rasmussen, 1992)。第二, 同那些自己带有刻板印象的集体一起工作, 努力配合完成团队工作。在职场或者学校中, 需要构建一个小组来完成一项项目作业的时候, 需要选择一起共事的人。在这个时候就可选择那些本来带有刻板印象的小组成员, 或者是之前从来不曾接触过的人一起工作。那么在一起工作的过程中, 就有可能对该成员产生积极的情感,自然而然地消除了之前消极的态度。

7) 自我表露

经常向对方表露自己的想法、关心的事、经历、情感的人比不那么做的人拥有更多的朋友,朋友之间的关系也能够更长久地维持下去。人际关系是由对对方的信任和尊重,在面对他人时相信自己是正直的、开放的信念,以及发现彼此之间有多少共同关心的事来决定的。随着在朋友关系中自我表露的增加,情绪性干预也随之增加,从而对于聚会的满意度也大大增加(Hendrick, 1989)。自我表露和同他人的亲密感之间存在相互联系。自我表露能够增加亲密感和信任感,并因此促进更多的自我表露(Miller, 1990)。

有些人比起他人更擅长自我表露。Dindia & Allen(1992)对已有的205项研究成果进行分析,结果显示,对待新认识的人,女性比男性更能够打开自己的内心;女性在同其他女性对话的时候,能更好地表露自己。而且,女性和女性互动时更容易实现自我表露的不同,男性和男性的互动不能很好地实现自我表露。此外,女性对于自己的伴侣、父母、好朋友等能够维持长久关系的人,表现得更加开朗。

1971年朱拉德(Jourard)提出,在性别角色上,由于男性具有不能够良好地表述自己的问题和所关心事物的倾向,所以他们在与他人的互动中主要谈论一些精神上、身体上与健康相关联的话题。这类问题在带有性别刻板印象的男性身上表现尤为突出。即,传统的男性更加维持自己严谨的形象,不轻易表露自己的感情。而带有感性或理解、温柔、情感表达等女性特质的男性们,在各种各样的状况下都能够良好地表达自己的情感(Shaffer et al., 1991)。

在人际关系中，开放自我虽然能够提供多种多样的好处，但是过度地开放自我内心，也会带来害处。沃特曼等人(Wortman et al., 1976)提出，在建立关系的初期阶段，过度地开放自己反而会阻碍关系的进一步发展。当人们看到此类行为时，会觉得这个人不成熟、不稳定，怀疑其对待所有人都会采取同样的方式。因此在人际关系形成的早期阶段，彼此打开内心、分享感情之前，先给彼此留有一定的空间，之后再进一步彼此了解，能够更好地维持想要建立一份永久关系的印象。把过度的自我表露当成一种习惯，是不太明智的。因为当你了解了对方的所有，就不再有进一步增加好感、消除无聊感的余地了。

在人际关系中过度地隐藏自己或者是过度地表现自己，都很容易产生反效果。因此适当地表露自己是最重要的。但是这并不是一件容易的事情。有些人不懂得如何同他人良好相处，害怕不被同伴认同或接受。还有些担心他人认为自己不懂得与他人分享爱与关怀。但是这种不安实际很少发生。一般来说当你敞开自己的内心，好处比坏处更多。要多大限度地表露自己的内心，全在于自己的选择。在形成人际关系的过程中，我们需要慎重考虑，当你敞开自己内心时能够带来多少益处，当你隐藏自己内心时又带来了多少坏处。

02 陷入爱情的身体状态

对于爱的定义有很多。比如像“受某个对象的魅力吸引，热烈地思念和喜欢的心”“理解帮助他人的心”“对某物、某人十分珍视、爱惜的心”“炙热地喜欢的心”“给予温暖地认可的那件事、那份心”“追随着、思念着自己心仪的对象的那份心”等。包括辞典定义在内，对爱(love)的界定多种多样。虽然爱的定义就像陷入爱情的人数一样众多，但是不论是谁，在陷入爱情的时候，身体所发生变化是一样的。现在就让我们来仔细了解一下陷入爱情的人的身体状态。

1) 爱情的荷尔蒙

当我们陷入爱情的时候，内心会发生巨大的变化，我们身体的变化一点也不亚于心理的变化。各种各样的荷尔蒙都与爱情有关。荷尔蒙(hormone)是我们身体的某个地方分泌的一种化学物质，它随着血液流动到达靶细胞。陷入爱情的人首先会分泌一种被称为是爱情的传教士、幸福荷尔蒙的多巴胺(dopamine)。多巴胺会给人带来无限的幸福感。多巴胺引起的这种良好体验，给大脑提供了可以开始恋爱的信号。从爱情的开始到结束的整个过程，身体分泌的化学物质使我们产生大量的快感，甚至使得我们的日常生活难以维持下去，乃至动摇我们的人生。

大部分的恋人会毫不犹豫地做一些十分需要勇气的行为。比如，不断推后自己应该要完成的事情，承担危险等。陷入爱情的人能够克服恐惧做出这些行为，都应该归功于提供给人勇气的去甲肾上腺素(noradrenalin、norepinephrine)。当我们陷入爱情的时候，由于我们开始处于一个与平时截然不同的状态，因此我们脱离平常状态的身体会将此看作为一种压力，从而分泌出去甲肾上腺素。这种荷尔蒙会使得我们的心脏快速跳动。但从我们看到深爱的人那一刻开始，或者只是单纯地想起自己的爱人时，我们的心跳就会不断加速。所以才会说爱情使人内心如小鹿乱撞。

陷入恋爱之后，会有很多个夜晚难以入眠。为了维持情绪稳定，人体内大约要存在10mg的血清素(serotonin)。如果体内缺少血清素，就会已引发失眠不安等症状。如果长期缺乏血清素，还会表现出类似跟踪狂之类的偏执型行为。实际上陷入爱情的人和强迫症患者血液中的血清素浓度，都低于平均值的40%。因此陷入爱情的状态不是一种日常的状态，而是一种不稳定的状态。

恋爱中的人大脑边缘系统内充满着幸福荷尔蒙多巴胺和苯乙胺(phenylethyamine: PEA)。位于大脑下半部分的边缘系统(limbic system)，是干预我们的情感和记忆、控制我们喜怒哀乐的中心部分。边缘系统的下丘脑(hypothalamus)负责调节我们的快乐、性行为满意度。扁桃体(amygdala)管理我们的情感和恐惧。苯乙胺以天然苯丙胺而闻名。苯丙胺(amphetamine)是一种刺激中枢神经的兴奋剂。苯乙胺会加速心脏跳动，使得人就像中了幸福的毒一般，所以恋人们才会不厌其烦，即使在夜晚也能够互诉爱意。更有意思的是，由苯乙胺所造成的效果持续时间长达30个月。也正是因为如此，再怎么一见钟情的恋人，也逃不过三年之痒感情逐渐变淡的定律。恋爱经过六个月以后，当初的那种兴奋感会稍稍有所下降。我们身体内分泌的化学物质逐渐减少，大脑的活动部位也逐渐变化：从负责需求和情感的中枢边缘系统转移到代表理性判断的大脑新皮质(neocortex)上。这是浪漫的爱情逐渐转变为一种类似同事之间的友爱情感的信号。

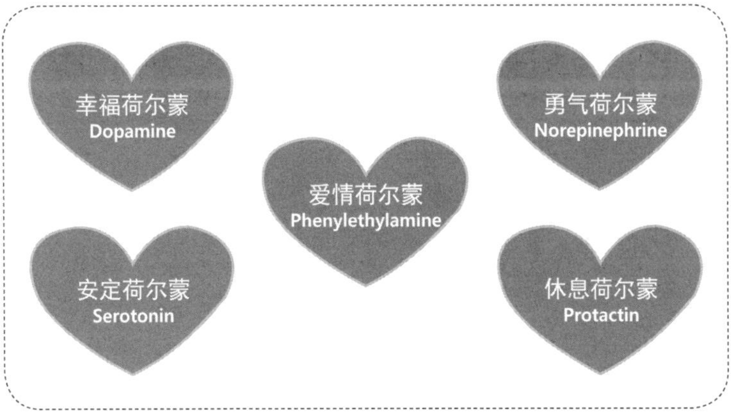

2) 爱与性高潮

男女之间分享爱意时, 为了达到性高潮, 男性们需要有“火热”的想法, 女性则需要“温柔”的话语。男性如果达到性高潮的话, 报偿中枢的腹侧被盖区(area tegmentalis ventralis)开始变得活跃。与之相反, 女性如果达到性高潮的话, 大脑相当一部分的活跃程度反而会下降。特别是控制冲动和自制力的前额皮质左侧区域的活跃程度有实质性的降低。女性若想要体验快感, 需要先打开自我限制的状态。即, 先要解开对自己的限制。

当男女融为一体, 互相感应彼此的时候, 自己体内的性荷尔蒙也在增加。因此当发生性行为的时候, 女性血液内的男性荷尔蒙睾丸素(testosterone)的数值会上升, 因而女性也会变得更加主动积极。反观男性, 全身心的紧张感得到放松, 感到无限满意, 逐渐变得安静。

发生性行为之后，男性和女性血液中催乳素(prolactin)的数值会增加，这一成分本来是一种促进乳汁形成的乳腺刺激荷尔蒙，管理人的休息和困意。催乳素的增加诱发了男女双方关爱孩子的行为，男女双方开始喜欢上彼此相互碰触、相互依偎的这种感觉。催乳素也能够抑制多巴胺引发的兴奋感。因此在经历过暴风之后，重归平静，使得人们维持一种休息的状态。一个人是无法获得这种满意感的。虽然不知道通过自慰获得到的满足感是否更强烈，但是一定无法带来幸福感。因为伴侣的性高潮是通过共同分享积极体验来获得更高的性满足，所以感受到的回报也就更大。

在性行为的过程中感受到性高潮的能力，也影响着女性对生活的满意度。有规律地体验到性高潮的女性中，有三分之二认为自己的人生是非常幸福的。女性在性行为中经常感受到性高潮，她们的情侣是最幸福的。反之，男性是否达到性高潮几乎不会对女性的性满意产生影响。

03正确恋爱

恋爱是我们人生中最重要的心理体验。爱情是人人都憧憬的体验，纵观古今中外，在艺术和文学领域，爱情都是被歌颂的主题。无法否认爱情是左右一个人的喜悦和悲伤、欢乐和痛苦、幸福和不幸的重要因素。爱情是在人际关系中能够体验到的最幸福、最奇妙的情感。爱情是最灿烂的，但有时也是最痛苦的。

但是我们对爱情的了解太少了。任何人都无法自信地说自己

深懂爱情。因为我们在爱情里都不约而同地默认以下几点(권석만, 2011)。首先, 否认关于爱情的科学性研究或者理性的理解, 以一种浪漫的态度看待爱情, 认为在爱情中充满神秘色彩的思维占据主导地位。甚至1960年美国国会还提出了禁止研究与爱情相关的课题。因此如果连爱情也要用一种科学的方法来解释, 那么我们人生岂不是太枯燥乏味了。就像把钻石解释为一种碳元素块, 认为钻石不过是一块毫无价值的石头罢了, 给钻石爱好者带来的不安感那样, 当我们通过科学地研究来解释爱情的时候, 有可能爱情的神秘感也就随之消失了, 这也许会给我们带来一种隐藏的不安感。第二, 我们认为爱情就应该是自然而然发生的, 并且这种思维占据着主导地位。因此关于爱情, 我们既不教也不学。第三, 虽然人人都可以体验爱情, 但是那种体验是个人的。人们反对在爱情研究中将个人性的问题明明白白地表现出来。因此在两性关系中, 我们对于爱情总是表现出一种茫然无知的状态。和其他领域相类似, 对于爱情的茫然无知或许使得我们不断增加爱情的神秘感和对爱情的幻想, 又或许引导人们走向不成熟的爱情, 最终陷入不幸和痛苦之中。对于爱情的误解、偏见, 或是错觉, 使得许多人因此受伤, 在不必要的痛苦深渊中深受折磨。为了能够收获一份真正的、美好的、成熟的爱情, 我们需要深刻了解爱情。

1) 爱情的类型

人们恋爱的形态就像世上的人一样多彩多样。爱情这种心理体验虽然与其多姿多彩又弥足珍贵形态无关, 但是存在相对更美好、更绚烂的爱情。除了暗恋，爱情至少要与两个人相关，因此人人都需要为了实现更美好、更绚烂的爱情做出努力。

当提到爱情的时候，通常把它分为肉体上的爱情(physical love)和精神上的爱情(platonic love)，但是在学术上爱情又被分为一维爱情和二维爱情(Lee, 1988)。如<表6-1>所示。就像颜色的3原色一般，一维爱情分为浪漫之爱、伴侣之爱和游戏之爱。浪漫之爱(romantic love)又称为eros，是以激情和欲望为主要因素的热烈爱情。伴侣之爱(companionate love)又称为storge，是指互相给予舒适感和亲密感的爱情。游戏之爱(playful love)又称为ludus，是指像游戏一般，视快乐和趣味为重要因素、注重享受的爱情。

表6-1爱情的类型和特性

爱情的类型	爱情的特征	备注
浪漫之爱 (romantic love)	一维爱情中以激情和欲望为重要因素的热烈的爱情	Eros
伴侣之爱 (companionate love)	一维爱情中能够互相给予亲密感和舒适感的爱情	Storge
游戏之爱 (playful love)	一维爱情中像游戏一般，视快乐和趣味为重要因素、注重享受的爱情	Ludus
无私之爱 (altruisticlove)	由浪漫之爱和伴侣之爱相结合的形态，无条件地为他人献身的爱情	Agape
占有之爱 (possessive love)	由浪漫之爱和游戏之爱相结合的形态，对对方有着强烈的占有欲，执著的爱情	Mania
务实之爱 (pragmatic love)	由伴侣之爱和游戏之爱相结合的形态，具有现实性、合理性，是一种理性的爱情，恋爱关系是稳定的、彼此考虑发展一种持久的恋爱关系	Pragma

就像3原色混合之后产生新的颜色一样，二维爱情是一维爱情混

合之后形成的无私之爱、占有之爱和务实之爱。无私之爱(altruistic love)又称为agape, 是浪漫之爱和伴侣之爱相结合的形态。占有之爱(possessive love)又称为mania, 是浪漫之爱和游戏之爱相结合的爱情。务实之爱(pragmatic love)又称为pragma, 是伴侣之爱和游戏之爱相结合的产物。

2) 爱情的要素

一般来说, 爱情主要由亲密、激情、承诺(献身)三大要素构成(Sternberg, 1986)。

图6-1 爱情的构成要素(Components of Love)

亲密(intimacy)反映的是爱情的情绪方面的特性, 指在爱情关系中能够引起的温暖体验, 通过分享进行流畅的意识交流。激情(passion)反映爱情动机的特性, 指使人在爱情中感到着迷、让人兴

奋, 想要和喜欢的人融为一体的强烈的性欲成分。承诺(commitment)反映爱情的认知方面的特性, 指决定要爱对方的期许以及行为上的表现。依据这三种要素的存在与否, 可以将爱情的类型进行整理, 如<表6-2>所示。

爱情的三要素构成了爱情三角形的三边。各边的长度代表各边所表示要素的强度和程度。这是各边的长度是根据"爱情三角理论标准"计算各个要素的总分所得。几何中两边之和小于第三边时无法构成三角形的原理, 在爱情三角理论中也同样适用。因此如果一边过长, 超过了其他两边之和时, 无法构成三角形。三个构成要素之间不均衡的话, 恋爱关系也同样是一段不完整的恋爱关系。因此, 为了实现真爱, 三个要素之间必须保持平衡。三角形的模样体现了构成爱情的三个要素之间的平衡程度, 由三边构成的三角形的面积, 决定了爱情的大小和分量。只有三个构成要素均衡地增加, 三角形的面积才会逐渐达到最大。

表6-2 根据爱情的构成要素划分的爱情类型

爱情的类型	亲密	激情	承诺	备注
不爱 (non love)	×	×	×	日常性的见面, 无意义的人际关系
喜欢式爱情 (liking)	○	×	×	感受到亲近、舒适的状态
迷恋式爱情 (infatuation)	×	○	×	虽然一见钟情, 但是没能说过一次话, 独自心痛的状况
空洞式爱情 (empty love)	×	×	○	由于政治谋略或者条件而不得以维持的关系

愚蠢式爱情 (fatuous love)	×	○	○	像好莱坞电影里演的那般的爱情
伴侣式爱情 (companionate love)	○	×	○	长久地恋爱或已经结婚的恋人或夫妻
浪漫式爱情 (romantic love)	○	○	×	虽然彼此感觉到亲密和激情，但对未来还不确定的彼此相爱的情况
完美爱情 (consummate love)	○	○	○	理想中的完美爱情

爱情三角理论至少由两个观点构成。一是现实的爱情和理性的爱情构成三角形，通过相互比较，加以改善，从而促进恋爱关系的发展。另一个观点是可以构成自我的三角形和对方(恋人)的三角形。通过这个找出彼此不足的部分，努力做出改进。形状或者大小的差异越大，意味着彼此追求的爱情相差越大，同样彼此之间的矛盾也就越多。因此我们需要通过沟通、调节，不断朝着彼此想要的爱情努力下去。

3)我的爱情，我的浪漫

在爱上异性的初期阶段，激情发挥着主要作用。在青少年时期爱上异性的时候，经常能够体验到浪漫(romance)。浪漫使得对对方产生强烈的热爱和执着的情感。其结果也就伴随着强烈的喜悦和痛苦。由于在许多的文学作品或者影视作品中所描绘的爱情，大多都是对强烈的热爱和执着进行美化后创造出的浪漫爱情故事，所以许多人将浪漫看作是爱情的原型，对电影里的浪漫爱情充满憧憬。

浪漫最重要的特性可能是其发展速度极快。没有任何的客观理由，将男女主角捆绑在一起，急速地发展成为一见钟情、坠入爱河的关系。随后引发了在任何人际关系中都无法体验的极其炙热、强烈的依恋情感，对对方产生强烈的热爱和执着。当恋人确认了伴侣是爱着自己的时候，会感受到无限喜悦和欢乐。相反，当恋人拒绝了自己、或者离开自己的时候，会经历巨大的痛苦和不幸。

一般来说，陷入浪漫时会体验到如下的心理状态(Pope, 1980)。

①对爱人有着强烈的执着和专注。

②感到时刻想与爱人在一起的欲望。

③不管是在一起还是不在一起，总会不断地想起爱人。

④当见到或者想起爱人时，充满爱意，身体上感到兴奋。

⑤即使给爱人自己拥有的一切，都不觉得可惜。

⑥想要独占爱人的关心和爱护。

⑦当爱人对他人表现出关心时，会产生嫉妒的情绪。

⑧感到如果没有了爱人的存在，自己就是不完整的。

⑨害怕爱人拒绝自己。

⑩和爱人分别的时候，会感受到极度的悲伤和绝望。

像《罗密欧与朱丽叶》或是《特里斯坦和伊索尔德(Tristan & Isolde)》那样极致的爱情是美丽的。但是对于他们来说，爱情就是人生的全部，而对于普通人来说，那样的爱情过于艰难。虽然许多人爱上了这种陷入爱情的感觉，但是陷入一种热恋其实并不是一件幸福的事情。观察陷入爱情的人的大脑活动，会发现它们其实和强迫症患者的大脑活动很相似。这是因为所有的思维都通过一种非现实的方式，从欲望对象那里得到满足。真正浪漫的爱情是互相喜欢，却能够保持头脑清醒的爱情,是能够互相给予帮助的的革命友情般的爱情,不是只注视着对方,也不是左顾右盼,而是两个人瞩目在同一处的爱情。

4) 陷入爱情的理由

我们陷入爱情的理由,可以从好几个观点出发来解读。首先,爱是人类的天生本能。在成长的过程中,每个人都在潜移默化地学习爱的能力。一般对于爱情的代表观点主要有:进化心理学观点、精神分析学观点、依恋理论观点和认知理论观点。

首先,以进化论的观点来解释人类行为的进化心理学认为,发生爱情的原因是为了维持种族繁衍的本能性需求。因此爱情是一种维持种族繁衍的心理现象。男性受到能为自己诞生健康后代的美丽健康女性的诱惑,另一方面女性感受到能够保护自己的孩子安全的有为男性的魅力。最终真正的爱情其实是为了生存的本能。

第二,把性需求当作是人类最基本动机的弗洛依德精神分析学认为,爱情是由性需求升华而来的。俄狄浦斯情结(Oedipus complex)是指孩子出生以后在初次在三角关系(母亲、父亲和自己)中感受到的恋爱体验。当这一阶段圆满地度过之后形成一种健康的成长感受,超我和自我得到发展,通过接纳三者之间的关系所引发的积极结果,就是培养了孩子建立健康两性关系的能力。

第三,以鲍尔比(Bowlby)为代表的依恋理论学观点认为,恋爱的风格受到和母亲之间依恋类型的影响。对于孩子的依恋行为,如果母亲能够一贯性地包容,将其视为一种友好行为的话,就能够形成安全型依恋(stable attachment), 有利于孩子长大之后同他人建立信任、不过度依赖、稳定亲密的关系。只有在童年期形成了安全型依恋的人, 才真正懂得分享爱。

最后, 认知理论观点认为个人自身对于爱情具有的社会信念或期待, 影响着个人在爱情中的行为或感受。因此从社会文化中所习得的对于爱情的看法和幻想, 会反映在实际的两性关系中, 从而产生强烈的情感。在爱情体验中, 和精神、肉体上的兴奋一起的认知性评价也同样重要。为了体验爱情, 对于肉体上所感受到的兴奋状态, 也要从认知的角度将其视为对异性的爱。比如, 当你对自己心跳的感觉感到害怕, 就会觉得这并不是爱情而是一种恐惧, 但是如果对方是你喜欢的人, 那么这就不是一种恐惧而是爱情。真正的爱情最终取决于那份爱的想法。

5) 对爱情的几大误解

男女之间不论喜欢或讨厌, 最终还是会和谐地生活在一起。世界变得越刻薄、血腥, 男女间的爱和性就越易成为唯一的休息和幸福的栖息地。弗洛伊德将工作和爱的能力视为心理健康的指标, 只有健康成熟的人才会全身心地投入工作, 知道如何爱别人, 享受到真正的性满意。人们一般对于爱情都有一些误解。

在这里举几个具有代表性的例子。首先, 许多人错误地认为“真爱是命中注定的, 只会有一次, 因此当真爱来临的时候一定要牢牢抓住。” 也许对有的人来说, 真爱一生中只有过一次, 但对有的人来说, 真爱可能有好几次或是许多次, 还有人从未体验过爱情。虽然在

我们的一生中有过多次恋爱体验是很美好的, 但是有的时候要了解到这也是一种痛苦的体验。这种认识更贴近现实一些(김종운, 박성실, 2011)。有时即使发生一见钟情, 但是也无法将这视为真正的爱情。素未相识的人如何谈爱情, 那仅仅是“被迷到了”而已。当你下定决心要约定终身的时候, 更需要特别的慎重和理性。

其次, 错误地认为“爱情能够解决一切, 爱情是所有问题的答案。”爱人可能有助于战胜逆境, 也有可能使你面临困难。但是爱情不可能在任何时候都能为你指点迷津。还有类似的, 认为“如果相爱, 什么样的条件都不会成为问题。”虽然真实的爱情可能帮助你解决一些问题和障碍, 但是并不能够保障一切成功。爱情中的幸福可能会违背本意地随着当下的条件和状况而遭到破坏。

另一个误解是“真正的爱情都是伴随着痛苦和悲伤的。”实际上不限于痛苦和悲伤, 爱情还一同带来了幸福和喜悦。如果只是维持着一方不爱而另一方深爱的这种关系, 产生矛盾的时候, 痛苦和悲伤就会放大。如果爱情只带来了悲伤和痛苦, 那么这个时候要认真地考虑一下是否到了结束这段关系的时候。另一方面, 人们也会有对爱情的非现实性期待, 认为“陷入爱情的话就会一直幸福下去。”其实爱情也会带来消极情绪和痛苦。恋爱的时候我们的感情是两面的。我们倾向于对我们深爱的对方提出更多的要求和期待。根据戴维斯(Davis, 1985)的观点, 和恋人或者伴侣对话的时候, 比和朋友对话要表现得更加没有耐心, 会采取更多的悲观性行为。

6) 强迫的爱

我们幻想和梦想的浪漫，会给我们带来许多心理上的痛苦和矛盾。爱情是幸福和喜悦的源泉，同时也是不幸和痛苦的源泉。虽然爱情不断地给我们带来幸福感，但是也有可能把我们逼入矛盾和苦恼。在恋爱的过程中彼此可能发生一些小误解和矛盾，如果这些问题无法得到良好地解决，那么就会引起关系的恶化，给这段关系带来危机。

大部分因爱情而感到痛苦的人们，看起来都对对方有着非理性的、强烈的执着，这是一种病态的强迫爱情。强迫的爱情(obsessional love)具有以下几个特性。

①对爱人过度执着。

②强烈期待对方也表现出和自己同样的热烈爱意。

③曲解爱人的行为，表现出极端的情感变化。

④如果爱人没有表现出爱意，就会陷入极度不安和忧郁之中。

⑤对爱人进行非现实性的理想化和过度评价，努力认为其没有任何缺点。

⑥为了获得爱人的爱和关注而鲁莽行事。

我们为爱情所累的主要理由，是对爱情抱有非现实性的信念(Ellis & Dryden, 1987)。非现实性信念是指在现实性两性关系中，那些实行困难、不合理的、有义务性质的、死板的信念。这种非现实性信念破坏了亲密的两性关系，最终会引起不幸的结果，是不成熟爱情的主要原因。人们对爱情所持有的一般非合理性信念，有如下几点。

①爱情应该是热辣激情的。

②真爱一生只有一次。

③爱情是永远的，浪漫保障我们拥有一个幸福的婚姻。

④应该时刻都感受到被爱。

⑤如果失去了爱人，就再也无法拥有爱情了。

⑥一见钟情是真爱。

⑦为了真爱可以牺牲一切。

⑧真爱是永恒的。

⑨如果陷入爱情，谁都无法控制。

这种信念充斥在我们的现实生活中，成为一种困难的期待和无理的要求。我们的恋爱方式多种多样。人们的成长背景、性格、遇见的情形都不同，于是爱情也以多种多样的方式呈现，在这样的爱情中我们能够感受到幸福。我们应该深刻地认识，人类的多样性、生活的多样性和爱情的多样性，从而找到属于自己的美满爱情。

7）健康的性体验

在我们的社会中，由于错误的性观念的传播，人们不是把性看作人与人之间的遇见、表现亲密感的方式，而是把性看作是性器官和性器官间的接触。性不是说在想要的时候自愿地建立性关系，讨厌的时候表现出自己的讨厌，而是仅仅“点头许可”或是“被强制要求”并以此来显现男性威严的行为。但是健康的性是男性和女性之间，或是人类之间最亲密的遇见。如果说亲密对话是用嘴来表现性的话，那么性就是用身体来对话。性不是单纯的性器官的接触，如果将其看作是人与人之间的一种遇见的话，不只是性交本身，就连彼此之间的牵手、拥抱，甚至对视，都是性的一部分。因此人类的性从不止步于生物学上的冲动，而应称其是试图想要和爱人融为一体的渴望。

就像俗话说的“英雄应该兼顾酒色”一般，那些认为男性应该尽可能多地征服女性，才称得上是“真男人”的看法是错误的。认为男性可以拥有很多性经验，而女性则应该保持纯洁的双重标准在当今社会依然存在。就像男性带着要觊觎更多女性的压迫感无法体验到性的喜悦一般，女性因不得不被动地“回应”这样的错误观念也无法带来性的享受。如果“守身如玉”或是“保持纯洁”本身是一种有价值的事情，那么对于性的无知反而成了一种美德，这会带来危害。我们应该从贤妻良母或者“好女人”不能够发表自己的主张，始终只能扮演着被动的、补助角色的刻板印象中逃离出来，认识到性也存在着平等和彼此的满意。现在当你自己喜欢并能够为此负起责任的时候，应该以一种平等的方式分享爱。

通过性与爱人合为一体的体验，属于日常生活中能够享受到的最淳朴的喜悦。彼此互相给予享受的同时，也互相获得喜悦，这本身也是一种不可言喻的幸福。要想达到满意的性体验，需要对自己和对方有着莫大的信任。不害羞地说出自己欲望，不惧怕对方的欲望，能够感受到对方什么时候有多喜欢，用话语或行动表现出自己喜欢对方用哪种方式对待自己，都能增进这种幸福和喜悦。当爱情伴随着自由意志和信赖的时候，就可能拥有健康的性体验。同时健康的性体验也使得我们能够确认彼此之间的爱和幸福。

04 男女间的爱情和幸福

男性和女性之间谁更幸福呢？答案是“哪边都不是”。男性和女性几乎表现出同等的幸福水准(Diener, Suh, Lucas, & Smith, 1990; Ingelhart, 1990; Manstaed, 1992)。男性和女性表现出相似的幸福感，大体上都对自己的人生感到满足。

在日常经历的情绪生活中，男性和女性之间存在着有趣的差异。虽然男女整体的幸福程度类似，但是情绪体验中表现出差异。女性比男性经历更多的消极情绪，更多地经历忧郁和不安等的内化障碍(internalizing disorder, Nolen-Hoeksema & Rusting, 1999)。在生涯初期(年少时)忧郁症和不安障碍就表现出了性别差异。

> “幸福取决于和谁一起以怎样的心情做什么事情，
> 最重要的是怎样的心情
> 因为幸福是用来培养心灵力量的”
> -南乘奎(2014).幸福心理学-

约翰·格雷(John Gray, 1992)的著作《男人来自火星，女人来自金星》明确阐述了男女间的差异。下面对其简单作一介绍。

第一，男性和女性的价值观有着本质的不同。男性总是想尽一切办法寻找解决对策，而忽视情感之类东西。与男性相反，女性总是提供一些没用的意见和关怀。因此在面临问题的时候，女性相信男性能够自然而然地解决问题，自己只需要提供一些支持就行。如果女性遇到问题，男性只要能够认真地聆听女性的问题，表现出共鸣，就对女性很有帮助。

第二，男性和女性解压的方式不同。当男性面临压力时，更倾向于自己躲在一个别人不知道的“洞穴”，独自思考当前面临的难题。而女性则是本能地想要同他人倾诉。

第三，男性和女性动机产生的方式不同。当男性感受到对方需要自己的时候，心也随之做出行动，而女性则是在感受到对方对自己的爱时才会做出行动。男性希望得到认可、信赖和称赞，而女性想要得到关心、理解和共鸣。另外，男性更偏向于目标指向型，他们想要展示自己的能力和自律，所以当感受到别人需要自己的时候，能够更加激起动力。反之，女性更偏向于关系指向型，她们更期待获得关心和亲密感，希望分享对话，被人照顾，所以只有当感受到自己是被爱着的时候才会做出行动。

第四，男性和女性分别使用不同的语言。当产生消极情绪的时候，人们并不是全盘托出地传达给对方。男性会对女性无休止地诉说一些听起来冷冰冰、略显卑鄙的话语，而女性则会使用一些指责或者埋怨的话语。女性认为即使自己没有提出需要帮助，对方也应该主动提供帮助，因为她们认为这正是表示喜爱对方的方式。所以女性不会主动提出自己需要帮助，而男性往往是当对方提出自己需要帮助时，才会有所行动。

第五，男性和女性认知的亲密和自律存在差异。男性的亲密需求和自律需求是轮流而至的，因此即使是喜欢的异性，男性也会忽近忽远。相反，女性如果产生了亲密需求的话，自律需求会立刻消失，所以她们时刻想要待在一起。

第六，男性和女性的爱有所不同。男性期待的爱情只是要彼此信赖、彼此认可、彼此懂得感谢的爱情，而女性需要对方倾注关心、彼此理解、彼此尊重的爱情。

第七，男性和女性的行为方式不同。男性总是像自己一切都是正确般地那样行事，有时可能忽略了女性的情感之类的变化，而女性一般不直接提出不满，而是会在自己都不曾意识到的瞬间表现出自己的不满和指责。

第八，男性和女性的评价方式不同。男性对尺寸大小十分敏感，而女性并不关注尺寸大小，一视同仁。对女性来说，日常微小的爱的表示不亚于一份巨大礼物的分量。

05 不那么悲伤地分手

人们有时会在恋爱、婚姻等的亲密关系中面临分离的情况。像"分离""分道扬镳""离婚"等分手，更多地发生在亲密的关系中。在已婚的夫妻之间，离婚作为最典型的分手方式被多次研究。美国已婚者中约有50%最后以离婚告终，而再婚的离婚率更高(Brody et al., 1988)。如果同19世纪后半期离婚率仅有1%相比较的话，当今的离婚率是非常高的。一半以上的离婚都发生在结婚的头七年以内，新婚的前两三年是最危险的时期。实际上"心理"离婚的比率可能更高。因为我们无法了解到那些虽然法律上没有真正地离婚，但是实际上名存实亡的夫妻有多少，又或者是因为孩子的关系，夫妻之间不得不维持着一种虚无关系的婚姻又有多少(Grasha, 1992)。

1) 分手的理由

虽然分手的理由不计其数，但是了解几个具有代表性的分手理由，有助于我们更加明智地做好分手的准备。第一，有时会感到无聊。一项以200对恋人为对象，长达两年的研究结果显示，两年之中，有一半以上的恋人最终分手，男性和女性中78%的人认为分手的原因是无聊(Hill, Rubin, & Pepau, 1976)。参与研究的恋人们表示，当浪漫和热情消失殆尽时，彼此之间也就没有什么可留恋的了。另一个分手的理由是兴趣爱好、宗教、知识、教育水准之间存在着差异。感到无聊其实是彼此之间的好感和魅力消失了。如果无法再对恋人产生好感，或者感受到其魅力，那么恋爱关系也最终会瓦解。

第二，没有充分地沟通交流。有研究者对拥有着幸福或者不幸婚姻生活的夫妻们进行访谈，结果显示彼此之间以怎样的方式沟通和交流是十分重要的。离婚的夫妻对于彼此之间的态度是非常悲观的，面对彼此之间存在的重要问题，他们总是逃避讨论或沟通(比如：不懂得忍耐、发脾气、做出一些攻击性的行为)。反之经营着幸福婚姻生活的夫妻之间交流更多，多采用一种开放式沟通，对于各自的感受和需求及时做出反应，共同探讨问题的解决方法。沟通不充分其实是没有成功地处理问题和矛盾。虽然轻松的约会发生矛盾的可能性很小，但是在一段认真的关系中，经常会发生矛盾和冲突。因为爱有多深，期待和需求就有多大。相对于会瓦解一段人际关系，特别是瓦解一段恋爱关系的矛盾本身，努力想要解决矛盾却最终失败或是放弃那种努力才是最大的原因。

第三，对性的态度和期待的差异也是原因之一。分手的恋人中约有46%谈到他们对性的态度给分手造成了影响。彼此之间对性行为的频度和类型的观点差异，是幸福的很大的障碍。这最终使得彼此之间对于当下这段关系的想法开始变得不同。最后是关于角色分配的矛盾。已婚夫妻和维持长久恋爱关系的恋人之间，对于伴侣应该担当的角色，看法不一，这一矛盾是人类分手的重要原因(Blumstein & Schwartz, 1993)。比如，人们一般期待对方扮演传统观念下的性角色，当这种期待发生偏离时，相互之间就会产生矛盾。女性更重视事业忽视家庭，或者为了其他的兴趣爱好而想要拥有更大的自由，而男性却将女性留在家中，这时候彼此之间就会产生矛盾。还有对于已婚的女性，希望她们即使有工作也应该兼顾家务并照看孩子，这种期待也容易引发矛盾。

第四，出现第三者，是分手的最大原因。新恋人的出现是破坏当前关系最强烈、最直接的原因。感受不到当下恋人的魅力或者是对于恋人的不满不断累积时，产生的破坏力更大。不需要现在交往的恋人有更大的魅力。仅凭新这一点就足够破坏当下这段约束力不强的两性关系。因此我们本能地嫉妒那些让伴侣产生好感的异性，同时阻止新的异性接近自己的伴侣，不断努力将伴侣的视线集中在自己身上。由于第三者的出现而造成的分手，比因其他理由分手造成的后遗症都要严重。这使得人感到背叛，体验到非常愤怒和痛苦的情感。

最后，无法接受随着爱情而发生的变化。获得爱是需要变化和勇气的。男女恋爱的过程不只有好的一面，也存在怎么样也无法理解的一面。虽然恋人之间彼此分享的部分超过任何人，但是他们仍然有着各自的小世界。彼此认可各自自我的小世界对维持爱情十分重要。但是因为是各自的小世界，所以会引起对对方的不满，或者因此受到挫折、失望，体验到失去的感觉。严重的情况下会经历难以承受的痛苦。在这纷繁复杂的考验下，为了维持爱情，不断克服考验，需要双方都做出改变。当然要做出改变，需要勇气和努力。

2) 应对分手的方案

分别的时候也就意味着将要形成一段新的关系。这就像是一个挑战，这对于已婚的人或者是维持了一段长久恋爱关系的人来说，是非常困难的事情。就像在爱情的算术中，1加1等于2，2减1等于1一样，并不是什么大事。仅仅只是不再喜欢同他人一起度过一段时间，或者是不愿意尝试交往新的人而已。虽然这不是一件紧急的事情，但分手是为了开始一段新的遇见。为了克服分手的痛苦，可以参考以下方法。

第一，寻找后援团队。同有着类似困扰的人一起沟通，是有效的。通过从他人的分手经历中学到的教训，正是当下的你最需要的东西。寻找我们周边存在着类似问题的人们。在同他人分享彼此经历、敞开心扉交流的过程中，也许就会有机会遇到新的人。

第二，寻找角色模型。在自己喜欢的或者尊敬的人中间，寻找有分手经验的人。向那个人诉说自己的状况，从而获得一些可用的建议。找到一个优秀的模型跟着照做，是能够最大减少失误的好方法。

第三，接受结束是新的开始这一事实。结束也意味着新的开始。

因害怕结束之后引发的变化而勉强维持着不幸的恋人关系，是完全傻瓜的行为。比起痛苦地维持着一段不幸的恋爱关系，倒不如探寻一段虽然不确定，但是可能存在着积极结果的未来。爱情不应该是痛苦的经历，而应该是幸福的体验。

第四，如果可能的话，试着逃离日常生活1-2周。如果可能的话，争取休假或者抽出时间逃离当下这沉闷的生活。去旅行或者从事一份新的事情，通过改变环境来调节心情也是十分必要而有效的。这种生活的变化可能成为转换情绪的契机。

最后，不要贬低自己。有时因为分手就把自己想得很糟糕，认为自己很可怜，并且将事情的责任都归咎于自己。但是自责起不到一丁点儿的作用。把那些想法反过来想想，至少是站在一个平衡点思考当下的现状，或者尝试以一种更积极的态度来审视自己。比如将“因为我对他大发脾气所以他离开了”的想法换成“我对他发脾气，他也对我发脾气，他因为别的事情离开了我。和一个出现问题却拒绝讨论问题的人建立一份关系太困难了。”

第七章 享乐心理与积极心理学

我们人生最重要的是工作, 爱和游戏。
--精神分析的创立者, 西格蒙德·弗洛伊德(Sigmund Freud)

本章将要从积极心理学的角度出发探讨享乐心理。如果不享受就无法幸福。享受的人生是幸福人生的重要构成要素。为了享受人生, 我们能够做些什么呢？享受每一件事情。那样做意味者我们并不是为了享受而做事的。职业上的工作或者是家庭的家务事并不是出于享受的目的而做的。当然有可能从这些事中找到价值和乐趣。但是这并不是为了享受而做的事情。我们为了享受从事那些可以自主选择的事情, 我们称之为生活的休闲部分。休闲(leisure)包括使我们能够带着自由和闲暇, 充分享受其中, 并从中获得休息的所有事情。

如果将所有类型的幸福都称之为幸福的话, 那么我们运动、旅行、吃一块巧克力获得的幸福都应该是一样的。但是实际并不是这样。不懂得享受的人也无法给他人带来享受。享受可大可小, 但是我们总是错误地认为随着量的增长, 享受的那份感觉也会不断增强。享受的感觉是随着自制力的增强而不断放大的。如果想要让自己喜欢的美食尝起来更美味, 相较于每天都吃, 配合着自己不那么喜欢的食物一起吃, 会让你获得更大的享受感。唱歌有利于健康, 也有利于幸福。歌手们都不常感冒。因为唱歌的时候心情会变好, 所以免疫力也会随之增强。单纯的唱歌也会使我们摆脱忧郁, 不论是放声大唱, 还是小声吟唱, 都是天然的抗忧郁良药。

01 休闲活动

弗洛伊德曾说过我们的人生最重要的事情就是工作(work)与爱(love), 如果要再加上一件的话, 那就是游戏(play)。休闲(leisure)是指逃离不得不做的工作或者义务性的事情, 带着闲适轻松的心情进行的, 能获得休息、寻找乐趣的兴趣爱好活动。实际上休闲(leisure)是指在工作或家务以外所度过的时间。休闲是吃饭、睡觉、上班途中、创业、上课、做作业、做家务等义务性活动前后的自由时间。休闲也是从包括劳动和工作及一切负有责任的事物中解放出来, 可以按照个人意志随意支配的时间。因此休闲是自由时间或者是因自由时间而感受到的自由感和良好的机会。换言之, 休闲是享受喜悦和自由的过程。

休闲活动应该包含喜悦和享受两个特性。喜悦和享受是不同的。在英语中喜悦为pleasure, 享受为enjoyment。共同具备喜悦和享受特点的就是休闲。如果想要体验到真正的休闲, 需要满意下面三个标准。第一, 体验应该是直击心灵的。第二, 体验其自发地参与的。最后, 动机本质上是由自己的优势引起的。

1) 休闲的词源和定义

英语中休闲一词的来源, 可以回溯到古希腊和罗马时代(곽한병,

2005)。休闲在希腊语为scole, 在罗马语为otium, 在拉丁语为licere。Scole是指“静止、中断、平静、平和”的意思, outium则意为“什么都不做”, licere意为“许可、自由”。由此可以看出, 休闲带有静止状态和平静祥和的色彩, 表示出于自身考虑所获得的自由时间。这也表现出了休闲高于工作这一思想。

韩语中强调的休闲同西方国家强调的休闲有所不同。在韩语中, 休闲一词来源于汉字“餘(余)暇”, 或者有时也直接使用英语leisure。休闲(餘暇)中的餘(余)为“留下”的意思, “暇”意为“百忙之中抽出空闲时间用于做别的事情”。最终休闲意为在工作之中抽出的短暂的可利用的时间。这与西方休闲高于工作的观点恰恰相反。在过去, 如果你不工作就会被认为是懒惰, 但是在当今, 拥有自由时间不再被看作为懒惰行为, 反而将其视为一种为了更好完成工作而进行的再充电, 或者是不断开发自我潜力的创造性活动。

休闲的定义大致可从三个角度来看。第一, 从时间上定义休闲。当我们把时间分为生理时间、劳动时间和自由时间, 一天24小时中, 除去生理时间和劳动时间, 剩下的自由都可称之为休闲。因此休闲可以被定义为满意基本的工作和生存后所剩的剩余时间(residual time), 除去劳动、睡眠等的其他必需时间的剩余时间(surplus time), 依据个人判断和选择所获得的自由支配时间(discretionary time)。第二, 从活动性质上定义休闲。休闲包含有娱乐性质的活动。这里谈到的休闲是指个人逃离劳动、家庭和社会性义务, 获得的休息、调节心情、娱乐、增长见识、自发地社会参与、自由发挥创造力、完成自我实现的一切随意性活动的总称。最后, 从主观经验上定义休闲。依据个人对休闲的主观体验或感觉来定义。这里谈到的休闲是指人们逃离繁忙的日常生活，找寻内心的放松，感知生活的平静与美好，享受自我精神世界愉悦的过程。

2) 休闲生活的特性

休闲具有基本的6大要素。第一，在经济层面上，休闲是与工作相对立的概念。休闲强调从工作中获得解放。第二，人们对休闲存在着愉快地期待和反复回味。休闲应该是有趣的、愉快的。第三，非自发性地将社会性义务降到最低的状态。闲暇时间应该是自发地同三两好友一起度过的。第四，从内心感受到自由。休闲应该是无限自由的。第五，与文化价值有着密切联系。休闲是一种自由享受的文化生活。最后，贯穿整个人类发展史。

大部分的人都希望放慢生活节奏，以一种更轻松的状态面对人生。休闲生活的满意度是预测人生整体满意度的关键因素。在平静放松的状态下，获得休息、品尝美食、培养兴趣爱好等，在短期内能够提升幸福感(Argyle, 2001)。特别是当以集体的形式参与兴趣爱好活动的时候，收获的满意感更高。这是因为在某个时间与同好们分享相同爱好、价值观、活动体验等时，能够体验到愉快的兴奋感，团队协作成就感、归属感和纽带感(Carr, 2004)。

虽然休闲活动明显能够给人们带来幸福感，但是这并不意味着，只要多参加休闲活动就能够提高生活满意度。重要的是在休闲活动中尽可能多地获得积极体验。一般来说，越是多多参加多种多样的休闲活动，生活的满意度越高(Bammel & Burrus-Bammel, 1996)；越能从活动当中感受到个人的意义, 幸福感也就更高(Ogilvie, 1987)。

平均来看, 女性比男性参与休闲活动的时间要短, 特别是当女性拥有职业或者有养育子女的责任。从时间上来看, 退休的老年人比其他年龄阶层享有更多的休闲时间, 但是他们并没参与到形式多样的休闲活动之中去。退休后培养一份新的兴趣爱好的老人并不多。因此为了能够在退休后参与到多种多样的休闲活动中去, 在退休之前就应该积累较多的兴趣爱好(Peterson, 2006)。

3) 休闲活动的效果

休闲活动给生活的多个方面都带来了积极效果。第一, 休闲活动直接引发了积极的好心情。休闲是为了让疲惫的身心得到休息和恢复。休闲使得人们从不断循环往复的日常生活倦态中逃离出来, 帮人们调节改善心情, 给人提供趣味和休息, 特别是增加了生活的生动感。休闲还带来了多种多样的积极情感, 从而使人感受到兴奋感和平静的快乐。此外休闲还能够带来一种解放感。休闲把人从义务和拘束中解放出来, 让人们追求更高层次的精神价值和使生活更具人情味的自由世界。

第二, 通过休闲活动能够使基本的内在需求得到满足(Argyle, 1987)。人类具有自律需求、能力需求、关系需求的内在动机(Ryan & Deci, 2000)。就像小时候当作兴趣爱好苦苦钻研的东西最终可能变成了自己的职业一般, 休闲也具有发掘个人潜力并且不断将其延伸发展的功能。另外, 休闲活动作为一种自我表现活动, 不需要任何的制约, 能够充分地表现自我, 给人以满意感, 张扬个性的活动。

第三, 休闲活动促进和谐人际关系的形成。人们参与休闲活动的主要理由之一, 就是拥有一个和他人相处的机会。集体的休闲活动能够满意情绪上的交流、团队协作、归属感等社会性需求。最后, 休闲活动有助于形成自我认同感。与有同样兴趣爱好的人们一起实施特定行为, 可以分享不同的乐趣和意义。

最后, 休闲活动有利于自我实现。具有健全和发展性质的休闲活动, 对实现基本的需求满足、履行社会义务和责任、实现充实的人生等有巨大的帮助。

4) 休闲文化

休闲是生活的一部分, 同时也是文化的一部分。休闲对现代文化的活跃、发展起到了重要的作用。随着社会秩序的中心不断由工作转变为休闲, 休闲在现代文化的发展历程中也占据着越来越重要的地位。

随着时代变迁, 休闲文化的形式和内容也在不断发生改变。一般来说, 休闲文化经历了五个发展阶段。第一阶段类似于睡午觉或者看电视等的无计划性活动, 或者是沉醉于娱乐性质或消费性质的利己主义活动, 占据主流。第二阶段是对第一阶段的活动感到厌烦之后, 采取不实施任何行动的阶段。第三阶段充分激发自己的兴趣爱好和特长, 通过休闲活动发现新的自己。第四阶段为了再次发掘新的自己, 积极地参与休闲活动, 从而找到自我实现的方法。最后, 第五阶段, 从单纯的利己主义休闲活动, 发展到为社会和世界做一些奉献爱心的志愿者活动。

随着产业化时代向后产业化时代的转变，对于休闲的观点也发生了许多变化。第一，休闲的本质从手段价值转变为自我满足价值。第二，休闲的追求方向从重视理性的知性主义转换为快乐主义。第三，对休闲的社会地位的认识，从劳动的一种补偿维度转变为人类应该享有的权利维度。第四，休闲的评价标准也发生了改变。即，从道德社会价值的标准转变为享乐人本主义的标准，从劳动再生产性质的休闲转变为自我实现性质的休闲，从对集体、地区的贡献度转变为个人成就的贡献度。第五，休闲的形态也在发生改变。从传统的、封闭的、阶级化的休闲转变为放任自流、开放的、大众的休闲，从可控地、权威的、优越的休闲转变为自律的、娱乐的、平等的休闲，从阶级分化的休闲转变为阶级平等化的休闲。第六，对于休闲的一般理解，也从消极的、批判的立场转变为积极的、乐观的立场，不再视休闲为社会问题，而是转化为了文化必需品。最后，休闲的现象学特性也发生了改变。从启蒙性、教育性的活动转变为享乐型、自我取向型的活动，从以地域为中心的休闲活动转换为以家庭为中心的休闲活动，从一种活动形式转换为一种生活形式。

表7-1 产业化社会和或后产业化社会的观点差异

项目	产业化社会	后产业化社会
生活空间的核心	工作、集体生活	休闲、个人生活
主要关心的事	工作、职务、生产	休闲、家庭、消费
自我认可的参考准则	工作、职业、劳动	自由时间、休闲、休息
热衷的事	工作、社会义务	休闲、自我实现
一般价值准则	以工作为中心的业绩主义、禁欲主义	以休闲为中心的享乐主义、需求满意

生活需求的主旨	生理、经济需求	精神、人性需求
工作和休闲的关系	工作性质的休闲，为了工作的休闲	休闲性质的工作，为了休闲的工作

参考：곽한병(2005).여가문화론.p.232.

今天的休闲文化是大众文化。大众文化(popular culture)不是指以前基于文化生产过程概念的大众文化(mass culture)，而是基于消费和接纳概念的文化。大众文化应该是多数人消费、享受的文化。不论是怎样的文化，都存在于大众的生活中，如果不被大众所接纳，就不具备大众文化的价值。大众文化包含音乐、文学、戏剧等艺术领域以及体育和休闲。现代的大众文化之所以和休闲有着密切的联系，是因为与以前相比，大众文化中的休闲比重在不断增加。科学技术的发展缩短了劳动时间，提高了生产力，也实现了休闲比重的增加。休闲的增加给我们的生活带来了诸多变化。

休闲时，我们可以轻易欣赏到的大众文化就是音乐和舞蹈。音乐能同时作用于人的大脑和双腿。合着音乐舞动身体，是再自然不过的事情了。经常跳舞的孩子，空间思考能力更优秀，在其他的社会能力方面，比不经常跳舞的孩子也要优秀得多。在心机梗塞或者脑中风患者的康复治疗中，再也没有比跳舞更加有效的方法了。跳舞对失眠的人也有帮助，也能够给老年时光带来更多的活力。比起猜谜语、读书或是其他的运动，跳舞是更加有效的延缓衰老的方法。这是因为跳舞不仅带动了我们各种器官活动，更能够给予我们巨大的快乐。如果要想跳双人或集体舞，不仅是自己的身体，他人的身体也要一起活动，这样才能有效地学习新的舞步，熟悉各种动作。

表7-2 产业化社会和后产业化社会的休闲

项目	产业化社会	后产业化社会
休闲的本质	• 手段价值	• 自我满意价值
休闲的方向	• 知性主义	• 享乐主义
休闲的社会地位	• 劳动的代价	• 人类的权利
休闲的评价标准	• 道德的、社会性价值 • 重视劳动再生产的休闲 • 地域、集体的贡献度	• 享乐的、人性的价值 • 重视创造性、自我实现型的休闲 • 个人成就的贡献度
休闲的现状	• 传统性、封闭性、阶级性 • 可控性、权威主义、优越性 • 休闲的阶级分化	• 放任自流、开放性、大众性 • 自律性、娱乐性、平等性 • 休闲的阶级平等化
休闲的享受阶层	• 有闲阶级和特权阶级	• 一般大众
休闲的一般理解	• 消极的、批判的 • 作为社会问题的休闲	• 积极的、乐观的 • 作为文化必需品的休闲
休闲现象	• 启蒙的、教育的活动 • 绅士型、淑女型休闲 • 休闲活动空间狭小 • 以地域为中心的休闲活动 • 存在代沟 • 一种活动形式	• 享乐的、自我取向性的活动 • 自我表现型、自我认可型休闲 • 休闲活动空间广阔 • 以家庭为中心的休闲活动 • 代沟缩小 • 一种生活形式

参考：곽한병(2005).여가문화론. p.225.

通过这种方式和他人进行交流能够使我们心情愉快，一边跳舞一边听着愉快的音乐，使我们感到更加地幸福。我们能够感受到的悠闲人生，通过参与活动、休息和享受这三种方式得到强化，同时我们也能够获得更加幸福的人生。

图7-1 休闲人生的条件(Core Conditions of Leisure Life)

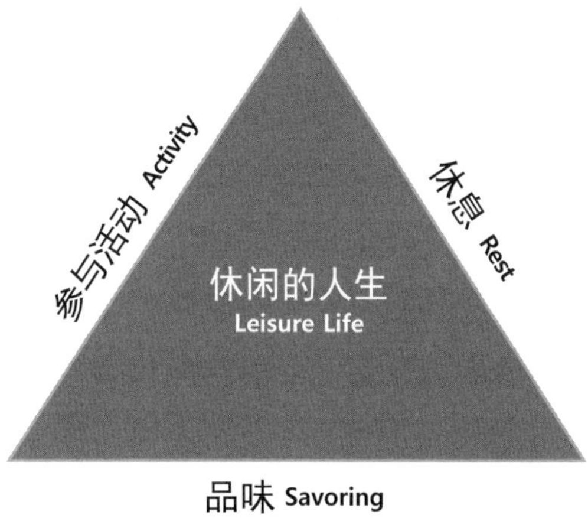

02 参与活动

有人曾经问《幸福的科学》作者斯特芬·克莱因(Stefan Klein), 想了解他通过对幸福的系统研究收获了许多的知识之后, 自己的人生是否有变化。对此斯特芬回答道"比以前多运动了"。

1) 运动

现代社会中存在着许多如高血压、动脉硬化、心脏病、脑中风、糖尿病等老年病。这种老年病发病的最主要原因是运动不充足或营养过多摄入。运动不充足和营养过多摄入反复地发生, 则会导致体内储存过多的能量, 而这些剩余的能量又会转换为脂肪堆积在体内。脂肪的一部分会转化为胆固醇(cholesterol)附着在血管壁上, 特别是动脉血管壁上，从而引发动脉硬化。动脉硬化会使得血管变窄，从而引发高血压。高血压和动脉硬化持续发展，最终会导致血管堵塞，使得无法再通过血液传送氧气和营养成分而造成细胞死亡。动脉硬化主要发生在我们人体最重要的心脏或者大脑部位。心脏血管被堵塞会引发心脏病(heart disease)，脑血管堵塞会引发脑中风(stroke)。

虽然最近医学领域取得了显著的发展，但是老年病的患者依旧没有减少。这是因为老年病与其他疾病不同，通过药物不好完全治愈。但是通过适当地持续运动有可能预防或改善老年病。众所周知，在韩国每年导致死亡的第一诱因为癌症，占据第二位和第三位的分别是心脏病和脑中风。老年病的代表性疾病心脏病和脑中风都与运动不足有着密切的关系。也就是说，运动能够预防心脏病和脑中风，改善心脏和大脑的健康程度。也就是说，运动就能够为幸福人生提供进一步保障。

在休闲活动中，运动是一种重要的身体活动。运动(physical exercise)能够提高我们的身心健康，激发我们的幸福感。运动能够燃烧脂肪。由于燃烧脂肪需要氧气，运动时为了呼吸氧气就会刺激我们的呼吸系统和循环系统，使它们变得活跃。由于这种原因，当我们有规律地保持运动时，不仅能够阻止胆固醇附着在血管壁上，而且能够去除已经积累的胆固醇，恢复血管弹性，增加毛细血管的数量。

运动根据能量代谢方式的不同，分为有氧运动和无氧运动。获取氧气，燃烧碳水化合物和脂肪，从而产生能量的运动称之为有氧运动(aerobic exercise)。常见的有慢跑、快走、长跑、骑自行车、游泳、越野滑雪、爬山等。以较低的强度进行从而可以长时间持续的运动称之为有氧运动。另一方面, 在非常情况下, 我们应该具备在无氧状态下通过运动产生能量的能力。这种运动称之为无氧运动(anaerobic exercise)。比如短跑、摔跤、举重、投掷铅球等。在比赛中几乎接近不呼吸的状态, 在短时间完成的高强度运动都是无氧运动。有利于健康的是运用脂肪和氧气的有氧运动。由于无氧运动并不会应用到脂肪和氧气, 因此, 会给人的身体产生巨大的负担, 有时候甚至会对健康有害。

四个月的有氧运动对治疗抑郁症的效果, 几乎和服用四个月的抗忧郁药剂(Zoloft)差不多。但是运动所需要的花费更少, 除去身体酸痛这一点, 大致上没有任何的副作用。身体运动对于健康和幸福会产生许多有益的影响。身体运动能够减少不安和压力, 保护人们不受各种致命疾病的侵害(特别是心脏病和癌症), 减少糖尿病、直肠癌、高血压等的发病危险性, 强化骨骼、肌肉和关节, 提高生活质量。另外, 运动有利于改善睡眠, 延缓人们的衰老和渐进的认知损伤, 还能调节体重。运动是所有活动中最能即时增进幸福的活动。

身体活动是指"超过睡眠时消耗的能量的能量消耗"。因此稍微地放开身体活动的范围的话, 可供选择的活动不计其数。从足球、棒球、篮球、排球、网球、羽毛球等的多人活动, 到跑步、游泳、滑雪、滑冰、爬山等的个人活动, 形式多样, 数不胜数。一般来说, 出于健康目的的运动, 脉搏要维持在每分钟120下以上, 运动时间持续30分钟, 体内的能量才能够被消耗。根据运动专家计算过的最大脉搏数, 在运动时只需要将脉搏数维持在最大值的65%-80%之间即可。最大心脏搏动数的最简单的计算方法为, 用220减去自己的年龄。假设年龄为32岁，那么最大心脏搏动数应为每分钟188下，实际运动时要维持的心跳范围，应该在每分钟122下到150下之间。

开始运动时，最初的几天并不难。因为刚开始都有着很大决心。但是过了一段时间就会变得懒惰。这一时刻只要能够不屈服于懒惰，持续三周坚持运动，我们的身体就会适应这一新的行为模式。从那时开始，就是每天不强制要求自己，自己的身体也会自然而然地做出想要运动的信号。慢跑的人不论是谁，当完成了30km的时候，会体验之前从不曾想象到的幸福感。问题在于，这要求不停息地一次性跑完30km。

没有比分娩和马拉松更幸福的瞬间了。当然在结束的时候都会感受到幸福。不过当事情还在进行的过程中，当事者脸上的表情和幸福还离着十万八千里。但是跑步的时候脑海里和实际外表不同，跑步者的大脑表现出非常好的状态。因为在跑步的同时，不会因为其他乱七八糟的事情分心。对于不能轻易从某种想法中解脱的人来说，跑步是最佳处方。跑步的时候会立刻停止思考其他杂念。这就像是在游戏的过程中，没有人会去考虑生活的意义是一样的。运动的时候虽然我们身体剧烈运动，但是思维却逐渐归于平静。跑步的时候不需要为任何事情苦恼，只需要一直跑就够了。

经常跑步的人，甚至脑细胞还会生长。已经证实认真运动的话会生成天然的抗忧郁剂“神经生长因子诱导性蛋白质(VGF)”。VGF能够预防阿兹海默病和精神衰退。究竟运动通过哪种方式对人体的精神健康起到帮助作用，在当今学术界也是众说纷纭。是因为体温升高了，还是因为内啡肽或者传达代谢物质的血清素增加了，或者是因为单纯地提升了自尊感，也有可能是上述所有一起在起着作用。显著的事实是，运动有利于抑郁症的康复。在开始运动的瞬间，我们就产生了只要我下定决心就一定能够坚持跑下去的情感状态。对于轻微的抑郁症患者来说，走到室外，沐浴阳光，努力运动比吃了药躺在沙发上等待副作用要强得多。在治疗忧郁症的药剂没有研发出来的岁月里，有许多精神病院都会建立一个农场，把所有患者集合起来进行劳动，以此作为一种治疗处方。

当然充满活力的人也需要休息。醒着的时候再怎么活力四射，成功美满地度过每一天，但如果没有适当地睡眠，能量、觉悟、寿命、健康都会受到损害。如果每天能够再多睡一小时，当下"睡眠不足"的社会就会变得更加健康、幸福。

2) 旅行

如果把旅行看作是肉体上的休闲或者精神上的恢复与发展的话，旅行是侧重于精神层面远甚于肉体层面，侧重于发展侧面远甚于恢复层面的休闲活动。旅行作为一种从日常生活中逃离又再次回归的行为，是一种满足人类的基本需求的、消费型的短暂移动。旅行通过探访其他地区、其他国家的文物和风景，让自己的精神状态和肉体状态得以更新升级。旅行具有以下5大特点。第一，旅行是为了满足基本的观光需求。第二，旅行是逃离日常生活，发生一定空间移动的行为。第三，旅行需要有可以移动的时间范围和活动变化的空间范围。第四，旅行伴随着经济消费。最后，旅行不仅是自由时间内发生的行为，还是充分享受自我决定意志的时间。

旅行是寻找新的刺激。现代社会人们对于刺激的感受性在逐渐降低。对于刺激的脱敏化，使得在未来冒险旅行将越来越盛行。类似于在亚马逊丛林里漂流或者是在两极地区探险，这样充满挑战的事情将会变得越来越常见。随着安全设备的不断开发，能够保护我们不被亚马逊丛林里的食人鱼“食人鲳”伤害或者是保护我们不受两极地区严寒的威胁，冒险旅行将逐渐发展为一种流行。美国冒险旅行市场的规模年均达到2200亿美元。在过去的5年间，美国成人中一半以上(约9800万人)在冒险旅行中找到了乐趣。无论是喜马拉雅山脉，还是哥斯达黎加漂流，抑或是中南美加拉帕戈斯群岛的原始森林探险，都是美国人气超高的冒险旅行商品。

3) 登山

人们登山的理由多种多样。但是不论那个理由是什么，登山会使人身心健康这一点都毋庸置疑。因为登山不需要任何特殊的技巧，只需要根据自己的体力量力而行，因此选择一个适合自己的山，注意安全就行了。从这个角度看，登山对任何人来说都是一项良好的运动。上山下山的过程中身体变得结实了以及登顶时收获的满足感，使得登山对我们的身心健康发挥着巨大的作用。具体地说，登山具有摒除杂念的冥想效果和净化效果，还有减肥、增强心肺功能、强身健骨的运动效果，甚至还有排解压力、缓解抑郁症等的减压效果。

登山是最理想的有氧运动。运动开始后碳水化合物的燃烧比例会增高，脂肪几乎不燃烧。但是持续运动的话，脂肪也会逐渐燃烧。登山正是这种类型的运动。再者，登山通常在低温、缺氧的山地环境中进行。这种环境比其他环境下的脂肪燃烧要快得多。因此登山是燃烧脂肪的好运动。

登山不仅有利于健康，还有利于长寿。众所周知的长寿村喜马拉雅、安地斯、高加索等，都位于海拔1000~2000M的地区(当然这些山区的高峰高于5000M)。那里的人们从事农业或牧业的体力劳动，营养摄取量都较少，这是那里的人们共同具有的特征。这种条件和登山是非常相似的。登山是向上爬的行为，当然是在高的地方进行活动，背着背包整日行走于上坡路、下坡路的情况和农活、放牧等的体力劳动能量消耗非常相似，由于能够背负的背包重量有限，所以食物摄入量也只能减少。仔细考虑这些相似性就可以知道人们在享受登山的同时也通往了长寿之路。

登山不仅有利于身体健康，还有利于精神健康。愉快的登山活动能够使人们疲惫的身心得到休息。并且，一边攀登艰险的山峰，一边能够获得战胜苦难的成就感。特别是攀登存在着一定危险的冬天的山或者是悬崖峭壁的情况，简直是一场与死亡的斗争，体验着能够从中获得生存的快感。再者和他人同行，登上顶峰的过程不仅有利于我们人生中最重要的健康，还是收获友情等珍贵体验的过程。

4）身体活动能够提升幸福感的理由

为什么身体活动能够使人们感到更幸福呢？第一，因为能够给人以自尊感和征服感。运动或者体力训练使人们感受到自己是在调节自己的身体状态和健康状况。看到自己能够“更快、更远、更强大”，逐渐做得越来越好的时候，会认识到自己身上的价值。第二，身体活动能够驱赶纠缠不休的苦恼和胡思乱想, 不仅能够调节心情, 而且极有可能带来心流体验。运动的本质是逃离充满压力的日常, 获得休息, 在运动结束后的几个小时内, 也同样具有积极效果。第三, 同他人一起运动, 会产生与他人进行社会互动的机会, 因此能够帮助扩大社会资源, 巩固友情 ; 也能够让人们从孤单和孤立感中逃离。第四, 运动能够使人变好的根源, 有可能来自生理方面。运动的时候心血管系统的持久力会逐渐变好, 增强柔韧性和力量等, 会带来身体上的附加效果。运动使人们能比之前提起更重的东西, 比之前走得更快, 还能够避免一些因为年龄增长引起的健康问题。仅仅只是这些效果, 就足够让我们变得幸福了。实际上运动和百忧解(Prozac, 一种治疗忧郁症的药)的效果类似, 都能增加人体内血清素(serotonin)的含量。

03 休息

1) 睡眠

休息的第一个方法是睡觉。健康的睡眠通常由三个部分构成, 即做梦的时间, 深度睡眠时间, 浅度睡眠时间分别按照2: 2: 6的比率反复进行。为了拥有健康的睡眠来缓解疲劳, 首先应该具有适当的睡眠时间, 而要达到良好的睡眠效果, 晚上11点以前应该就寝, 并保持6~8小时的睡眠。午睡睡得越久就会越瞌睡, 会让人觉得更加疲惫 ; 夜间晚睡也会造成睡眠质量的低下。

睡觉时做梦, 表示我们在睡着的时候大脑还在思考。从我们能够记住梦境可以看出，我们在睡觉的过程中也会形成记忆。因此睡眠虽然是一个休息的过程，但并不是任何活动都不做的状态。有些人睡觉的时候甚至会梦游。睡着的人不是对周围的环境没有任何感知能力。一听到孩子的哭声，妈妈们会立刻醒来。另外，睡眠整体上不是无计划的活动，人们往往在既定的时间醒来，开始新的工作。

(1) 睡眠阶段

大脑的电气式变化，可以以图表的形式记录，或者是以电气性波形来记录。我们将记录脑波的图形称之为脑电图(electroencephalogram: EEG)。它可记录下大脑皮质表面存在的数千个神经原(Neuron)发生的快速电位变化，因此被广泛应用于睡眠研究中。对脑波进行分析，可以从中得出睡眠的五个阶段。当人们醒着，仅仅只是闭上眼睛休息的时候，脑电波有规律地波动，表现出频率8~12Hz的特征。这一波形称之为α(alpha)波。进入第一睡眠阶段，脑电波呈现出稍不规则的变化，幅度也逐渐减小。进入第二睡眠阶段，脑电波反复呈现出频率为12~16Hz的短促且有规律地反应波形。第一阶段和第二阶段的脑电波称之为θ波(theta)。第三阶段和第四阶段时进入深度睡眠状态，呈现出频率为1~2Hz的较平缓波形，称之为δ(delta)波。一般来说第三、第四阶段的睡眠状态是陷入深度睡眠的状态，很难唤醒这一状态下熟睡的人。虽然在第四阶段可能因为诸如听到自己名字或者是亲密的人的名字，或者孩子的哭声等，而应激醒来，但是不会因为受到嘈杂的声音等外界刺激而醒来。睡眠的第五阶段，在睡着的同时，眼球有规律地发生多次快速转动。芝加哥大学的阿赛林斯基(Aserinsky)和克莱特曼(Kleitman)将其命名为快速眼动睡眠阶段(Rapid Eye Movement: REM)。REM睡眠状态下人们会做梦。而在这之前的四个阶段统称为非REM睡眠(non-REM or NERM sleep)。

NERM睡眠状态下眼球几乎不发生运动, 心率和呼吸频率显著减少, 肌肉放松, 大脑的代谢率比清醒状态减少25~30%。与此相反, REM睡眠状态下眼球在10~20秒之内就发生急速地运动, 心率加快, 大脑的代谢率比清醒状态还要加大。此外, REM睡眠期间, 我们的肌肉肌肤是一种麻痹状态。只有心脏、横膈膜、眼部肌肉和内脏、血管肌肉等平滑肌肌肉发生着微小的活动变化。总的来说, 身体处于完全放松的状态, 可以称为是NERM睡眠状态的主要特征。相反, REM睡眠状态的主要特征则是大脑活动频繁, 但身体却处于几乎不活动或者麻痹状态。

睡眠周期的模式随着年纪的不同而发生变化。比如, 新生儿的总睡眠时间中, 一半以上为REM睡眠状态。当成长到5岁的时候, 总睡眠时间中的REM睡眠状态减少到20~25%水平, 并且此状态一直维持到成人时期。等到老年的时候, REM睡眠状态的比率会维持在18%以下。老人们很少经历第三阶段或者第四阶段的深度睡眠, 有的时候甚至这种睡眠状态会完全消失。上了年纪的人, 在夜晚更加频繁地长时间醒着。像这样随着人们年龄的增长, 失眠问题就会自然而然地产生。(liu & Ancoli-Israel, 2006)

(2) 睡眠和健康

众所周知，睡眠不足会增加肥胖、糖尿病、心脏病的危险。研究表明这是因为睡眠不足导致身体活动减少。德国吕贝克大学的塞巴斯蒂安·施密特(Sebastian Schmidt)博士，通过使用腕上装置让15名体重正常、身体健康的男性连续两天只睡四个小时，之后连续两天睡足八个小时之后，测量他们每天的身体活动状况。结果显示，睡眠时间受到限制时，比获得充分睡眠的时候，身体活动量要更少。保持八小时睡眠的时候，25%的身体活动时间用来进行高强度的运动，而保持4小时睡眠的时候仅仅达到22%。

具有发作性睡病(narcolepsy)的患者，会反复发生由不可抗力引发的发作性睡眠问题。甚至是在写信的过程中、驾驶的过程中、对话的过程中，随时可能陷入睡眠状态。在上课的时候，有的学生会打盹，这是一种正常的睡眠状态，但是教授在讲课的过程中，如果陷入睡眠状态，就是一种发作性睡病。发作性睡病在一天之内可能会发生多次，持续时间从几秒到30分钟不等。发作性睡病的患者，由于在白天犯病，使得他们难以维持正常的工作。试想一下，如果发作性睡病犯病的时候正在驾驶，或者是正在运行机器的话，后果将不堪设想。大约每1000个人中，就有1人饱受发作性睡病的折磨，当然还有更多的是我们不曾察觉到的轻微发作性睡病患者。此外，需要注意的是发作性睡病具有遗传倾向(Camey et al., 2004)。

障碍性睡眠呼吸暂停综合症(apnea)指在睡眠过程中停止呼吸的疾病。大部分人每天晚上都可能经历几次睡眠呼吸暂停综合症。但是伴有严重睡眠问题的患者，每天晚上会经历几百次的这种体验。虽然每当这种时候，为了维持呼吸，入睡者都会从睡眠中醒来，但是这种清醒的持续时间太短，以至于人们不曾很好地意识到。饱受睡眠呼吸暂停综合症折磨的人，虽然每天保持12小时以上的睡眠时间，但是第二天仍然感到乏困，无法正常工作学习，甚至在对话中也会陷入睡眠状态(Vandeputte & de Weerd, 2003)。睡眠呼吸暂停综合症多发于老人之中。服用安眠药导致人们难以清醒，从而使得睡眠呼吸暂停综合症的发生时间延长，引起大脑缺氧，从而给人们带来致命性伤害。

有研究结果表明，每天少于6小时睡眠会导致英年早逝。BBC引用英国和意大利的研究结果指出，每天睡眠时间不足六小时的人，比每天保持6-8小时睡眠的人，在25年内死亡的概率要高出12%。

有研究者以孤独的人和正常人为研究对象，分析他们在实验室和在家里进行日常活动时的睡眠视频，其结果显示，孤独的人睡眠效率明显低于正常人。虽然整体的睡眠时间没有差别，但熟睡的比例更低，或者醒着的时间更长，使他们无法获得充分的休息(Cacioppo et al., 2002)。

2) 冥想

冥想(meditation)是指将自己的内心集中在某件事情上。冥想作为一种治疗手段，被广泛应用于治疗各种精神疾病和身体疾病，特别是针对那些饱受高强度压力折磨的人(Baumgardner & Crothers, 2009)。这些问题疾病包括精神身体障碍、心血管障碍、哮喘、高血压、慢性痛症、癌症、恐慌、不安、恐惧、进食障碍等。

冥想是将自己的注意力集中在一个地方，使心灵恢复清净，让人重新思考人生的一种宗教性的修行方法。它大致可分为集中冥想和观察冥想。

(1) 集中冥想

集中冥想(samatha)是将注意力持续集中在一个地方, 努力不动摇, 力争达到始终维持在一个平稳的心理状态的目标。集中冥想使得身体和心理达到一种安定的状态, 从而有利于身心健康。通过深度的集中冥想, 消除自我和世界的界限, 体验到一种超越的意识形态, 以个人的意志洞察自我的存在和生活。

(2) 观察冥想

观察冥想(vipassana)是一种集中注意力于变化的意识和现象, 使自己接受并了解其原本模样的方法。它常被称为正念冥想(mindfulness meditation)。正念冥想是一种将注意力集中于自己的内在, 把自己心中所想起的一切现象逐渐参透、看透的方法。正念冥想通过基于当下体验时间点的一种现在中心型的注意集中, 宽容地接纳当下的所有体验。正念冥想认为, 相较于反复回味过去或是对未来充满不满和期望, 着眼于当下才是最有意义的事情。这意味着我们要活在当下。这一观念和"心流体验"如出一辙(Brown & Ryan, 2003)。

与正念冥想相反的是心智空灵。心智空灵(mindlessness)不是头脑不清醒的状态, 也不是指盲目的状态, 而是指没有意识到当下时间点正在发生的事情的一种意识状态。这是一种不太注重"当下这一瞬间正在发生的”，更看重“受规则和一定的顺序支配”的状态。陷入心智空灵的人，即使是在读书，或者是和他人对话的时候，内心仍然深陷在自己的想法、情绪、担忧、关心的事、对未来的不安、对过去的反复回想之中。

凡是那些成功地追求目标的，都离不开长久的注意力集中，也就是通过正念来对追求目标的过程进行监督，不断进行必要的调节，为了达成目标，始终保持高度集中是必需的。正念有利于培养自我决断能力和自律性行为。

正念冥想的主要特征是观察自己当下的经验，但不对此加以判断、评价，而是以一种包容的姿态来仔细观察。在正念冥想中，不论针对什么的观察，都强调持续地观察其变化。通过这种持续地观察，从而了解到自己身体或心理体验中的微妙特性和变化。这不仅能够增加对自我的理解和自我控制，也能够实现对生活本质的洞察。当仔细观察自己现在的经历时，会感受到每一瞬间的经历都充满新奇。它总是在我们的内心展开一系列新的剧情，这不仅十分有趣，甚至使我们感到惊奇。这一过程被称为陌生化(defamiliarizing)。这种陌生化使得人们无时无刻不对自己的经历感到新鲜，因此人们更加容易感受到生活的生动感。

(3) 行为模式和存在模式

行为模式(doing mode)是一种目标指向型的模式，为了达到目标而集中注意力于自己行为。当意识到现实和目标相背离时，人们就会自动触发这种行为模式。当感觉到自己不知道处于何种状态时，即，当感受到自己想要的东西或者是应该要做的东西和现实之间发生背离的时候，会触发这种行为模式。在该行为模式中，内心不止步于现在，总是奔走于过去或未来。

存在模式的注意焦点在于“接受(accept)”所有事物本来模样，不期待任何的变化，“允许(allow)”事物本来的模样。在存在模式中，当内心止步于现在，就无法到达其他的地方。人们只是专注于处理瞬间发生的事情。即，充分地意识到当下的经历，意识到这一瞬间的存在。

正念冥想诱发了从行为模式到存在模式的逐渐变化。通过正念冥想，随着行为模式逐渐转变为存在模式，人们不仅仅接受现在本来的状态，逐渐变得宽容，而且将自己内心产生的或消失的想法和情感视为单纯的事情。人们如果能够以一种新的视角来看待这种体验的话，那么就能够享受到心理上的平稳和自由。

3) 阅读

阅读是和休闲一起的良好休息方式。所有事物都存在于书中。我们通过阅读能够学到那些使我们更健康、更幸福的秘诀。阅读具有强大的影响力，能够使一个人的日常生活发生改变，甚至能让命运发生改变。特别是对于那些有着强烈求知欲，对新事物敏感的青少年来说，阅读是一种十分重要的体验。阅读是一种向我们展示正确的人生，指引我们人生道路的精神性行为，是一种情绪性体验、教养性体验。比如，美国第十六代总统亚伯拉罕·林肯(Abraham Lincoln)在读过哈丽叶特·比切·斯托(Harriet Elizabeth Beecher Stowe)夫人的著作《汤姆叔叔的小屋(Uncle Tom's Cabin)》之后，深受触动，从而下定决心致力于奴隶解放。

阅读不仅给我们提供灵感性价值、信息性价值，同时还具有治愈性价值。第一，阅读能够使人产生灵感。人们一边读书一边展开想象的翅膀，而充满想象力的世界能够给予我们新鲜特别的灵感。在特别重视创意性的现代社会中，阅读以创意性为基础的书，特别是通过广泛阅读人文类书籍，能够现实化。超越空间和时间的阅读，使得我们变得更富有内涵，有利于我们积极应对在现实生活中面临的各种各样的问题。阅读使我们获得更多的人生哲理和智慧。

第二，阅读能够给我们提供信息(information)。伴随着互联网而来的知识信息化，阅读是获得信息的有效方法之一。我们能够从书中找到真正重要且有深度的知识和智慧。通过阅读所学习到的知识和信息，有助于我们体验文化价值，培养我们辨别真假、善恶、美丑等的价值准则和能力。

第三，阅读使我们快乐(recreation)。书中充满了各种各样的快乐。比起游戏或者娱乐，书中所包含的东西更多。没有比阅读一些自己感兴趣的书籍更让我们感到幸福和快乐的了。大概每个人都曾有过沉迷于一本漫画、武侠小说或者是幻想文学作品的经历。书使得我们有机会体验更丰富的人生。

最后，阅读具有治愈(healing)的能力。阅读在我们的人格形成中起着十分重要的作用。阅读使我们的内心充盈着幸福。通过阅读，我们将书中出现的各种各样的主人公和我们自身进行同一化(identification)，从而净化(catharsis)我们自身所存在的问题，或者是获得新的人生的洞察力(insight)。

04 品味

幸福是通过体验日常生活中的喜悦所获得的。虽然为了实现幸福人生，积极克服失败或逆境很重要，但是也应该懂得品味成功和成就。为了增进幸福感，学会品味日常生活中的积极体验是非常重要的。

1) 品味的意义

在重视谦逊和克制的文化圈中，经常会发生将成功归功于他人或者是在幸福时保持克制。即使是积极体验，人们也可能很难清晰地意识到它并品味其中，甚至经常有人会以一种消极的视角来看待品味喜悦这一行为。品味(savoring)是一种充分意识到积极体验并且为了持续地增加幸福感而做出的有目的性的努力。它也可翻译为“欣赏”。与应对(coping)所强调的消极体验相反，品味指为了应对积极体验所做出的努力。

品味积极体验这一倾向，由于每个人的习惯不同存在着很大的差异。品味的倾向性可以通过个人的稳定特性来预测。品味倾向性高的人，生活的满意度和幸福度也就更高，相对更乐观，较少有忧郁情绪。品味能够增加积极情绪的体验，减少消极情绪，因此不仅能够提升幸福感，也有助于强化身心健康。

2) 品味体验的四大类型

根据布莱恩特和威洛夫(Bryant & Veroff, 2007)的理论，品味体验大致分为以外部世界为焦点的品味和以自我为焦点的品味，品味体验的过程可以分为认知反应和经验吸收。以外部世界为焦点的品味(world-focused savoring)是指积极情感主要来源于外部事物的情况。以自我为焦点的品味(self-focused savoring)是指积极情感主要来源于自我的感知，或者来源于自我特有的方面(如肉体、性格、行为、能力等)。

认知反应(cognitive reflection)是从上位观点来仔细观察积极情感，从而赋予其意义的过程。反之，经验吸收(experiential absorption)不是着力于上位观点的观察，而是充分地体验那种陷入积极情感的感受的过程。

表7-3 品味体验的四大类型

	认知反应	经验吸收
以外部世界为焦点的品味	感激(感恩)	赞叹(敬畏)
以自我为焦点的品味	享受(自豪)	沉醉(感官愉悦)

参考：권석만 (2009).《긍정심리학》. p.434.

第一，感激(thanksgiving)指感谢那些提供给自己积极体验的人。人们不仅感激自己拥有的幸福，同时还要感激使我们幸福的人或环境。因此对于积极体验的来源，人们需要有一个认知性过程和外界归因过程。

第二，赞叹(marveling)是在积极体验的同时，对提供此体验的对象感到敬畏、感到惊奇的体验。人们以新的视角审视积极体验，并对此产生感动之情或者感叹之情。

第三, 享受(basking)是对于积极体验和成就自发地感到由衷的祝贺和称赞, 充满自豪感的体验。对所获得的积极体验, 为自己送上温暖的祝贺和称赞, 能够增进我们的幸福感。带着最充分的资格来享受的时候, 获得的幸福感也是最大的。

最后, 沉醉(luxuriating)是指充分体验积极体验带来的多感官愉悦(兴奋的情绪、身体上的快感)。通过沉醉, 积极体验不仅变得更加细腻和丰富, 还能够延长持续时间。

3) 品位的多种方式

在经历愉悦体验的过程中, 人们可以通过各种各样的方式来品味(Bryant & Veroff, 2007)。第一, 同他人分享(share with others)。这是通过和他人诉说自己的积极体验, 一同分享喜悦的方法。第二, 记忆建构(memory building)。为了方便以后回想起自己的积极体验, 可以加深印象。第三, 自我激励(self-congratulation)。这是对于积极体验自发地自我称赞或祝贺。第四, 感知敏锐(sharpening the sense)。这指集中注意力于积极体验之上, 享受其中。第五, 对比(comparing)。通过和他人进行社会性比较或者是比较自己的过去和现在, 从而充分享受自己当下的积极体验。第六, 沉浸专注(absorption)。只集中注意力于自己的积极体验, 对于其他的事情毫不关心。第七, 行为表达(behavioral expression)。当感受到喜悦的时候, 放声大笑或者手舞足蹈, 通过一些身体行为来表现。第八, 当下意识(temporal awareness)。这指认识到当下这一瞬间的重要性, 沉浸在这一刻的积极体验之中。因为当下的这一积极体验转瞬即逝, 不复存在。第九, 细数幸运

(counting blessing)。想象你的每一个积极体验都是一种幸运体验, 并对此抱有感激之心。最后, 扼杀愉悦(kill-joy thinking)会妨碍我们品味, 从而减少幸福感。因此我们应该充满愉悦。

4) 通过品味增进幸福

我们需要考虑幸福的定点。品味和应对在幸福定点的某一个范围内, 可以看作是增进幸福的有目的活动。即, 品位是增加积极情绪体验的导向性努力, 相反应对则是为了减少消极情绪的导向性努力。

幸福不存在标准答案。不存在能够让所有人实现完美幸福的人。积极心理学者提出的幸福条件, 应该灵活运用于每个人当下所处的生活状态, 每个人都要沿着自己创造的幸福人生走下去。

在能够增进品味和应对的六大方法中, 第一是强化和扩大自己的社会性支持。第二, 记录生活体验是十分重要的。第三, 自上而下的比较有助于增进幸福感。第四, 不论是疲惫的时候, 还是高兴的时候, 都要懂得充分运用自己的幽默感官。第五, 信仰和宗教不仅能够帮助你克服克难, 还能够增进你对生活的感恩和祝福。最后, 重要的是意识到人生无常。当下的体验不会一直持续, 它可能消失于某一天, 这一意识能够减少我们的苦恼, 增加愉悦感。这一情况下就有可能体验到苦乐参半(bittersweetness)。就像韩国俗话说的"既痛快又不舍的感觉", 意识到人生无常这一点, 不仅能够帮助我们顽强地挺过苦难和不幸, 还有利于我们充分感受到积极体验的喜悦。品味有三大必需条件。第一, 为了实现品味, 需要从希望受到他人关注或者获得别人认可的需求中找回自由。第二, 为了实现品味, 要集中注意力于当下。最后, 集中注意力于当下体验的积极方面, 是实现品味的必要条件。

增加品味的基本方法是在日常生活中有意识地抽出时间来进行品味(Bryant & Veroff, 2007)。增加品味的另一方法是回首人生。虽然为了实现幸福人生, 不断确保自己应该品味的众多东西是重要的, 但是品味已经既得的东西同样重要。品味是基于享乐主义幸福观点的增加积极情绪的方法。真正的幸福是在有意义的活动中完成自我实现, 同时也充分品味人生的喜悦。

第八章 消费心理与积极心理学

智者是金钱的主人, 傻瓜是金钱的奴隶。
几乎没有人去想"没有事要拜托于人是多么值得高兴的事情"。
--罗马帝国思想家, 卢修斯·塞内卡(Lucius Seneca)

本章将要从积极心理学的观点来探讨消费心理。人类所期待的代表性价值就是幸福的人生(南承奎, 2009; Rokeach, 1973)。我们能够从各种各样的领域、各种各样的侧面来体验幸福这一心理体验, 消费这一方面也毫不例外。虽然无法肯定地说消费能够使人变得幸福, 但是消费本身作为幸福体验的重要因素是毋庸置疑的。至少, 在消费的那一瞬间人们是幸福的。

理查·弗洛里达(Richard Florida, 2010)等学者认为, 消费并不能使人变得幸福。他们将消费等同于过度消费, 认为这是一种极其愚蠢且无意义的行为。已故的法顶大师(韩国著名和尚)一生都秉持着"一无所有"的状态。但是在现代社会, 消费是比其他任何经济活动都重要的经济发展原动力。消费者是现代经济的中心, 而消费是生活的中心, 人人关注的中心。

根据吉勒斯·利波韦茨基(Gilles Lipovetsky, 2009)的理论, 在以消费者为主体的经济体系中, 诞生了新人类-消费主义者(homo consumericus)。新人类的行为方式更加灵活, 同过去的阶级文化不同，表现出即时的爱好和购买偏向。人类从社会地位和品性相匹配的消费者时代，过渡到依存于情感体验，以安乐感、生活水准、健康、品牌、真品赝品、即时性、交流等为人生目的的过度消费时代。以前人们由于自身对购买行为的不确信，于是尽可能多地了解商品购买信息，而现在购买行为则通过比较，更加重视视觉美感的机智灵活。消费世界既存的时间、空间的限制逐渐消失，我们即将迎来没有时间概念的超个人化消费社会。在这样的社会背景下，营销战略不可能错失任何一个年龄阶段，消费者自己制定各自的时间计划，动手改造自己的面貌，创造各自特有的生活方式。消费精神逐渐渗透进家庭和宗教、政治和工会、文化和休闲的关系之中。我们能够预测在未来，消费将会无限地占据统治地位。

消费社会的第一阶段——清晰可见的物质主义时代已经过去。取而代之的是基于灵魂主张的市场、追求自我尊重和均衡的市场。

图8-1 幸福的消费(Happy Consumption)

现在坚持忍受痛苦变得毫无意义，连那些同历史传统相关的指标都逐渐消失。现代消费者在不付出任何努力的情况下，也想要立刻将自己内心的幸福掌握在自己手中。内心的幸福即是今天营销市场的主要对象，也是商业的主要活动领域。

幸福的消费体验是十分重要的积极体验。与健康的消费文化和生活方式共现的消费者幸福，是积极心理学所指向的成就幸福社会的重要因素。

01 金钱与幸福

金钱无法购买到幸福。但是金钱可能会帮助我们提升幸福感。如果理智合理地运用金钱，就能充分地达到此种目的。许多人都知道金钱在很大程度上影响着人们的幸福水准。当你很有钱的时候确实能够从中获益良多。经济上的稳定使得我们将注意力从物质的稳定层面转向于意义、均衡、喜悦等其他超越性的问题。金钱带来的效果在每个人身上是不同的。无论你富有还是贫穷，怎么样使用金钱都是由自己决定的，而那一选择既可能增进幸福，也可能弱化幸福。金钱可能是我们优秀的仆人，也有可能是差劲的主人。为了我们的幸福，为了提升我们的幸福感，我们应该懂得如何理智地运用金钱。金钱应该用于支援和扩充我们幸福生活的各个方面。

人生中如果金钱或者健康方面产生问题的话，我们几乎无法思考其他任何事情。但是金钱或者健康方面不存在问题的情况下，我们几乎从不曾想起它们。金钱和健康给幸福带来消极影响。比起金钱和健康有所保障所给予人类的幸福, 它们没有保障的时候带来的不幸程度要更高。

拥有少量的金钱也能够使我们幸福。一旦基本生活得到保障之后, 并不是说钱越多, 生活满意度也就越大。人们仅仅只是想到金钱, 无意识地就会自发地减少想要帮助他人想法。即使拥有闲暇的时间, 也并不想同朋友一起度过, 而是选择独自一人。当我们将现在和二十世纪五十年代相比较时, 每家的财产平均增长了3倍。但是幸福并没有增加3倍。最近发表的社会报告显示, 欧洲最富强的国家德国同时也是人民抱怨最多的国家之一。

当今我们所享受的物质上的安乐水平, 在半个世纪之前只有5%的人有机会享受。但是人们的幸福水平却并没有增长。如果按照10分制来计算, 对于在1940年生活整体满意度已经达到了7.5分的美国来说, 现在人民可以说是达到了"非常幸福"的程度。在个人实际收入水平提高了两倍以上的今天, 美国的人均幸福指数为7.2。虽然非常富有的人比一般人拥有的金钱更多, 但是他们并没有因此变得更幸福。

年薪未满3万美元的人如果收入达到了5万美元, 就会感到非常激动, 但是10万美元年薪的人只有年薪达到25万美元时才会感到满意。以792名富人为研究对象的一项研究显示, 有一半以上的富人表示财富并不能够使他们变得更加幸福。拥有千万美元以上资产的富人中, 有三分之一表示金钱不但不能解决问题, 反而更容易惹起很多的问题。高收入人群, 更容易对日常生活产生不满和愤怒(Kahneman, Krueger, Schkade, Schwarz, & Stone, 2006)。

如果说从下个月开始工资会上涨50万元(人民币3000元)的话, 那么会使我们变得幸福。但是当我们听到其他员工上涨100万元(人民币6000元)的消息, 瞬间就变得不再幸福。即使明明比之前赚的钱更多了, 但心情却变得比从前更糟糕了。这是因为幸福并不是一个绝对值, 而是通过比较来定义的。我们将沉浸在喜悦中的自由同他人相比较。英国的哲学家伯兰特 • 罗素(Bertrand Russell)曾这样表现问题的核心:"乞丐不会羡慕百万富翁, 只会羡慕比自己稍微富有一些的乞丐而已。"

当我们要加5万元(人民币300元)油时, 可能会为了节省500元(人民币3元)而开车在城里徘徊。但是当我们购买一辆5千万元(人民币30万元)的汽车时, 一般不怎么会去关心怎们能节约5万元(人民币300元)。受损比获益的感觉更强烈, 也就是说价格提高10%时人们感受到的愤怒要比价格下降10%时給人的喜悦感受更强烈。虽然工资上涨10%带来的喜悦马上就会变得不那么特别, 但是削减工资的10%却会使我们变得非常愤怒。我们在面对金钱的时候, 并不总是抱着一贯的想法。

金钱能够使你变得更幸福, 可能有以下三种情况。第一, 不搬家, 而是选择去旅游。第二, 购买许多个小物品, 而不是购买一两个大物品, 能够带给你更大的喜悦感。最后, 为别人花你的金钱。

1) 不要投资于有形的物质, 而是选择投资于无形的经历

许多人的收入上涨以后, 会立刻选择搬家, 搬到自己以前羡慕的地方去生活。反观世界首富巴菲特(Warren Buffett), 至今仍住在1958

年购买的房子里。单纯的人们会这样说："应该购买一些自己能够抓在手里的东西，那样好像才能够长久地拥有下去。"但是幸福的经济学者则会说："应该投资于无形的经历。"摆在你眼前的汽车只会一直贬值，但是周游世界的经历，却会随着时间的拉长而变得越来越美丽。旅行可以使你现在的友谊更加坚固，也会让你有机会遇见新的友谊。当所有的一切都消失，仍然留下的只有两种东西，那就是我们脑海中的记忆和我们心中藏着的人。

人类对所有的变化都很敏感。我们通过比较过去来评价现在。当我们朝着更高的方向发展时，才会认为自己是幸福的。虽然物质上的增长是必要的，但是体验精神上的成长对幸福来说也是不可或缺的。由于成长的感受是通往幸福旅程的重要因素，所以投资于无形的经历会使我们变得更加幸福。

2) 不要在一件事物上倾其所有，要懂得合理分配资金

无数个小幸福的瞬间比一个大幸运要好得多。根据心理学者索尼娅 • 柳博米尔斯基(Sonja Lyubomirsky)的研究，人们能够充分适应那些好的、坏的事件的能力，在巨大的幸运面前一点也使不出来。不平凡的"决定命运的事件"破坏了我们的判断标准。至今为止，像同朋友聚餐，同有趣的人对话，收到意外礼物等小事会带给我们幸福，而类似获得金牌那种大事并不能提供给我们更大的积极情绪体验。柳博米尔斯基提出，能够使我们持续幸福的是恰到好处的小事，那些不平凡的事情则可能会给我们的精神带来负担。

《超市里的原始人(Spent)》的作者杰弗里 · 米勒(Geoffrey Miller)

提出, 从常识的角度来说, 当我们在购物消费的时候, 虽然会感觉到愉悦感, 但是这种愉悦感并不会持续很久。因此, 我们应该避免那种一次性倾尽自己所有财产的巨额消费。我们更需要的是那种即使简短微小但能够充分带来满意和愉悦的消费。

我们需要享受适当的浪费。人们会为健康和幸福, 为人际关系, 为工作, 为他人, 为幸福的记忆等, 来享受适当的浪费。我们也应该为自己提供一些微小的奢侈。真实的幸福可以通过为他人奉献爱心, 同家人一起共度美好时光, 找到一个安身之处, 或者冥想等来获得。很多人在购物的时候, 也就是消费的时候, 看起来很幸福或者是表现得很幸福。购物或者是获得某种东西的体验, 能够使我们感受到巨大的幸福感。但使我们感到幸福的不是别人, 正是我们自己。把钱花费在自认为对我有意义的事情或者物品上面, 是非常重要的。一定要铭记的是, 偶尔通过微小的奢侈获得喜悦的行为是非常可行的。

3) 不为自己, 为他人消费

从为他人买一杯咖啡到爱心捐款, 不关乎金额的大小, 如果是出于为他人的目的而进行的消费, 总是会让我们觉得自己变得更加富有了。富人总是认为自己拥有的已经足够了, 并且认为最佳的养老对策是子女。因此只要当晚上没有什么特别计划的时候, 就会想要实行造人计划。为了自己, 为了一切, 能够长期地带来收益的最佳投资就是建立关系。人生拥有一两个知己比拥有十几个酒肉朋友更加珍贵。为自己消费是菜鸟, 为他人消费是高手。最好是好, 更好是最好(Best is good, Better is best)。

02 消费文化

消费文化(consumption culture)是基于文化属性内的消费价值或者消费行为的一个概念。一个社会的消费文化是在这个社会文化背景下, 基于构成这个社会的消费者关于消费的价值和行为而形成的独特文化。同时这个社会的消费文化是由构成这个社会的消费者所持有的消费价值观和消费模式所决定的, 它会影响消费者的消费行为。

消费行为属于个人行为范围。由于文化价值观会给个人行为带来整体性的影响, 同理, 消费文化也就影响着与消费生活相关联的个人行为(南承奎, 2009)。第一, 在重视快乐主义的文化中, 与休闲相关联的产品和服务, 还有节约时间型的产品或服务, 成功的可能性会更高。第二, 在强调追求稳定的文化中, 人们更偏好海外知名品牌的产品, 购买保险的人数会激增, 天然无公害的有机健康食品的市场前景更广阔。第三, 在重视他人指向的文化中, 品牌、产品、包装、广告设计等的社会诉求更为重要。第四, 在强调人本主义的文化中, 类似于募捐、奉献爱心、构建便利设施等方面的慈善事业发展前景更为广阔。第五, 在重视个人主义的文化中, 强调个人的特性、特点的广告信息和产品设计能够发挥更加积极的作用。最后, 在重视权威主义的文化中, 类似于汽车、住宅、首饰等的贵重物品, 以及会员制、公寓式酒店等产业的发展则大有前景。

消费文化反映了消费者们所重视的价值, 价值(value)同社会变化有着密切的联系。随着社会文化的变化, 构成这个社会的成员的个人价值观也就随之变化。价值的变化会直接影响经营战略。斯托弗尔(Stouffer)食品公司始终关注家庭主妇们的价值变化。由于认识到家庭主妇们所重视的价值正在从对于家族成员归属感的关心和像厨娘一般的工作，转变为自我满意和为了自己而从事某件事，公司设计了“为了自己的自由(set yourself free)”这一广告标语来宣传冷冻食品，从而造就了企业的成功。

价值的变化会影响着产品的名称、色彩使用、设计方案。在广告中，价值影响着对于基本文案和模型的选择。比如，仔细观察可口可乐的广告，二十世纪三十年代的“片刻清凉时刻(The Pause that Refreshes)”，四十年代的“可乐相伴，事事如意(Things Go Better with Coke)”，五十年代的“一杯可乐，一个微笑(Have a Coke and a Smile)”都反映了不同时期的价值观。六十年代的由于世界格局处于一种紧张状态，世界和平成为人们最为关心的事情。于是广告内容改为世界各国人民排成一列，互相传递可口可乐的场面，并配以标榜着世界和平的广告语“给世界一杯可口可乐(I'd Like to Give the World a Coke)”。后来七十年代的“它是真实的事(It's the Real Things)”，1982年后期开始的“这就是可口可乐(Coke Is It)”反映了强调自我，所谓“Me Generation”时代的趋势。九十年代的“我能感受到(I feel it)”“永远的可口可乐(Always Coca Cola)”反映了消费者的诉求。从2010年温哥华奥运会兴起的“开启幸福(Open Happiness)”的广告，正与当今我们所追求的重要价值——幸福相呼应。

激烈的经济增长和西方文化的无差别入侵，使得物质价值比精神价值占据更加优势的地位，社会出现物质主义倾向，由于不加辨别地接受西方资本主义的价值观，一些人认为韩国的传统生活和价值观是腐朽过时的，而西方的就是进步的，这引发了韩国消费文化的主体性混乱和缺失。另外，只依存于感性的相对主义价值观的追求取向，使得消费者基于感性角度来做出自己的判断和行为，将消费文化引向了感性主义取向。由于这种整体的倾向性，导致了当时代表性消费文化以消费资本主义，物质主义，过度消费为特征。这也被视为现代消费社会的社会性问题

1）消费资本主义

根据《幸福悖论(Le bonheur paradoxal)》的作者吉勒·利波维茨基(Gilles Lipovetsky)的观点，消费文明经历了历史的三个阶段变化而来。消费资本主义历史的第一阶段始于1880年，同第二次世界大战一起走下历史舞台。第一阶段中铁路、电报、电话等现代交通通信手段得到发展，以全国性的大型市场取代地区小型市场。持续开发的生产线使得生产速度和产量得到大幅度提升，以较低的价格实现较高的生产率。随着生产的大量增加，大众营销和具有现代意义的消费者也应运而生。打破了商家主导的陈旧消费模式，使其逐渐变化为面向现代消费者、加入广告等产品宣传手法，追求品牌的消费模式。品牌、包装、广告，这三项发明使得消费者能够不经过零售商而直接购买产品，不再只关注产品的性能，而是更加注重产品的品牌保障，这些诞生了不只购买产品更是购买品牌的现代消费者。

消费资本主义历史的第二阶段始于二十世纪五十年代，在第二次世界大战后经历了30余年的发展，终于占据了主导地位，构建了大众消费社会。第二阶段以惊人的经济增长，劳动生产的提高，福特

(Ford)主义经济体系(低价单一品种生产)的扩张这三方面的特征为标志，同时还有“丰富的社会”。在第二阶段，拥有工资所得的人购买力增加了3到4倍，实现了消费“黄金城”的梦想。“大众消费社会”的完美模式登上历史舞台，大量生产和大量消费引起了大量流通。大众消费社会的平均生活水准快速上升，除此之外，刺激需求的社会氛围，提供幸福感的广告，华丽的度假形象，性爱符号和将人的肉体视为性爱对象等现象先后出现。这正是诱惑代替强制、快乐代替义务，消费代替储蓄，幽默代替礼仪，解放代替压迫，着眼于当下不拘泥于未来的社会面貌。第二阶段将人的日常生活变得轻松、幸福、年轻，它建立了一个对未来没有忧虑、自由地创造青春神话，不断诱惑和刺激欲望的时代。这是将商品消费转化为生活模式、大众的梦想。消费社会使得人们开始大规模地追捧新商品，由此促进了商品购买率，散播了消费病毒，创造出了一种重视物质价值的生活模式。第二阶段使得我们只关注于现在的生活和及时满足。

消费资本主义历史的第三阶段从七十年代末期开始登上历史舞台。以自由主义和个人主义为基础的现代社会，迎来了新的世界。人人都追求安乐，享受休闲活动，享受购物的乐趣，使得社会阶层之间的规范变得松弛，不断产生新的期待和行为，甚至是消费者都无法预测的多变程度。人们更关注生活的质量、沟通和健康。由于可以在多种多样的市场中做出选择，因此按照个人的目标、喜好、标准的消费逐渐增多。现在的人们不再那么追求满足炫耀感的商品，而是更偏好于“造就更优质人生”的商品。消费者更期待具有情感特性、实用特性、美学特性的商品，以及重视关系，品质良好又有趣，能够转换人心情的商品。以个人的期待、喜好、行为为基础的"为了自己"的消费，超越了"为了他人"的消费。现在消费不仅关乎个人的健康与幸福，更成为一种促进人际关系发展的手段，并且具有确保私人的时间、空间一类的功能。现在，消费也从炫耀消费逐渐转变为体验消费。

2) 物质主义

物质主义消费文化现象是由物质主义价值的膨胀所导致的消费行为。这里的物质主义(materialism)是指通过掌握物品的所有权，实现幸福追求的一种个人差变数。人们依据每个人所拥有的东西来做出评价，这句话就凸显了物质主义社会的价值。这种物质主义作为主要原因，导致了无政府现象、青少年犯罪、快乐主义、拜金主义等的各种社会病理现象。有物质主义倾向的人会表现出以下特性。第一，为了移植手术而捐献器官的意志很低。这与捐献器官的意义无关，只是因为这与所有权相冲突。第二，赞成在汽车和住宅方面花费大量的金钱。因为这是能够充分享受自己所拥有物质的最佳机会。第三，不期待在很贵的高级餐厅用餐。因为他们认为，吃掉食物的用餐费用是一种浪费。第四，比起休息或者感恩，他们更倾向于以购物形式来度过圣诞节。因为对于物质主义者来说，再也没有比能够尽可能地拥有物质更幸福的事情了。最后，不太会对他人的帮助感到感谢，因此也就不懂得分享。

有调查得出结论，被认为"有用的"家用电器之中，三分之一从来没有使用过。人们只是先买下放在那里。给美国人提供一个写着房子、汽车、电视、游泳池、别墅等的目录，从中标示出与自己所追求的生活方式相符的消费品, 并标示出自己已经具备的物品, 然后在16年之后再调查一遍。结果显示, 在相同的时间之内, "实际所有物"从1.6上升到3.1个, "期待所有物"从4.4个增长到5.6个。简单来说, 为了实现幸福, 人们总是觉得缺少大概两个左右的物品。

实际上并不是说物质主义不能够带来幸福, 只是它有可能引起严重的不幸。研究者以12000名一流大学的新生为研究对象, 分别在他们18岁(1976年)的时候和37岁时测定其对生活的满意度。新生时候曾表明自己具有物质性抱负的学生们, 也就是那些将赚钱作为自己人生第一目标的学生们, 在经过20年以后对自己人生的满意度更低(Nickerson, Schwarz, Diener, & Kahneman, 2003)。并且比起那些不这么认为的学生, 有物质性抱负的学生获得各种精神疾病的可能性更高(Cohen & Cohen, 1996)。物质主义者对于物质对自己人生的贡献, 存在着非现实性的期待(Richins, 1995)。

当人们拥有一些东西的时候会感到幸福。并且, 人们给自己所拥有的东西赋予更多的价值。芝加哥大学的经济学者理查德·塞勒(Richard Thaler)提出, 人们总是更珍视自己拥有所有权的东西, 这种现象称之为禀赋效应(endowment effect)。对真正拥有的物品价值的评价, 要比以潜在顾客的立场看待这件物品的价值, 高出两倍以上。

斯坦福大学的心理学者布赖恩·科诺森(Brain Knutson), 在2008年对人脑存在的禀赋效应进行了印证。他提供给被试者每人60美元, 让被试者去购买自己想买的两样电器。然后让这些拥有新的所有物的被试者彼此之间交易物品。购买了MP3的被试者想要以更高的价格70美元进行交易, 与此相反, 想要购买MP3的一方仅仅只愿意支付35美元。观察非常不舍得自己所有物的被试者的岛叶皮层(insular cortex), 发现上面在发生血液循环。岛叶皮层是处理痛苦信息并对此进行情感评价的大脑区域。这大概印证了, 当我们把自己的所有物卖给别人的时候, 给我们的心理带来了一定的痛苦。

普林斯顿大学的心理学者丹尼尔·卡内曼(Daniel Kahneman)给被试者一大杯, 请被试者写下这大杯的希望贩卖价格。比较希望贩卖价格和购买者的希望购买价格后发现, 与贩卖者所期待的平均7.12美元的价格相反, 购买者只希望支付2.87美元而已。

在酒吧里贩卖玫瑰、口香糖之类的小商小贩, 会先在客人的桌子上留下一些物品, 然后去下一家酒吧转一圈之后再次回来。这是给客人提供时间来熟悉新的"所有物"。大型商场流通物品部的家电用品, 通常会要求进行几周的试用, 也是灵活运用了禀赋效应这一点。

禀赋效应的强度随着心情状态发生改变。有积极倾向的人对于所有物的欲望, 比一般人更弱。特拉维夫大学的心理学者阿耶莱·费斯巴赫(Ayelet Fishbach)通过实验印证了这一事实。

3) 过度消费

过度消费的消费文化现象是在当下身份不明确的现代资本社会中, 通过补偿消费, 体面的消费, 虚荣的消费来公开自己的社会地位以补偿, 从而达到炫耀自己的目的而导致的消费行为。消费形态或者消费文化中, 最常被谈论的过度消费可以分为支出超过收入的超前消费(excessive consumption)和基于向他人炫耀的动机而产生的炫耀性消费(conspicuous consumption)。在实际的日常生活中, 这两种消费行为有时会单独出现，有时也会同时出现互相影响。韩国从八十年代后半期开始，由于国民的经济能力和收入水准的提高，中产阶级不断扩大，带来了消费市场的迅速扩张，从而刮起了无差别的过度消费风气。这一时期，总是要和别人一样或者不能被别人比下去的经济消费风潮，和一刀切的消费行为，使得消费者的消费模式和消费形态十分类似。过度消费正是通过这种方式来实现的。人们或者出于向他人炫耀的目的来购买一些自己根本不喜欢的物品，或者用并没有真正到手的钱来购买一些根本就不需要的物品。

过度消费和称之为自恋的人格障碍那喀索斯(narcissism)有关。人人都会自恋。即使不是陷入病态的自恋，人们也都追求公共地位和个人愉悦。为了我们的地位和快乐，通过购物来向他人炫耀自己，并且享受其中。更何况几乎所有的广告都呼吁追求地位或追求快乐。根据杰弗里·米勒的观点，自恋者具有以下两张面孔。

表8-1 消费主义自恋症的两个面孔

项目	炫耀型自恋	自我刺激型自恋
基本功能	展示特质	带来喜悦
目标受众	其他人	自己
人生目标	成功、名誉、财富	幸福、乐趣、满意
自恋症症状	夸张、寻求赞美、对地位的强迫性幻想、傲慢、野心	唯我论、寻求愉悦、易怒、缺乏同情
问题点	傲慢、贪婪、忌妒	色欲、暴食、懒惰、愤怒
喜欢的活动	工作、社交	休闲、做梦
喜欢的服装	商务正装	内衣
判断产品的标准	设计、品牌	产品属性和性能

来源：杰弗里·米勒(2010)《超市里的原始人》김영주译. p.93(中文版译者：苏建)

03 消费者幸福

人们在消费生活中体验幸福。人类作为消费者在实施消费行为的过程中，体验到的幸福称为消费者幸福，消费者幸福(consumer happiness)可以说"通过消费生活获得的幸福体验"。就像人们通过各种各样的生产活动来获得满意和喜悦，体验幸福也一样，人们通过多种多样的消费活动和消费生活来体验更多的幸福。

消费者幸福是所有企业都期望获得的。企业在选取面向消费者的标语时，除了超越顾客满意和顾客感动，还会强调顾客幸福。怎样才能够使消费者变得更幸福，是所有以消费者为服务对象的企业得以生存、成长和持续发展的钥匙，也是所有企业都需要解决的问题。

消费者幸福和日常生活的幸福既相似又有所不同。日常生活和消费生活中得以享受的幸福，虽然是一种相同的心理体验，但是两种幸福体验的影响因素不同。谈到日常生活中的幸福，幸福的人生应该共同具备有趣的人生、积极的人生和有意义的人生这三点特征(Seligman, 2002)。构成日常幸福的核心要素是愉悦性、积极性和有意义。也就是说，日常生活中的幸福人生的真谛在于，积极地过着愉快又有意义的人生。

影响消费者幸福的因素有三种，分别是"享受购物"的购物关联型幸福因素，"通过消费，使得问题和需求按照自己期待的方向发展，从而实现完美消费"的问题解决型幸福因素以及"购物符合自身情感和想法"的个人符合型幸福因素。购物关联型幸福因素同"有趣的人生"一脉相承，问题解决型幸福因素对应着日常幸福的"积极的人生"，而个人符合型幸福因素和日常幸福的"有意义的人生"相类似。也就是说，人们为了在消费生活中体验幸福，应该要充分享受包含购物在内的消费活动和进行消费生活的时间，解决自身的需求和问题，从而满意自己追求的理想和喜好。

图8-2 消费者幸福

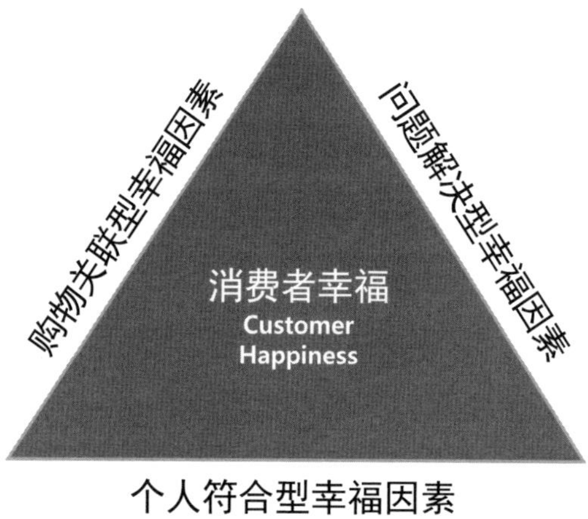

1）购物关联型幸福因素

购物关联性幸福因素是指购物的愉悦。一般来说，最轻松地转换心情的方法就是购物。大部分的人都很享受购物。当然购物是必须的，但是也有人将购物看作是一种苦差事，但更多的人还是将购物看作是一种快乐或者是庆典。八十年代中期，购物中心是美国青少年度过时间最多的场所之一。19世纪出现了大型商店，消费行为开始被看作是一种提供愉悦的生活方式。这一趋势始于中产阶级的女性之间，并逐渐传播到一般阶层和年轻一代，变得更为普遍化。现在购物对我们所有人来说，都是一种转换心情的愉悦时间。消费领域整体上是一种体验，仿佛提供了一种狂欢的氛围。购物的人都很幸福。就连在妻子的旁边一直黑着脸，发出不满或牢骚的老公，如果提到爱人在为他们购物时，老公的心情也会瞬间好转。

购物是一种有趣的消费体验行为。商家通过市场营销对产品进行包装，营造一种狂欢的氛围，来持续刺激消费需求，从而使得消费者从中获得愉悦和幸福。商家将购物空间营造成一种温暖且充分满足购物欲望的氛围，通过提供多种多样的"体验"活动，来充分扩大消费者的愉悦感，或者将购物空间装饰得像戏剧舞台，开展一系列的优惠活动。娱乐购物(fun shopping)是为购物中心和新流行的商店提供一个充满魅惑的场所，将购物的痛苦时间转换为一种愉悦的时间。

现代的消费生活逐渐从"物质的竞争"转换为"体验竞争 "。消费者不再只想拥有物品，而是更愿意在多种多样的愉快体验和新的情感体验中耗费心力。这样不会造成任何危险的负担和不愉快的感受。购买一些带有"微小的冒险"性质的体验，往往使人产生幸福的感觉。因此，为了使得人们更多地感受到新奇和愉悦的体验，商家精心设计消费空间，并且以热情亲切的态度来接待消费者。

像主题乐园一样，体验产业的目的在于，在对当前环境的控制下让人逼真地感受到极致的情感。主题乐园的成功使得人们的消费和休闲变得商品化，扩大了情感的需求，便人们感受到充分的快乐。人们在不带有危险因素和不舒适感并且充满快乐和戏剧性的时空中，一边享受生活，一边畅游在充满新奇感的海洋中。这些人就像是被施了魔法一般，完全脱离现实，充分体验到愉悦。

以前的消费是一种区分我与他人的行为。现在的消费生活渐渐转变为通过体验转换心情, 使消费或为一种日常生活的装饰, 能够提供微小愉悦的行为。消费是一种新的力量, 赋予人以新的自我, 这件事本身就充满着魅力。就像在今天的消费者中能够找出"游戏者(homo ludens)"一般, 消费和提供给人补偿和愉悦的游戏也十分相似。

2) 问题解决型幸福因素

我们通过购物解决各种各样的问题。找出我们需要的或想要的东西, 并且通过购物获得这些物品, 这样度过一段时间是非常好的体验。再者如果购物是找到最符合心意的解决办法的话, 那就会更加幸福。比如, 因为没有可以外出购物的服装而感到十分苦恼和不满的时候, 在购物的过程中找到一件自己满意的衣服, 那时候的喜悦是每个人都经历过的。

作为消费者, 我们为了在生活中感受到幸福, 通过获得一些我们需要的和想要的东西, 并且从中获得体验经历。当人们获得了自己想要的或者是需要的东西时, 会体验到好心情和幸福感。从购买那些为了生存的生活必需品, 到虽与生存无关, 但有利于我们实现更优质人生的爱好品或者奢侈品, 再到为了休闲娱乐而选择的泡温泉、旅行等, 都能够使我们变得幸福。

但是我们需要的和想要的并不是一成不变的, 而是每时每刻都在不断变化的。从迫切想要的东西到可有可无有之更好的东西, 包含了一个十分广阔的范围, 我们的需求和欲望也在不断地变化。需求和欲望的变化, 也在告诉我们, 人总是在不断寻找新鲜感。

新鲜感是消费的魅力之一。现代社会不断给我们提供新的产品和新的服务。我们喜欢新鲜感，甚至在购买生活必需品的时候，也想要购买那些稍微带有一些新鲜感的商品。就像对旅行者来说，不论去哪里，周围的环境要有所变化；不论去哪，与此处不同才最重要一样，消费者通过消费也想要获得无与伦比的新鲜感和愉悦感，就像历经冒险后获得的喜悦一样。虽然在当下产品的性能十分重要，同时也要能够给人新鲜感、满足人的审美需求、提供给人有趣的体验。这个世界的消费者，就像是一直在等待着随时会发生新鲜事情的"经验收集者"。而今商品不断变化的过程和快乐体验不断扩张的过程非常相似。

3) 个人符合型幸福因素

每个人都依据各自的心理特性塑造自己的形象，并且表现出同自己的形象相契合的消费行为。影响消费者心理过程和行为的要素(代表性的心理构成概念)有，的自我概念(self-concept)、价值(value)、态度(attitude)、意图(intention)、行为(behavior)等基本要素和包含干涉(involvement)、动机(motivation)、学习(learning)、性格(personality)和生活方式(lifestyle)在内的扩充要素。这种心理构成概念是帮助理解和预测消费者们独特购买行为的核心要素。

人们的自我概念、价值、态度、意图和行为具有一贯性，并且人们也享受与其相一致的消费体验。另外，人们也喜欢同自己的干预、动机、学习、性格和生活方式相契合的消费体验。符合自身心理特性的消费体验让每个人都变得幸福。

04 生活方式

每个人都梦想着追求幸福的人生。每个人所梦想或追求的生活方式，因个人的生活方式而具体多变。随着当今的消费市场逐渐变得成熟，消费者的价值、意识和喜好变得更加个性和多样，想要了解消费者和他们的消费行为，就变得更加复杂和困难。准确把握人们消费行为的特点，是构建最有效的消费活性化战略的起点。为了能够更加深层次地了解消费者内心的价值和需求，有效方法之一就是深入研究人们的生活方式(lifestyle)。因为人们的生活方式(way to live)决定了人们的购买方式(way to buy)。为了理解人们的消费心理，首先应该了解人们是怎样生活的。最近消费者的生活方式变得更加多样，其变化速度让人应接不暇。消费者生活方式的变化就意味着消费行为也会随之发生变化。因此准确了解消费者生活方式的变化，才是消费者分析的始发点，才能探索不断变化的消费者的幸福追求。

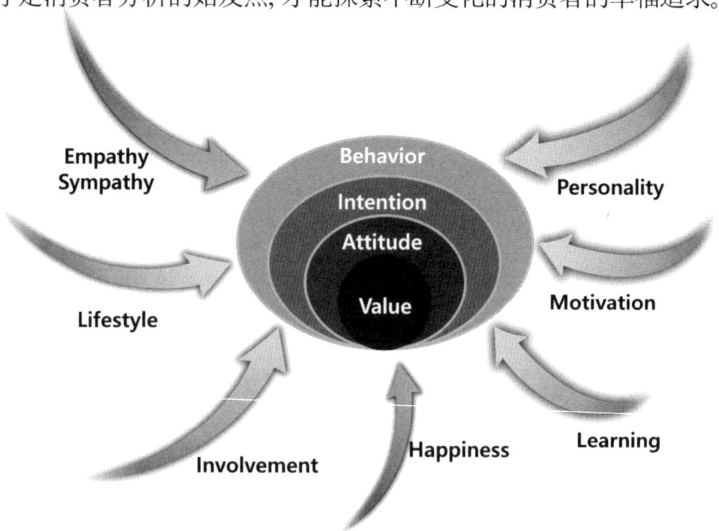

1) 消费同质化

消费同质化(consumption homogenization)是指全体的消费者们喜欢的产品或者服务的特性, 彼此之间不存在很大的差异, 而是彼此非常类似。25%以上韩国民众(即一千万人以上)看过的12部电影：《实尾岛》、《太极旗飘扬》、《王的男人》、《怪物》、《7号房的礼物》、《光海》、《辩护人》、《据生虫》等。撇开电影本身是否优秀不论, 这反应了韩国消费者对电影的偏好非常相似。不过从几年前开始, 热门商品和趋势不再局限于相同年龄、性别或同一辈人, 逐渐表现出普遍性。趋势(trend)是指消费者偏好含有相似特征的产品群体。最具代表性的就是对奢侈品的追求趋势。即使一国或一地长期内需不景气、消费逐渐下降, 但对于昂贵奢侈品的需求仍然高涨不下。那些功能上与普通品牌几乎没有什么差异, 但是价格却贵出数十倍的奢侈品, 相伴生的炫耀型消费趋势, 正在不断入侵消费者层面。奢侈品趋势不是某个单一的产品, 其对象涉及了皮鞋、手表、皮包、饰品、服装等各个方面。

在消费同质化的市场中, 值得我们关注的是热门商品极化(polarization)现象。在商品推向市场的初期阶段, 如果能看到热销趋势的话, 往往会一直持续到大火。与之相反, 如果一开始在市场上没有任何的音讯和消息的话, 就会逐渐消失。消费同质化对许多不被选择的商品产生了相当大的威胁。与之相反, 被选中的商品也会获得之前不曾想象的大额收益。因此, 极化现象是威胁也是机会。基本上, 韩国消费者的消费同质化可选余地相对丰富。作为延续5000年的单一民族, 国土多为丘陵地形, 导致部分地区的人口极为密集, 因而很容易带有相似的生活模式。

2) 零忠诚度

超越顾客满意, 获得顾客忠心地支持, 是所有消费行业从业者的梦想。但是在当今, 如果不能够获得自己想要的, 那么消费者的忠诚度就是零(loyalty is zero)。如果其他产品或者其他店铺能够稍微提高消费者的满意度, 人们就会毫不费力地立刻改变目标。这在现代社会已经成为了一件十分合理的事情。消费者为什么能够像一株摇摆不定的芦苇呢？因为极其地精打细算, 只对新的东西敏感, 是当今消费者的特性。虽然消费者们精打细算这一事实并不怎么新鲜, 但是随着可供消费者选择的商品的增加, 能够帮助消费者做出正确选择的信息也是五花八门, 这只是逐渐变得更加现实化罢了。商家无论何时都要记得, 消费者是非常冷静的, 从来不存在突然由心而生的盲目忠诚感。

集中提供大客户服务的程序称之为客户关系管理CRM(customer relationship management)。从理论上来说, 客户关系管理就是立足于长期的角度, 与那些真正给企业提供价值的客户形成一种持续性的关系, 将客户所偏好的产品创造出的终生价值(life time value)最大化。随着企业之间的竞争越来越激烈, 客户或市场对营销活动效果产生了疑问, 从而促使商家提出了客户管理这一新的对策。这里的关系是指企业和客户的关系, 以长期的信赖为基础, 如果不是一种类似于朋友的亲密程度的话，是不可能实现的。因此企业建立一对一的关系，站在客户的立场来理解客户，通过区别性地接待客户，培养起顾客的信任感。但是实际和理论有所不同。期待获得聪明消费者的信赖和亲密感是非常困难的。进行客户关系管理的时候，真正最初所追求的终生价值极大化的目标逐渐变质。虽然最开始企业采用的手段是创造出有别于其他企业的独特之处，但是现在因为家家都采取这一模式，因此其目标就不再是为了创造终生客户，而是为了抢夺客户。至少期待从消费者那里得到终生的忠诚仅仅只是幻想而已。提供差不多的品质的产品和服务，期待得到消费者的忠诚是不正当的。比起期待消费者的宽容，从本质上求输赢或许是一个更加明智的选择。

3）矛盾的消费

虽然在最好的东西上面花费金钱不让人觉得可惜，但是人们却不愿多付一元钱。即使功能上没有什么差异，人们也愿意选择购买世界最高级的名牌。为什么呢？“因为我是最重要的”。连一元钱也不想多付。为什么？“因为我不是傻子”。这两种看似矛盾但彼此共存的观念在接受变化能力较强，直率地表现自我以及决断果敢的年轻人之间更为凸显。在最高价的奢侈品和最佳的选择之间，如果跳出常识认知，就能够看到二者之间的差异。一般来说，上市的大部分同类产品在功能上几乎没有差别。虽然在情感的维度上这可能会成为一个问题，但是消费者通过体验最名贵奢侈品的消费所带来的满意感，是无法通过体验最佳性能来获得的。

该花费的时候要花费。但是不必要的时候，应该最大限度地节约支出。虽然当今消费支出率达到了史上最低水平，但是另一方面也存在过度的消费行为。有些人可能只花费3000元韩币(人民币15元)买一碗刀削面来应付午餐，却花费4000元韩币(人民币20元)来买一杯咖啡，在这种情况下，消费者对于自己认为重要的那一部分，会毫不犹豫地果断消费，与之相反，对于自认为不必要的部分，就会转换成超级吝啬鬼的节约模式。这种情况在现实中更多。消费者们矛盾的消费现象可能有两种解释：通过消费行为达到主观自我满意感的极大化，表现出尽可能地自由消费。自我的消费满意可以理解为珍视自己，投资于自己的一种极其自然的行为。人们热衷于反复的价格比较或个人化消费面貌的变化，是由于信息情报化的发展和大客户服务水准的不断提高。

未来的消费者并不只期待简单化的解决对策。他们期待商家把自己看作一个"独立的个体"，他们期待具有准确度和交易凝聚力。客户是灵活的。企业应该把客户看作能够主动提出要求的，自身具备一定能力的参与型消费者(prosumer)或是行动型消费者(proactive consumer)，并且在任何时候都做好随时利用这一资源的准备。另外，未来的消费者愿意按照自己的意愿行事，就像现实生活中人们每天都会变化一样，如果他们的方式发生改变，那么他们心仪的消费、企业、品牌也会随之改变。

4) 设计不是可选择的，而是必需的

设计的重要性在未来会变得更加重要。能够促使消费者产生购

买行为的核心因素之一就是设计。当今世界，一个国家的富强和个人的福祉说不定就在于这个国家的艺术家们，甚至是如今正坐在教室里的未来艺术家们。虽然人们逐渐变得富有，但是自动化和白领业务正在以对外承包的形式经历着混乱，不论你在从事何种职业，都应该培养自身关于艺术的欣赏力。设计(design)的本质是为了满足我们需求、赋予生活意义而不断创造和完善周围环境的人类本性。设计是效用(utility)和意义(meaning)的结合。平面造型设计师们为了方便读者的理解，应该设计出便于阅读的宣传手册(brochure)，这就是效用。但是为了达到效果的极大化，也应该传递不便以言表达的复杂想法、情感等，这就是意义。

设计的普遍化使得商业的竞争产生了变化。传统上企业之间通过价格或品质，或者是两者的结合进行竞争。但是当良好的品质和适当的价值，只是商业的基本要素而已，即，只不过是进入市场的一张入场券而已，企业应当在具备了价格和品质这两种基本要素之后，更加致力于在新奇、美丽、意义等难以以言表述的复杂层面进行竞争。所有的产品竞争基本上都开始于彼此水平近似的技术、价格、性能或功能。可实现差别化的要素只能是设计(design)。当对产品设计的投入加大1%，获得的收益则平均增加3-4%(Pink, 2005)。

5) 更强调故事，而非事实

在当今供大于求的市场状态下，故事正在成为体现与其他产品和服务差别化的重要手段。带有故事情节的商品和服务，能够激发消费者的购买行为。毕竟比起记住事实(fact)，记住一段故事(story)

显得更加容易一些。因为人们的思考大部分都是以整理成故事的形态存在的。尽管如此，由于人们一般都会对故事进行包装和美化，因此信赖度会有所降低，而事实因为更具真实性，获得的评价更高。再者，与故事能够使人感到快乐相反，事实总是带着想要搞清楚什么的想法。因此人们一度重视事实，是因为过去想要获取真实的信息十分不易。但是在今天的社会，人们能够在任何地方以光速获取事实。任何人都可以及时地、广泛地接触到事实，这一点使得事实的价值急速下降。

基于事实的理论尝试实现一般化，让人们不能够从特定的语境做出判断、并尽量排除主观情感。反之，故事能够捕捉语境和情感。故事能在认识上将信息、知识、语境、情感等压缩为一个整体。由于这种缘由，故事能将传统的意识决策方法中忽视或抛开的要素捕捉起来。“王妃去世之后，国王也去世了”是事实，而“深爱的王妃去世之后，国王伤心过度，也离开了人世”就是故事。像这样构思故事的能力非常重要。

讲述故事并不能够代替分析性思考。但是通过提出一个新的观点，激发想象力，从而起到完善分析性思考的作用。在医疗场景下，医生听取患者故事的过程，有助于形成与患者的共鸣，有助于建立医患之间的联系，从而构建更加良好融洽的关系。虽然仅凭故事无法治愈患者，但是懂得倾听患者的故事，同时具有冷静的头脑和温暖内心的医生，治疗效果也更加明显。这是不言自明的事实。现在在讲述故事之上，强调将故事和行为相联结的实践活动，即所谓实践故事(story doing)的概念也登上历史舞台。不仅仅要通过讲述表现故事，更要通过行动表现故事。也就是说，将故事付诸于实践。超越共鸣而直接提供幸福体验才是最有效的。

05 性格倾向和幸福追求

人类共享着23对相同的染色体(人体大约由50万亿个细胞构成)。所有人都拥有大约206块骨头和640块肌肉。所有人都拥有1360g的大脑和2720g的皮肤，并将在呼吸6亿次左右之后面临死亡。综上可见，人和人具有很多的共同点。但是个人差异也很大。在追求幸福的方面能够看到明显的个人差异。

人们的消费行为受到性格的影响，特别是由于性格倾向是代代相传的、并且在日常生活中逐渐稳定下来，使得我们能够预测人们在各种各样环境和领域下的行为。现代社会人们经历了所有的文化洗礼，所以心理和行为存在着普遍的存在模式。那就是由开放性、责任心、亲和性、稳定性和外向性构成的五大性格因素。

下列的问卷有助于简单地确定自己的性格倾向。问卷的10个项目由各因素的问题所构成。每个因素(开放性1~2、责任心3~4、亲和5~6、稳定性7~8、外向性9~10)由两个问题构成。每个因素的分数由奇数问题的得分减去偶数问题的得分所得。分数范围为-4(非常低)到+4(非常高)，平均分数为0分。高出0分就表示更偏向于该分数对应的性格倾向，低于0分就表示更偏离该分数对应的性格倾向。

表8-2 人格五因素调查问卷

No	我认为我是这样的人	完全不认同	不认同	一般	认同	非常认同
01	想象力丰富	1	2	3	4	5
02	对艺术毫不关心	1	2	3	4	5
03	做事认真	1	2	3	4	5
04	有点儿懒惰	1	2	3	4	5
05	整体来说容易相信人	1	2	3	4	5
06	总是喜欢找出别人的缺点	1	2	3	4	5
07	情绪稳定, 能灵活处理压力	1	2	3	4	5
08	容易感到急躁不安	1	2	3	4	5
09	充满活力、擅于交际	1	2	3	4	5
10	小心谨慎	1	2	3	4	5

各因素问题开放性(1~2)、责任心(3~4)、亲和性(5~6)、稳定性(7~8)、外向性(9~10)
各因素分数范围-4(非常低)到+4(非常高), 平均分数0分
来源：杰弗里·米勒(2010)《超市里的原始人》(김영주 译) p.241

1) 开放性

开放性是与创意、文化、进步有关的重要个人特性。具有开放性的特征的人, 会认为不如自己开放的人无聊、平凡、只懂得服从。反之对于那些比自己还要开放的人, 则认为他们是发光的、特别的、具有破坏性和威胁性的, 甚至将其视为一种精神病态。

开放性程度低的人满足于那些带有基本款式、基本特征的产品。因为他们并不认为新的东西具有更高的价值, 因此迎合起来并不容易。比起追求时尚, 简单的校服、运动服、军服、西装等的制服, 就足够让他们满意。相较于追求特别的发型, 只是剪头发就能够让他们满意。反之, 开放性程度高的人则是时尚的追随者。他们通过使用最

新的产品和服务来显示自己开放性。对于新产品的追求、与流行趋势以及时尚保持一致，使得开放性程度高的人更加幸福。

2) 责任心

责任心是包含正直、信赖、可预测性、一贯性、守时等特征在内的个人特性。有责任心的人遵守社会规则，担负得起社会责任，严守约定和计划。青少年的责任心很低，但是随着年龄的增长逐渐变得成熟。

传统的经济学主张，消费者希望购买那些能够给自己带来舒适、自由的产品。但是责任心强的人期待能够表现自己责任心的产品和服务。他们偏好那些需要修理和管理的产品。不仅包括难以打理的产品，易坏的物品也能够充分展示他们的责任心，所以玻璃材质的装饰品、有点吱吱扭扭但是没有任何破损的古风家具、不会扯破但是轻薄的女性内衣、虽然麻烦但是健康的宠物等，都是责任心较强的人在消费生活中找寻幸福的源泉。

3) 亲和性

亲和性包含引起共鸣的能力、善良的心灵、慈悲心、平等主义和社会正义等，是人类的利他性和社会进步的核心。根据亲和性可以将人类分为慈悲、善良和宽容的高亲和性人和表现出高自我主张与支配能力的低亲和性人。

由于亲和性高的人想要和所有人都融洽相处，所以在意见、时尚、产品选择上面，很容易顺应同龄人群体。反之，亲和性低的人具有强烈的自我主张和支配力，不会顺应于集体的压力。在节假日(新年、佛祖诞辰日、儿童节、圣诞节等),纪念日或毕业、就业、结婚等时候,给帮助过自己的人购买礼物,或为某些事开办庆典的,是亲和性高的人。正是因为这些人,与此相关的商品才得以成功热销。

4）稳定性

稳定性与适应能力、沉着、成熟、压力的自我反省有关。稳定性程度高的人从容、乐观、沉着、舒心,能够快速从挫折当中恢复过来。低稳定性的人容易歇斯底里、愁思万绪、忧心忡忡、自我意识强烈、忧郁、悲观、情绪变化无常。

在购买汽车的时候,高稳定性的人喜欢有明快设计风格、能够提供幸福感的产品。反之,低稳定性的人则更重视安全气囊、制动、保修等安全性方面的产品性质。

5）外向性

外向性具有积极、追求刺激、自信、友好、擅于交际、爱絮叨、有趣、爱表现、直言不讳等特质。外向性的人社会生活交际灵活,内向的人更多的时间是独自一人。外向的人积极,喜欢同他人一起工作,与朋友彼此信任,拥有领导力,喜欢身体类活动,经常参加聚会,经常喝酒。

高外向性的人在选择音乐的时候,喜欢那些包含了能量、热情的歌曲,购买汽车的时候喜欢敞篷汽车,或者像詹姆斯·邦德电影中出现的那类轿车。反之,低外向性的人更喜欢黑白色的外包装和低调的注重内部构造的轿车。

第三部分

积极心理学和生活

第九章 人际关系与积极心理学

众恶之, 必察焉；众好之, 必察焉。
--东方的智者, 孔子(Confucius)

本章将要从积极心理学的观点来探讨人际关系。幸福离我们很近。因为幸福就来源于我们身边最亲近的人。我们享受幸福生活的最重要因素就是, 待在喜欢的人和喜欢的朋友身边。没有人会在人生的最后瞬间惋惜着应该在办公室度过更多的时间。在生命的最后阶段, 所有的人都共同认为, 人们之间的和谐关系和温暖的心灵是最重要的。

没有谁能够独自生活在世上。每天大部分的时候, 我们都不是和自己主动选择的人一起度过的。这种关系从小的时候就开始形成。我们无法选择父母, 或者是兄弟姐妹。一起工作的同事也不是由我们自主选择的, 但是彼此之间依旧要建立关系。朋友关系并不是单方面形成的, 失去了朋友是我们自己的责任。

在紧张、恐怖和压力的状态下体验到的积极体验, 能够很容易地拉近彼此之间的距离。一起学习或者旅行时流下的汗水是维持友谊的最佳粘合剂。与在山脚下停车场遇到的人相比, 在悬崖峭壁间的空中走廊上遇到的人更容易发展成为朋友。这是因为一起克服不安的体验能够成为稳定关系的基础。如果双方还能够拥有共同的兴趣点, 那可谓是锦上添花。

美国的社会心理学者史坦利·米尔格伦(Stanley Milgram)在二十世纪六十年代提出一个观点, 认为经过六度分隔, 所有的人都会变得认识的"小世界现象(small world)"。我们不可能熟识所有的人。但是我们认识的某一个人, 提供给我们认识另外一个人的机会。互联网意味着网络造就了一个新世界, 使得空间邻近性不再成为精神亲密感的必要条件。

真正的朋友不仅可以分享兴趣爱好, 甚至可以分享同一片面包, 是能够完全信任的、非常熟悉的人。朋友也是我今天分给对方一片面包, 而在我某天没有面包的时候, 对方也会不假思索地将自己的面包分享给我的人。朋友是那种即使了解我们的全部, 也依旧喜欢我们的人。

随着年龄的增长, 寻找一个能够共同走过人生的朋友, 逐渐成为一件困难的事情。一起经历的事情, 度过的时间, 关于人生中的顶峰与深渊的记忆, 都被赋予了特别的价值。最好的朋友比我们自己还要了解我们。他们会在连我们自己都不再相信自己的时候, 依然相信我们。

人类是共同的命运体。在这一点上有必须要遵守的黄金比例。那就是要使得我们的身边充满期待我们变得更好、不断带给我们积极向上能量的人。理查德·托尼(Richard Tunney)以英国的1760名居民为对象, 进行了关于人际关系和生活满意度的问卷调查。调查结果表明, 交往越久(要好)的朋友越多的人对生活也更加满意。认为自己当下的生活非常幸福的人, 比认为自己当下非常不幸的人, 所拥有的朋友多出了两倍以上。

01 好印象

良好的印象有助于成功建立和谐的人际关系。在建立人际关系中，最先发生的事情就是形成对对方的印象。当我们第一次见到某人的时候，立刻或者在寥寥数语之后就会对对方形成一个初步的印象。这种印象的形成发生在自己都不曾察觉到的过程中，是在一瞬间形成的。这样初步印象有可能十分正确，也有可能有所偏差。这种第一印象通过和对方的不断交流，可能得到再次确认，也有可能发生相应改变。

我们在无意识之中处理的信息，也会给我们的人际关系带来影响。关于我的信息，经常体验到的信息，对于不良行为的信息，对于集体范围的信息等，都是我们无意识处理的代表性信息。

想要留下一个良好的印象，至少需要注意两点：影响印象形成的因素和对于印象形成要素的倾向性理解。

1）影响印象形成的三大因素

一般来说，在我们还没有通过充分地对话或接触来认识对方的时候，就会对对方形成第一印象。人们倾向于根据外观特点形成第一印象。特别是长相、表情、着装、非语言性行为等，在印象的形成过程中发挥着重要的作用。

第一，在对某人形成的印象的时候，长相和表情作为一种重要的线索，超乎想象地频繁发挥作用。帅气美丽的长相，非常有助于给他人留下一个良好的印象。但是长相是天生的，不是我们能够选择的。除了帅气的外表，明亮活泼的表情也对形成好印象有很大的帮助。人类具有表现六大基本情绪(喜悦、惊吓、恐怖、悲伤、愤怒、厌恶)的独特表情。这种显露基于情绪的表情，在任何的文化或者种族中，都几乎相同。虽然脸上的表情一般是自然而然地流露，与意图无关，但是通过持续的努力和训练就可以进行调节。愉快微笑的明朗表情是可以按照我们的意愿形成的。因此，如果想要塑造一个良好的印象，就应该先从练习明朗的面部表情开始。

第二，着装打扮也是影响印象形成的一个重要因素。着装打扮不仅显示出一个人的社会经济地位、受教育水准和职业及收入水平，更加能够传递出一个人的性格、价值观等相关信息。虽然单凭着装打扮无法对一个人的内心心理特性做出准确的判断，但是在没有其他充分线索的情况下，我们往往通过最先映入眼帘的着装打扮，来形成对一个人的印象。就像俗话说的“人靠衣裳马靠鞍”一样，干净整齐并且与当下场合相匹配的着装打扮，能够给人留下好印象。只要你下定决心，很容易就能够改变自己的穿衣风格。从现在开始，即使是为了给他人留下一个好印象，也要开始对着装打扮费点心思了。

最后，包括视线交流、肢体动作、行为姿态、同他人的距离等非语言性线索，也会对印象的形成产生影响。我们根据人们的行为动作来形成对他们的印象。这种行为线索与固定的性格特点相比，对于了解一个人的心理状态、一时的态度或意图更加有效。如果想要留下一个良好的印象，就需要尽可能地表现出友好的、积极的行为举止。

图9-1 印象形成的倾向性(3 Tendencies of Impression Formation)

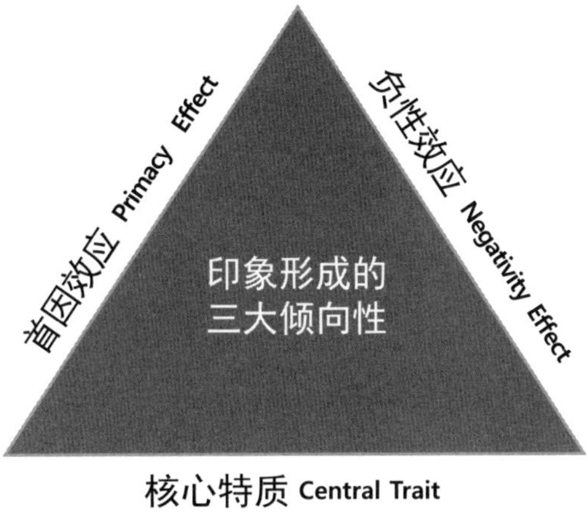

2) 印象形成的三大倾向性

当我们根据许多信息来了解一个人的特点时，并不是所有的信息都同等重要。灵活运用现有的信息来形成印象的时候，人们一般倾向于重视核心特质、消极信息和第一信息。

(1) 印象形成的核心特质

在形成印象的时候，有些信息具有左右整体印象的作用。对整体印象的形成起着决定性作用的特性称之为核心特质(central trait)。在形成印象的时候，全人类的文化中有三大共同维度。第一维度是以"好-不好"为代表的评价维度。这一维度评价某人为坏人或好人，并决定在以后的相处中对他(她)是以喜欢的态度不断接近，还是以讨厌的态度进行回避。第二维度是以"强-弱"为代表的能力维度。第三维度是以“积极-消极”为代表的活动性维度。当我们在遇到一个陌生人的时候，首先会以好人或者坏人这一标准来进行区分。

所罗门·阿希(Solomon Asch)进行了关于核心特质的研究。他提出了下列描写人物的各种形容词。两组被试在其他多数方面保持一致，只有一个方面存在不同：一组为热情(warm)，一组为冷淡(cold)。

组1：聪明的、熟练的、勤勉的、热情的、毅然决然的、实用的、慎重的

组2：聪明的、熟练的、勤勉的、冷淡的、毅然决然的、实用的、慎重的

两组的研究结果对比如下。

组1：认为假想的人物充满人情味的、容易交往的、品格良好、仁慈。

组2：认为假想的人物残忍、不容易交往、吝啬。

但是当更换对比因素，把“热情”换为“文雅(polite)”把“冷淡”换为“粗鲁(bold)”并没有产生上述差异。也就是说“热情-冷淡”是核心特质，“有礼貌-无礼”是边缘特质。

⑵ 印象形成的负性效应

当获得的关于某人优点和缺点的信息量大致相同时，我们并不是对这个人形成一种中立的印象，而是更偏向于消极的那一面。就像这样，与积极的信息相比，消极的信息在印象形成中占据着更大的比重，这一现象称之为“负性效应(negativity effect)”。这种负性效应可以从两个方面来说明。第一称之为显著性效果。这是因为人们根据对方所提供的各种信息形成印象的时候，不是公平地注意到各个方面，而是更加容易注意到具有明显特征的一面。在同他人建立关系的过程中，人们在面对他人的时候即使再不想称赞，也不会说出

对方的缺点。在这一社会传统观念下，我们更容易接触到更多积极的信息，同时消极信息不容易被我们看见。于是消极信息就显得格外引人注目，也因此让人觉得更加具有可信性，更加重要，从而出现了负性效应。

另一方面负性效应可以从进化论的角度来说明。当我们面对一个人好的一面和坏的一面的时候，忽略坏的一面所带来的损失，比忽略好的一面所带来的损失，要大得多，所以在进化过程中，我们就自然形成了对坏的信息做出更加敏感反应的。

(3) 印象形成的首因效应

各种各样的信息依次呈现出来的时候，由于顺序的不同，形成的印象也会有所不同。先传递出来的信息和后传递出来的信息互相冲突的话，先传递的信息比后传递的信息，更加能够影响人们整体印象的形成。这种倾向性称之为首因效应(primacy effect)或者称为"第一印象效应(first impression effect)"。这种现象的出现是因为，人们倾向于对先获取的信息投入更多的注意，而对之后获取的信息具有较低的关注度，一旦根据某些信息形成了初步印象，那么在处理后接触到的信息时都倾向于使其同当下印象相吻合。

首因效应在所罗门·阿希(Solomon Asch, 1946)的研究中得到证实。他为了了解印象信息的统合过程，依次提出了下列六个单词来描述假象的人物，并根据顺序的不同来观察它们对印象形成的影响。

组1：聪明的-勤奋的-冲动的-批判性的-固执的-嫉妒心强的

组2：嫉妒心强的-固执的-批判性的-冲动的-勤奋的-聪明的

研究结果如下。

组1：对假想人物形成了积极的印象。

组2：对假想人物形成了消极的印象。

仅仅因为调整个顺序就得出了不同的结论。这一研究结果表明，先接触到的信息比后接触到的信息，在人们形成最终印象的过程中发挥着更重要的作用。因此如果想要追求成功的人际关系，那么就要从建立好的第一印象开始。

3) 形象(印象)管理

人们对于别人对自己的评价和印象十分关心。人们会为了使自己的形象看起来更加积极，以达成自己的交往目的，从而主动管理自己的形象。管理形象的过程并不意味着一定要带着某种意图去进行。管理形象的当事者也有可能不曾意识到自己的行为。但是在呼吸的每一秒，每个人都在做着形象管理。

最终就算是听起来不那么好听的话，更多的人最终表现出"有一点点不足"。这是为了获得对方的好感。聪明的人虽然受到尊敬，但是不能够受到爱戴。稍微有些不足的人，要使得平凡的人对其产生关怀和爱护之心，使得平凡的人从与自己交往中获得一种优越感。任何人都不喜欢别人伤害自己的自尊心，会想要远离这种人。

在一项调查对象超过2000名的研究中(Gove et al., 1980)，调查被试者是否曾经把自己装成看起来有点不足的人时，大多数的被试者都表示自己曾经有过类似的经验，并且这种状况男生比女生出现的频率更高。特别是当男女约会的时候，这种状况会经常出现，而在夫妻关系中妻子比老公更多地做出这种行为。

每个人都想留给对方一个好印象。虽然努力说一些讨喜的话很容易，但是要做出相符合的面部表情却很难。因为面部肌肉受到自主神经系统的管理支配，并不会按照你的内心所想做出表现，这就意味着有目的性的管理常常会失败。因此我们需要事先练习。如果因为练习不充分而无法自然地管理面部表情，那么请一定记住，为了能够给别人留下一个好印象，不要集中注意力于面部表情、肢体动作和语言表达，只露出完美的微笑就是更加成功有效的方法。如果过多地集中注意力在表情动作等某个方面，容易表现出不自然的状态，相比之下，单纯明朗的微笑反而更加有效。

每个人向他人展示的那一部分彼此间存在着差异。影视剧明星们配合自己拿到的角色来改变自身面貌状态的能力是非常出众的。根据斯奈德(Snyder, 1987)的自我监控理论(self monitoring theory)，拥有杰出自我调节能力的人会十分在意在当下场合什么样的行为最为合适，会留心对方的行为和反应，并据此管理自己给别人的印象。这种能力可以运用于各种各样的情景之下，使得形象管理所必须的各种行为与之相匹配(한규석, 2009; Gabrenya & Arkin, 1980)。斯奈德认为，自我调节水平高的人比水平低的人在很多方面都更为积极，更加容易被他人接纳，更加具有活动性，对他人有着更加卓越的记忆力，沟通表现能力更为优秀，同时也容易发挥出更大的影响力。因为现代社会要求人们表现出多种多样的自我形象，并且能够做到灵活变换精神面貌，所以自我调节能力较强的人更容易适应现代社会。生活本身逐渐变得复杂多样，人们的交往圈也在不断扩大，要求人

们同更多不同背景的人进行交往。形象管理逐渐成为一种重要的资质。

4) 有魅力的人

因为有魅力的人能够使人产生好感, 所以在人际交往中, 能处于一个更加有利的地位。能够使人产生好感的代表性特征, 就是充满人情味的温暖和卓越的能力。特别是相较于态度冷淡的人, 我们更加喜欢能够使人产生温暖感觉的人。人际交往中, 对方的学识、智力以及和自身的相似度都没那么重要, 但当对方在接物待人这一方面表现出更容易被接纳并始终持有积极态度的时候, 人们就会倾向把对方看作一个温暖的人。反之, 人们会把态度极具批判性、消极性的人视为冷淡的人(Folkes & Sears, 1977)。善于维护人际关系的人更加热情温暖、适应能力强、头脑聪慧。这种现象普遍存在于多种文化中。

如果有魅力的人同时具有较强的社会交往能力, 会更加受到他人的喜欢。社交能力强的人在人际关系中也同样占据优势。当我们接触到一个陌生人的时候, 对对方的社交能力的评价, 会因这个人的礼仪、沟通能力、说话的条理性、话题的趣味性等而有所改变(Leary et al., 1986)。

同有魅力的人相匹配的就是愉悦的心情。因为充满魅力的样子就是健康的标志。在数十万年的进化过程中, 男性成功地繁衍发展了自己的后裔。为此, 男性十分重视女性与生育能力有关的特征, 年轻和身材是其中最重要的特征(Johnson & Franklin, 1993)。男性喜欢女性的腰部更细一些，而女性更喜欢男性腰臀必接近于1.0(Singh, 1995)。

我们喜欢有魅力的人，是因为我们认为当我们和有魅力的人待在一起的时候，自己受欢迎的程度也会不断上升。这被称之为放射效应(radiation effect)。就像一个平凡男性和一个美女并肩走在一起，这个男生看起来好像也有点特别一样，和有魅力的人待在一起仿佛自己的社会地位和自信心也会随之提高，这就是放射效应。实际上，与自己合得来的人刚好有魅力，比起那些与自己合得来但是没有魅力的人，更能够使第三者产生好感(Kernis & Wheeler, 1981)。

5）人际关系的发展因素

不管对方的外貌如何，人们喜欢和自己熟悉的人沟通交流，建立关系。在一般情况下，为了能够发展真挚的人际关系，就需要对彼此进一步探索、了解，提高接纳度。不论对方多么有魅力，如果没有一个彼此相互了解的过程，那么必然不会形成一份持久深刻的关系。

⑴ 自我表露

在两个陌生人逐渐建立起亲密关系的过程中，最明显的特征是两个人对彼此的自我表露(self-disclosure)。但是仅来自一方的自我表露和没有任何收获的单方支出一样，并不能够长久维持。表露是一种期待获得对方回应的行为，只有当产生回应的时候，彼此才会进一步表露更隐秘的内心，从而使得关系变得更加亲密。随着关系的不断发展，表露的内容也逐渐变得多样化，表露的内容也更加深刻。

一方过度地自我表露会给对方造成负担, 使对方感到不舒服。根据自己向对方所表露的程度来感受对方的自我表露, 是最为舒适的程度。当对方表现出更多的自我表露愿望或要求, 会感受到在自己没有任何准备的状态下, 对方急于发展一种更为亲密的关系, 这会使我们不愉快或者会逐渐觉得对方不懂得分寸, 从而对对方表现出一种抵抗心理。反之, 当对方不向自己做出自我表露, 又会觉得自己像一个不懂事的傻子一样, 或者认为对方是一个冷淡的人, 或者认为对方对自己毫无关心, 从而产生顾虑(Chaiken & Derlega, 1974)。

图9-2 人际关系的发展因素(Developing Factors of Human Relationship)

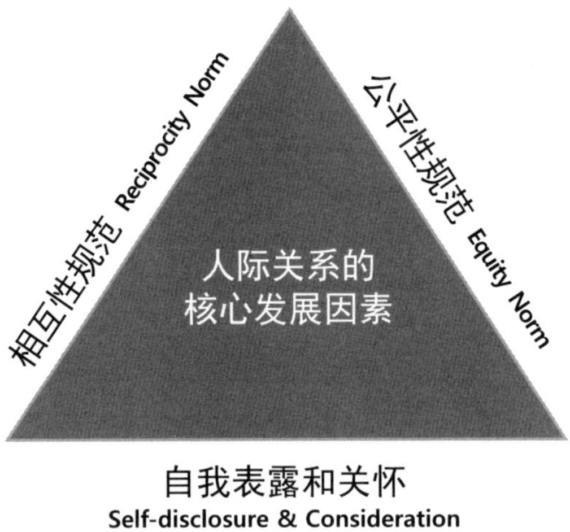

(2) 关怀

自我表露虽然是人际关系得以取得进展的必要因素, 但是其本身并不能够促进关系的发展。如果想要发展关系, 除了回应对方的自我表露之外，还需要关怀对方。关怀(consideration)是指对一个人表现出关心、帮助，尽心照顾的意思。彼此的自我表露使得彼此互相理解，逐渐为对方感到心疼，对对方表现出真正的关心和关怀，这一过程能够不断积累彼此间的信赖感，形成一种精神上的纽带感。彼此的信任和情绪的纽带感是形成亲密关系的根本(Reis & Shaver, 1988)。

(3) 相互性规范和公平性规范

影响人际关系的两大规范为相互性规范和公平性规范。当遵守这些规范的时候，人们对于关系更加满意，关系从而就得以维持。相互性规范(reciprocity norm)规定互相帮助行为的义务性，是人际关系中最为核心的规范，在任何文化背景中都同样存在(Gouldner, 1960)。人们都倾向于具有获得利益的最大化和损失的最小化，同时，收获的应该与自己付出的相当，付出的应该与自己收获的相当。在一段关系中双方不计较得失，并不意味着不进行有目的地计算。比如有时想到和对方的关系的时候，要权衡整体的平衡状态。因此我们才能够选择出“还不错的人”和“不怎样的人”。

根据社会交换理论(social exchange theory)，如果人们在一段关系中能够看到利益，就会更加接近对方；当设想到可能产生损失的时候，就会产生一定的距离感。人们对人际关系做出整体性评价的时候，一般采用两种标准(Kelley & Thibaut, 1978)。第一个为比较水平(comparison level)，是指在和对方的关系中，认为自己理所应当得到的补偿程度。人们基于社会观念或者是过去的经历，又或是把自己所期待的人际关系的水准和自己当下获得的水平进行比较。这种符合期待或者超出期待水准的关系使得人们感到满意。但是如果不能够满意这种期待就会感到失望。要说明的是, 感觉到失望并不意味着要断绝关系。另一个为替代的比较水平(alternative comparison level), 是指把替代关系中期待的得失和现在关系中的得失相比较。在这种比较中, 如果替代关系比现在的关系好, 就会断绝现在的关系。

衡量关系满意度的时候使用的另一个标准为公平性规范。如果说相互性规范是对两个人之间的交换进行义务性规定的规范, 公平性规范就是规定适当量交换的规范。公平性规范(equity norm)指达到各自期待的程度或者适应于所受损失的情况下, 双方关系者能够共同接纳的规范, 它满足最基本正义的原则。

根据公平理论(equity theory), 当处于违反了公平理论的不公平状态下, 会采取一些行为以恢复公平。恢复公平的方法有直接采取恢复公平的行为和间接地采用心理调节这两种方法。第一个方法是因为感受到的不公平是比较自我投入因素和产出因素的比率而导致的, 恢复方法就是直接地改变投入因素和产出因素。比如, 自己应得的比实际所得要少的情况, 就一股脑全部拿去或者向对方要求赔偿对方多得的那部分。第二个方法, 心理状态的调整是指不采取实际行为, 而是通过认知过程转变或者扭转自己的想法, 从而达到一个公平的结果。

公平性规范在关系形成的初期受到当事者较多的关注, 但随着关系的不断深入, 就逐渐变得不那么重要了。但是即使双方关系亲密, 如果一方感到了不满或者是处于一种不顺利的情况, 公平性也会再次成为一个重要的话题。

02 人际关系和自我概念

在人际关系中, 懂得把握个人的自我形象是非常重要的。因为人们在变化多样的社会生活中会受到自我形象的诸多影响。自我(self)是人们如何看待自己真实面貌的结构体, 是同他人进行社会交往和参与社会生活的产物。自我是拥有多种侧面的复杂结构体(한규석, 2009)。通过他人看待自我的反应、对自我的行为和思考进行自愿地评价的过程逐渐发展变化。一般来说, 人们的自我复杂性(self-complexity)越高, 在统合自我观念和自我控制感的情况下, 对生活的满意度也就越高。

1) 自我的构成要素

社会生活中可以看到一个人拥有着许多不同的样子。因为我们在各种各样的生活场合扮演着各种各样的社会角色。我们的自我意象(self image)并不是一个单一的结构体, 而是由多种多样的东西构成的复合体。在很久以前出版的《心理学的原理》一书中, 威廉姆·詹姆斯(William James, 1980)分析了客观地探索对象的自我, 提出了三大构成因素。第一为物质自我(material self)。物质自我是由个人具备的身体、衣服、家庭、住宅和其他所有物构成。这是告诉他人关于我的最具代表性的东西。我们会通过个人所有物所具有的属性来把握一个人的特性。第二个是社会自我(social self)。社会自我是我们从所接触的他人那里，了解到他人对我们印象，从而做出的评价。我们并不是单纯地和他人相配合，我们会向他人流露自我，期待从他人那里得到一个良好的评价。因此，人们为了获得自己所期待的评价，就会形成与周围人数相当的多个社会自我。第三个是精神自我(spiritual self)。精神自我是三大构成要素中最重要的部分，包括个人内心世界的主观性格、兴趣取向、情绪等心理属性，以及思考生命的意义和探索世间万物原理时的深思性的面貌，还有自我关照的能力 。

在性格心理学领域第一个创立自我概念的，是卡伦·霍尼(Karen Horney) (노안영, 강영신, 2003)。她将自我分为了主观性“真正的”自我(real self)，客观性“现实的”自我(actual self)以及“理想化的”自我(idealized self)。第一个主观性“真正的”自我是指自己作为自我知觉的产物，自发地对自我进行解释。主观性“真正的”自我的目标是追求自我实现，实现自我的价值和人生目标。在这一层面上主观性“真正的”自我也可以理解为在现实中所展示的“可能性的自我”。第二，客观性“现实的”自我是依据于他人的观察，所得出的对其最客观的总和。客观性“现实的”自我同自己感知到的自我无关，而是现实世界中本身自我的状态，包括身体层面和精神层面的自我。第三，“理想化的”自我是指为了成为想要成为的样子而不断开发自身潜力，以促进自我实现。为了达到自我实现而形成的“理想化的”自我是人们的普遍特征。正常人的“理想化的”自我和主观性“真正的”自我基本一致。因为“理想化的”自我是基于对自我能力和潜力的现实性评价而形成的。

当人们将焦点放在洞察自我的过程时，可以将自我分为三个部分。根据希金斯(Higgins, 1998)的自我差异理论(self discrepancy theory), 将现实自我视为是自我的面貌, 当我们把现实自我同理想自我和应该自我相比较时, 会体验到不同的情绪和动机。理想自我是指自己期待成为的理性的样子。当想到理想自我的时候, 人们会为了能够接近目标而做出努力, 对采取的积极行动和获得的结果都非常敏感, 不断体验积极情绪, 目的性增强并且不断配合外界变化而做出改变, 用尽全力去争取, 对于那些有胜负之分的活动尤为关心。应该自我指像自我或他人赋予的责任和义务所要求的, 自己应该形成的自我形象。当应该自我被唤起的时候, 人们会对消极的结果变得敏感, 如果无法实现应该自我, 人们会产生不安感或者挫败感, 意识的焦点也会集中于预防和安全的层面。

2) 自我的构成过程

自我就是个人以自己为对象所做出的评价、规定或者态度。自我虽然是个人性质的, 但是其本质则是社会性质的。自我是在不断进行社会交往并履行各种各样的角色时, 通过对自身的反省和洞察构成的。因此自我是连接个人和社会的重要媒介。

自我不是客观存在的物理性实体, 而是在人们的内心深处通过不断共享而形成的社会性实体(Festinger, 1954)。物理性实体具有物质世界的属性, 通过人类的感觉器官而得以掌握, 其客观性可以借助于多种工具来测定。但是社会性实体不是通过感觉器官直接感知的, 而是在和他人不断的交往过程中形成的。如果说一个人的性格十分内向, 那也只不过是可以预测的, 比起其他人更易于表现出内向的行为而已。

(1) 通过社会比较形成的自我概念

自我形象通过和他人的比较而形成。社会性比较过程可以分为向上比较、向下比较和相似比较。第一，一般来说，人们选择和自己相类似的人进行相似比较最多。人们倾向于将那些同自身的性别、年龄、能力、魅力等相类似的人作为比较对象。第二，胜负欲强的人比其他人，更喜欢将表现优秀的人(能够提供给自己有效信息)作为比较对象，表现出向上比较(Feldman & Ruble, 1981)。第三，在生活中，如果有动机想要感受到愉快的心情，人们往往选择向下比较，同那些不如自己的人进行比较(Wood et al., 2000)。在人际关系中与其说人们绝对地满意于一种良好关系，倒不如说人们是相对地满意于同他人相比较而言的较为良好的关系。

(2) 通过反射性评价形成自我概念

构成自我意象(self-image)要素中最重要的要素是别人如何看待"我"和我如何看待"别人的看法"。别人如何看待我是我们自发地意识到的问题。特别是那些和我们有着密切关系的人，他们的反应非常重要。儿童的自我意象与其父母如何看待自己孩子的表现非常相似(Hamachek, 1971)。让一对婚姻生活超过七年的夫妻对自己的性格兴趣取向进行评价之后，再让他们对自己伴侣进行相应评价，夫妻间的评价结果表现出非常高的相似性(Edwards & Klockars, 1981)。

就像霍华德·贝克尔(Howard Becker, 1963)提出的标签理论(labeling theory)那样，别人的意见对自我意象的形成起到了决定性的作用。当一个人被他人视为精神病患者、有犯罪前科的人时，就会很容易地觉得其所有行为都与此标签相呼应，而其行为也使得这一标签逐渐趋于正当化，从而形成一个循环过程。

(3) 通过自我感知形成的自我概念

人们总是依靠他人的行为来判断一个人的性格和兴趣取向，同样，我们也通过对自身行为的观察来形成对自我的判断。在自我知觉理论中，贝姆(Bem, 1967)提出，人们对自我观察的过程是把握自身爱好、态度、性格的重要过程。内在的兴趣取向或态度较弱，或者是内部不相一致的时候，行为者会根据最近的行为推断自我的内在兴趣取向。

如果人们从当下所从事的事情中获得报酬的话，比起无法从这件事中获得报酬或者自己自发地去从事这件事的情况，获得报酬的行为者表现出更加不喜欢事件本身。在没有明显的外部压力或者报酬的情况下，我们会自发地从自身内部去寻找根据从事这件事。但是如果存在外部补偿的话，即使我们享受事情本身，也会逐渐将其视为为了获取补偿而做出的行为，逐渐表现出内部动机被蚕食的现象。这种现象称为过度合理化(overjustification)现象。

3) 自我的功能

自我意识具有三大功能。第一，帮助我们处理信息和体验。第二，赋予个人动机。通过对自我意象的评价带来行动上的变化。第三，使得个人的行为具有一贯性和可预测性，从而提供了推进计划的根据。

(1) 作为信息处理者的自我

自我图式(self schema)的功能在于选择决定对某一信息的关注和把握,判定该信息的重要程度,以及预测会得到何种信息处理结果(Markus, 1977)。图式(schema)由英国心理学家弗雷德里克·巴特雷特(Frederick Bartlett, 1932)提出,本来是为了说明人类信息处理过程。图式是将信息储藏在我们的记忆中,并将其记录为一种概念、想法、信念的抽象型体系。它帮助我们在瞬间处理较多的信息,还能够引导我们从少量的信息开始,寻找更多的与其相关联的信息。当然图式信息处理过程也有可能发生存储错误信息或者回想起错误信息的情况。

自我图式不仅可以从个人过去的行为来推理,也可以从镜中自我建构过程来推理。自我图式所具有信息处理的特征可以总结为三点。第一,那些自我图式带有既定特性的人,比起没有特定图式的人,能够更加快速地处理信息。第二,自我图式具有过滤功能。当新的信息与自我图式相符合时,会快速地进行处理。与此相反,这就会导致矛盾的产生,从而阻碍处理的过程。第三,与自我图式相关联的信息容易激活。当作为自我判断根据的时候,信息被良好地处理。这被称之为自我参照效应。自我参照效应是当自身丰富的生活经验被激发时,也就是指自我图式得以良好确立的情况下,通过图式和信息的相互关联,从而联想到同自我相关的许多信息,因此产生更深层次的信息处理。这也有助于形成更加精确的记忆。

⑵ 作为行为评价者的自我

人们在生活中所表现出的与自我相关联的动机，大致可以分为三大基本类别(Banaji & Prentice, 1994)。第一，自我把握需求。人们想要了解自身的特性和能力，从而找出能够确认自我感知的证据。第二，自我进取需求。一种自发地努力成为理想中自己的需求，逃避自己消极的一面，偏向于表现积极一面的行为。第三，自我提高需求。为了保护自己的自尊心，人们乐于参与一些能够凸显积极的自我意象的活动。

人们一般都希望得到一个良好的评价。来自自身和他人的良好评价能够提升一个人的自豪感。自豪感的高低是通过理想自我和现实自我相比较而得来的。这一比较结果差距越小自豪感就越强。虽然每个人不可能在每一个方面都十分优秀，但是人们一般保持着较高的自豪感。

⑶ 作为一贯性维持者的自我

自我的又一功能是维持个人采取行为的一贯性。人类具有超乎他人想象的稳定性和一贯性感知倾向。人们在采取行动的时候，如果能够自发地反复审视其想法、兴趣取向和标准，就会认为那时所表现出的行为更加符合自己的内心世界。

维克隆德(Wicklund, 1975)的自我意识理论(self conscious theory)认为，个人注意集中在自我和集中在不同状况下的行为，会有所不同。前一情况下的行为反映了行为者的内在特性，后一情况下的行为依据状况的力量所决定。在意识的焦点集中于自身的情况下，当我们照镜子的时候, 用摄像机摄影的时候, 听到自己录音的时候, 我们都会陷入自我意识的状态。自我意识的状态更容易反映出人们内心的态度, 让我们做出符合社会规范的行为。

自我意识是根据行为者的能力、价值观、态度、理想、兴趣取向而事先设定好的, 它使得行为者对将要采取的行为进行评价。当将要采取的行为和内在标准的差距较大时, 行为者会感到不舒服。若其强度不断增强, 行为者就会采取措施逃离当下以缩小二者之间差距。

自我意识存在个人差异。每个人审视自己内在的方法具有明显的差异性。有些人习惯性地内省, 有些人总是倾向于关注周围。其次当意识的焦点集中于自身的时候, 有些人会特别在意他人眼中自己的形象, 有些人则集中注意力于自己内在的秘密。前者称之为公众自我, 后者称为内在自我。

公众自我意识强的人对他人的评价、自己的外貌、流行等非常关心, 在意周围人的意见, 表现出积极认可他人观点的倾向(Froming & Carver, 1981)。他们对他人的反应更加敏感(Fenigstein, 1979)。内在自我意识强的人享受独自一人的时光, 对自我内心的情感、意见更加敏感, 表现出不断充实其内在的倾向(Scheier & Carver, 1981)。他们态度和行为之间具有较高的一致性(Gibbons, 1978)。但是由于公众自我和内在自我彼此之间是相互独立的, 因此对公众自我的关注度较高, 并不意味着对内在自我的关注度一定较低。

⑷ 作为变化主体的自我

自我的不同发展阶段，其内容和特性也大不相同，反映了个人的关注点，以及个人所处的文化背景和时代特性。同发展过程中出现的自我变化一样，有目的性地追求自我变化也能够使自我发生变化。不满意自己面貌的人试图改变自己的面貌。为了追求自我变化的稳定状态需要注意两点。一是自发地改变自我观念。行为者要不断以一种新的眼光来看待自己。不追求迄今为止的自己，不满意于现在的自己，而是应该拥有一颗不断追求新的自我意象(self-image)的心。再者，个人发生的变化要得到身边重要的人的认可。通过和身边重要的人的交流，获得持续的认可才能够使变化逐渐稳定下来。

就像个人的身体只有一个一般，作为与其相对应的心理性实体的内心也只有一个。但是自我是具有多种特质的现象学对象，从这个意义上说，个人具有不计其数的可能的“我的-立场”(I-position)(Hermans & Kempen, 1993)。在同一位置的我和在不同位置的我有可能相同，也有可能相互矛盾，更有可能相互怀疑。就好像在社会中人和人彼此区别一样，个人也存在着多个不同面貌的自我。

03人际关系和情感状态

良好的人际关系或者是让人十分满意的人际关系，是一种能够使人体验到更多积极情感的关系。喜悦、欢欣、幸福等积极情感，被视为决定社会满意度或生活质量的主要因素。人们为了能够感受到这种积极的情感而不断做出努力。人们在人际关系中体验到的积极情感以幸福和喜悦为代表，除此之外，还通过像开心、激动、愉快、满意、安乐、放心、欢欣、自豪、自信、爱等多种多样的词语来表述。另一方面，人际关系也可能带来一些消极情感。它包括愤怒、烦躁、讨厌、惊慌、荒唐、嫌弃、孤独、猜忌、嫉妒、挫败感、羞耻感、悲伤、悲哀等多种情感。

1) 积极的情感

(1) 幸福和喜悦

人际关系中最具代表性的积极情绪就是幸福(happiness)和喜悦(joy)。幸福和喜悦是人们达成或正在达成期待的目标时感受到的情感。一般来说幸福比喜悦更加全面，是一种对整体状况持续的积极情感。相比幸福，喜悦是针对更加具体的事件而急速感受到强烈情感。

虽然大部分的人总说自己是相对幸福的，但是这其中存在着相当大的个人差异。2007年以哈佛大学幸福课而闻名的泰勒·本-沙哈尔在《Happier》一书中将不幸的人分为三大种类：为了追求未来成功而不顾现在幸福的“忙碌奔波者”；享受瞬间的快乐和而陷于无聊的“享乐主义者”；沉溺于过去的失败，放弃幸福的“虚无主义者”。作者以哲学和心理学分析为基础，提出了人类应该成为享受现在喜悦和未来幸福的“感悟幸福者”。

本-沙哈尔曾说到每个人都想要生活得更幸福，每个人都值得生活得更幸福。为此我们应该认可幸福的终极价值。并且在职场、学校、家庭的每一瞬间, 我们都应该试着向自己提出以下问题:“什么对我有意义?”“什么使我快乐?”“我有何优点?”。当然不是说当你拥有了新的心态, 当下痛苦的情况就能够发生改变。造成不幸的习惯或者行为不可能在一瞬间发生改变。但是如果能够了解幸福的积极价值, 在感到不幸的每一瞬间都想到上述问题, 一点一点改变的话, 我们所有人的今天比昨天, 明天比今天都会更幸福。本-沙哈尔还提出了具体的幸福六大戒律。第一, 认可自己充满人情味的情感。第二, 幸福就在喜悦和意义相交汇的地方。第三, 不要忘记, 幸福不在于社会地位或者银行存款, 而取决于自己内心的决定。第四, 单纯地生活。第五, 请记得身心合一。最后, 每当有机会的时候, 记得表达感恩。

体验幸福的三大重要因素是建立社会关系、拥有一份职业, 以及身体健康(Kassin, 2001)。当人们建立起圆满的人际关系, 拥有一份适合自己性格、能够发挥自己才智的工作, 并且身心健康的时候, 人们会变得幸福。其次, 即使富饶国家的国民表现得更幸福, 但是关于收入水准和幸福间的直接联系的证据并不明确。有人认为, 我们生活的社会越富裕, 人们却越不幸。实际上, 英国新经济基金会调查了世界178个国家居民的幸福指数。调查结果显示, 澳洲旁边一个很小的岛国瓦努阿图的幸福水准在全世界排名第一。韩国在过去四十年间, 人均国民收入增加了200倍, 经济水平处于世界13位, 但是幸福指数却只停滞在102位。这种结果就像是社会比较理论(Social comparison theory)和适应水平理论(adaptation-level theory)所谈论的那样, 对于财富的感知是因为人们和他人所拥有的财富进行比较, 随后根据比较结果刻画出一个相对的侧面，并逐渐对此熟悉而成。另外，幸福感不高还因为随着时间的流逝，人们倾向于认为自己的幸福水准不断降低。

⑵ 自豪感

自豪感(pride)是当感受到自己是有价值的存在时所体验到的积极情感。虽然这种情感脱离了他人关系，可以通过对自己的成就做出积极评价来获得，但是由于他人的认可和评价是自我评价的重要依据，因而人们能够在他人关系中体验到自豪感，并不断强化。当他人正对自己的能力、成就、业绩等进行积极评价和认可的时候，自我就会感受到自豪感。自豪感意味着对自我的满意感和尊重感。这种自豪感伴随着成就感、自信感、胜利感等积极情感。

自豪感是幸福的重要因素。幸福是在对整个人际关系和生活的积极评价中逐渐感受到的情感。而自豪感是在对自己的积极评价中感受到的情感。幸福是对整体生活的感受，而自豪感是对自我的感受。自豪感低的人会自发地对自己的能力或成就进行过低评价，对于他人给予的称赞和积极评价会缩小之后再接受。并且会长期地感觉到对自我的不满和自卑感。自豪感高的人在他人面前表现得十分自信，善于表达自我，举止行为大方。自豪感高的人比自豪感低的人，在很多方面都表现得更加游刃有余，甚至精神状态也更健康。自豪感高的人除了单纯地获得心理上的满意感之外，更加擅于应对来自环境中的不满情绪。

人们在生活中都拥有着相对高的自豪感。在人们认为的理想特征中，至少具有高于平均水平的倾向。大部分的企业家都认为自己比其他企业家的道德意识更高(Brenner & Molander, 1977)；比其他人更加没有偏见(Messcik et al., 1985)；司机师傅们认为自己的驾驶技术比其他司机们更加熟练、更加安全(Svenson, 1981)；应答者中有86%认为自己完成工作的水平处于平均以上(Headey & Wearing, 1987)。人们表现出这种非现实性的乐观性认知，提醒我们自豪感在人际关系中有时也可能存在问题隐患。

过度的自豪感就会导致消极的结果。如果自豪感发展为一种自恋型的、自我中心主义、自我炫耀性的行为，会在他人面前营造一个傲慢自大的形象。在我们当下这个依旧讲究谦让美德的社会中，过分赤裸裸地展露自我的价值感，会让他人产生反感。其次，过度的自豪感也与犯罪相互联系。那些因为无法很好地融入同龄人群体，转而和一些不良的少年交往，逐渐形成一个暴力活动团体的青少年(wink, 1991)，以及一半以上造成恶性犯罪的精神病患者们(psychopath)(Hare, 1993)，都表现出了高度自豪感。他们都表现出了较强的自恋倾向，并逐渐和较高的自豪感相混沌。观察杀人犯、强奸犯、暴力犯罪者们，与其说他们表现出抑郁或者是饱受不安感、矛盾的折磨。不如说他们对自己有着过度的积极想法，当他们感到自我意象受到威胁的时候，就会产生暴力行为(Gilovich et al., 2006)。

(3) 爱和情

如果说自豪感是对于自己的积极情绪的话，爱(love)和情(affection)就是对他人的积极情感。爱和情因对他人的积极评价而产生。这种情感随着强度、对象、脉络的不同被描述为好感、亲密感、友情、爱情等。当对某人感到爱意的时候，就会表现出对那个人善意的关心和想要接近的行为，会产生思念对方的情感。当收到对方的帮助请求时，人们会提供与他人不同的格外帮助。这种感情随着和对方关系的逐渐深入而发生变化。初期阶段彼此感到好感，随着关系的持续深入，产生喜欢的情感和亲密感，双方关系进一步深化就会感受到爱情。

(4) 慰藉

在人际关系中我们会经历各种各样的矛盾和不安。这种矛盾和不安得到释放的时候，人们所感受到的积极情绪体验就是慰藉(relief)。认为痛苦的状况消失或者逐渐转变为一个更加积极的状态时所产生的积极情感就是慰藉。感受到慰藉，能够缓解肌肉紧张，解除对周边的警戒，逐渐感受到舒适感。在慰藉状态中，我们身体的副交感神经得到激活，达到一个稳定的状态。慰藉是从矛盾、不安、紧张、挫折、忧郁等消极情感中感受到的解放感和相对的积极情感。

2) 消极的情感

(1) 悲伤

人际关系中最具代表性的消极情感是悲伤(sadness)。悲伤作为一种因为失去而感受到的最基本的人类情绪反应，是人际关系中最常经历的痛苦情感。悲伤是在和相爱的人分开或者是失去了一段人际关系时所感受到的痛苦情感，人际关系的失去仅仅存在于对未来的设想时，会让人感受到不安，而当这种失去成为一种现实的时候，人们就会感到悲伤。特别是当这种失去无法再通过任何手段来复原时，悲伤的感觉就会更加强烈。一般来说，如果不能充分地表露悲伤，悲伤的持续时间就会更长。向他人表露自己的悲伤，从他人那里获得对自己悲伤和痛苦的共鸣，是战胜悲伤最有效的方法。为了战胜悲伤，需要通过其他的事物或人来填补失去造成的空位。

每个人表达悲伤的方法都存在差异。由于悲伤的原因和强度不同，每个人表现悲伤的方法也大不相同。但是我们能够找出一些共同点。第一，哀叹(lament)。每个人在面临与爱人分离或者死别时，都会表现出哀叹。泣涕交加、捶胸顿足地表现自己悲伤的情感，怀念、惋惜失去的人，通过痛苦的行为表现自己的悲伤。第二，不活动(inactivity)。当感受到悲伤的时候，活动会大幅减少，对于外部的关心和需求降低，从外部环境中撤离，沉浸在自己的世界中。也有人闭门不出过着蛰居的生活，食不下咽，所有的活动都停滞下来。第三，委屈(grievance)。在由于悲伤感到非常痛苦的情况下，对于导致自己这般痛苦的人表现出不满、愤怒、埋怨。最后，忧郁(depression)。如果丢失的东西对个人来说非常重要，使得人们长时间处于悲伤的状态，会感受到强烈的绝望感，更甚者还会表现出抑郁的症状。一般来说由于丧失产生的悲伤会随着时间的流逝自然恢复，但是这种强烈的长时间悲伤，会给日常生活带来痛苦和混乱，逐渐发展为抑郁症。

在人际关系的各种状况下我们都有可能经历悲伤。第一，与相爱的人生离死别。我们所爱的人包括父母、家庭、恋人、朋友、同事等。

他们是能够互相感受到爱意、亲密感和信赖感的人, 就仿佛是我们的分身一般。和这种人分别的时候, 就好像是我们丢失了自己重要的一部分一般。当失去的人对我来说很重要的时候, 此前从未曾预想过的分别, 或者突发性的事故导致的分别, 带来的悲伤感受会更强烈。

第二, 因为失去了他人的关心和关爱所产生的悲伤。当曾经对自己表现出个别的关心和爱护的人, 突然收回了自己的关心和爱护, 或者是自己没有获得急切渴求得到的关心和爱护, 不得不打消这念头时候会感到悲伤。这种情况, 喜欢对方的那份心意越重, 就感到越悲伤。

第三, 丢失了自己价值或所扮演的角色。与身体上的损伤相比较, 当丢失了自己的价值或者所扮演的角色时, 人们会感受到更强烈的悲伤。在子女面前丢失了作为父母的价值或者是在工作了许久的职场中退休, 都会感到丢失了自己社会价值或社会角色, 此时就会感到悲伤。

如果我们希望得到幸福, 那么我们在面对悲伤的时候, 应该采取的行为就是承认现实。由于悲伤源于失去的情感, 所以当我们对失去的和即将失去的东西表现出基于现实的认可, 懂得调节我们的心态, 失去就会成为我们再次重新开始的出发点。因为在我们的一生中, 许多失去都是不可避免的, 所以我们可选择的, 能够帮我们脱离悲伤的第一阶段就是承认现实。

(2) 愤怒

愤怒是破坏人际关系最强烈的消极情绪之一。愤怒(anger)是一种对造成个人价值损失的攻击性行为的基本反应情感，能够诱发攻击和报复的行为。愤怒是一种积极应对情感，它主要应对那些造成个人身体或者所有物损失的危害性行为，或者是类似于无视、侮辱等造成个人人格损伤的卑贱行为，以及阻碍、危害个人追求自身目标的行为。

愤怒的强度和对方攻击行为造成的损失程度成正比，当攻击行为是有意图的，充满恶意的时候，愤怒的感受也就会更强。如果愤怒的情感非常强烈，而对方处于一个弱势的时候，攻击冲动就易于行动化。就像当动物感受到愤怒时，会张牙舞爪地做好攻击的准备行为一样，人类感受到愤怒的时候，激活自主神经系统，眼神变得凶狠，会采取咬牙切齿、握紧拳头等一系列与攻击行为相关联的行为。

当感受到愤怒的时候，我们能够采取的反应有五种，它们分别是，朝着引起愤怒的对象发出直接的攻击行为，对不是愤怒诱发者的第三对象发生攻击行为的替代行为，装作偶然地违反与对方的约定或者不提供给对方所需信息或材料等的被动性攻击行为，通过对自己的自责转化为内向化的行为，埋头于运动、创意性工作，采取一种容忍的具有建设性的方法来释放自己愤怒的升华性行为。

但是如果我们想要变得幸福，那么当我们经历愤怒的时候，我们唯可采取的行为是原谅。原谅(forgiveness)是处理愤怒最成熟的方法，也是最痛苦的方法。愤怒常常引发攻击行为，攻击行为又会再次诱发对方的愤怒，使自己再次遭到攻击行为，从而形成一个因因相报的循环过程。由于这种恶性循环撇开了胜负，只是单纯地浪费彼此的力气，彼此受到伤害，因此这种矛盾的对立关系应该转换为合作性的关系，或者至少是没有矛盾的关系。原谅是为了彼此成长和发展的一种未来指向性的应对行为。合理地调节愤怒的情感虽然并不容易，但是由于许多的愤怒情感都是因为过度夸张，或者不必要的宣泄而放大的，因此如果能够带着一个更加宽容的标准，远远地综合各种观点再三考虑，那么原谅也不是不可能的。

⑶ 羡慕和嫉妒

损害人际关系的破坏性情绪还有羡慕和嫉妒。羡慕(envy)是当他人拥有了自己想要但是却没能得到的东西时，所感受到的情感。羡慕是通过和那些比自己境况好的人进行比较而感受到的一种相对的缺失感和失败感。特别是当比较对象和自己相类似或者其条件或特性有着某些不足时，羡慕的情感就会更强烈。它包括三个方面：对对方成功的羡慕感，视自己为失败者或低人一等的存在所带来的挫折感，以及将对方的成功看作是一种不合理、不妥当行为的愤怒感。

嫉妒往往和羡慕一起出现，主要在三角关系中出现。嫉妒(jealousy)是由于竞争对象使得自己现在的人际关系弱化甚至可能终结而感受到的不安感，和对于导致这种威胁状况的竞争对象的愤怒情感。它是在两性关系中经常会经历的一种混合着不安和愤怒的痛苦情感。

由于羡慕和嫉妒被视为社会性的禁忌，因此即使自己的内心非常痛苦，也无法直接地表现出来。正是由于表现层面的难度较高，因而这种情感的宣泄也就十分困难。另外，由于很难直接地、自由地表达，通过间接的、隐蔽的方式表达羡慕和嫉妒，会导致各种各样的误会发生, 从而使得人际关系慢慢地瓦解。

为了能够享受幸福的人际关系, 我们应该抛弃内心的羡慕和嫉妒。由于羡慕和嫉妒是通过比较产生的情感, 因此当我们不再比较, 就能够逃离这种情感。由于生活的中心是我们自己, 因此自发地拓宽我们的兴趣爱好领域, 充分活用自身的代表优势, 反而会受到他人的羡慕和嫉妒。

(4) 厌恶感

不知道为什么人们会对某些人感到反感, 想要离得远远的。这种讨厌、想要离得远远的感情称为厌恶感。厌恶感(disgust)本来是对腐坏食物的味道所产生的本能性反感, 及其所派生出来的感情, 现在指在人际关系中对某人或者对某人的行为产生的消极情感。

就像腐坏的食物会让人们感到恶心和呕吐一样, 造成反感的因素是因为感到讨厌产生的反感情绪。这种反感不仅表现出对讨厌对象的排斥, 想要采取远离的行为, 有时甚至无法容忍讨厌对象的靠近。从这方面说, 厌恶感是抑制人际关系发展的强烈消极情感。

在人际关系中使人产生厌恶感的人具有以下几个特性。第一, 具有攻击性。由于具有攻击性的人给我们造成伤害的可能性更大, 因此在感受到厌恶感的同时, 人们为了消除或者回避这些危险, 会做出一些本能性的冲动行为。第二, 具有异质性。我们对具有过度异质性的人感受厌恶。由于异质性不易察觉, 所以难以预测其属性和反应, 因此会将其视为一种危险的东西, 从而产生反感的情绪。最后, 很难从心理上消化。超出自己能够接受的价值、兴趣爱好、态度等时，我们就会感到反感和厌恶感。

04 人际关系和矛盾

没有人能够独自活在这个世界上。我们通过建立各种形态的人际关系生活着。虽然有些关系能够和谐地维持，但是有的关系充满着矛盾，甚至比那些素未谋面的人之间的关系还要糟糕。在人际关系中造成矛盾的典型原因是交流的问题和社会制约的问题。

1）交流和矛盾

人际关系以交流为媒介。与其说交流本身就是一种目的，不如说交流是为了达成某种目的而采取的功能手段。交流根据功能性手段能够分成五大类别。第一，为了提供多样的信息和知识的信息性交流(informative communication)。第二，学校或者企业为了实施教育进行的指导性交流(instructive communication)。第三，类似于商业广告和公益广告这种为了改变人们已有态度的说服性交流(persuasive communication)。第四，类似幽默或玩笑之类的为了在人际关系中产生快乐的娱乐性沟通(entertaining communication)。第五，为了谋取友谊的关系性交流(relational communication)。

许多人际关系中的矛盾都产生于人们交流过程中引发的问题。这包含了人们交流的内容(context)和关系(relations)。内容虽然很重要，但是关系的重要程度不亚于内容。

人与人之间对于关系的规定十分自然，并不受什么特别的意识控制。两个人之间的关系越是亲密圆满，对于关系的信息就越停留在背景阶段。这时只有对话的内容会成为问题。但是如果在关系中存在问题的话，就会逐渐忽视内容的重要性和意义。甚至，当内容和关系的两个要素不再明确区分的时候，两个人之间的矛盾就达到不可预测的程度，关系的维系就变得很困难。在关系中产生的矛盾如果从内容上来解决，或者在内容中产生的矛盾想要从关系上来解决，都会让人际关系变得困难而混乱。

如果两个人之间对内容和关系两方面都同意的话，就会形成圆满的人际关系。但是如果两个人同意彼此的关系，但是对内容存在异议的话，这段人际关系就会产生矛盾。虽然只同意了内容，但如果对于关系存在异议的话，这段人际关系必将存在着误会和歪曲。如果对于关系和内容不是全部同意的话，那这段人际关系比素不相识的人之间的关系还要恶劣，甚至会发展成一种老死不相往来的程度。

那些不仅没能够解决人际关系中产生的矛盾，反而扩大矛盾的交流，具有以下几个特性。第一，表现出批判性行为，批评或者攻击对方的人格和品行。如果想要解决矛盾，应该克制对对方单方面的批判。因为人际关系的矛盾一般是双方造成的，由于单方面的原因所造成的情况是很少见的。第二，表现出贬低的行为，无视对方或者侮辱对方。这种行为不仅表现在使用侮辱性的词汇上，还包括使用攻击性的玩笑、嘲弄和嘲笑、厌恶性的身体语言等心理性暴力。第三，表现出防御性的态度，对对方不坦白，急于做出自我防御的行为。比起解决问题，此时人们更多的是为了不受到伤害而做出努力。最后，修建隔离墙。此时人们拒绝和对方进行交流，在肢体行为上表现出距离感，精神层面上表现得漠不关心。为了能够变得幸福，要对上述的行为小心规避。在多样的人际关系中采取批判性行为、贬低性行为、防御性态度以及修建隔离墙，都是自发地放弃幸福的行为。

2）社会制约和矛盾

人际关系可以分为上下关系和亲疏关系。上下关系指在人际关系中行使对彼此的制约力，它意味着社会制约。亲疏关系是指人们之间的情分和距离感。规定甲乙关系的社会制约(social control)出现在包括朋友在内的所有关系中。这一关系越持久、越亲密、相互依存度越高，就变得更加重要。就像在家庭中约定俗成地在外打拼的是丈夫，养育子女和做家务事的是妻子那样，彼此之间按照领域互相制约和让步，并认可彼此之间的制约关系。选择话题或者终止对话的行为是在运用制约力的一面。与此相反，像“哦！是这样啊！”的使用一些强调副词，或者“那样的”“不是有那样的嘛”等使用一些模糊的副词或形容词的行为，是对制约力做出让步或者是不具备制约力的人所表现出来的行为。

对对方的亲密感表现在靠近对方的行为、频繁地眼神交流，接触，舒服的姿态，充满秘密的话题，自我表露，对对方全方位的支持等方面。人们善于运用身体语言来表现这种亲密感，并且能够很好地捕捉这种表现。环顾我们周围正在对话的人们，想要了解他们究竟是夫妻还是恋人，又或是初识不久的朋友，并不是一件困难的事(Forgas, 1978)。

人际关系的制约力和亲密感虽然是两码事，但是如果外在情况能够对制约力起到帮助作用, 则会给亲密感带来消极的影响。制约力较高的公式化用语和规范用语的使用, 会使得彼此之间的距离逐渐拉远(Giles & Powesland)。另外, 关系的亲密性是通过两个人的相互商议来实现的, 在合适的水准上表现出适当的行为状态, 会使得人际关系停留在背景层面。但是超过了相互商议的程度做出过分亲密性的行为, 或者是出现疏远行为的话, 就会带来全面性的伤害。人际关系中社会制约和亲密感是成正比的, 并且表现出逐渐增大的趋势, 这是使得人际关系逐渐变得困难的原因。越是亲密的关系就越需要更多的礼貌及关怀, 以"亲密"为理由想要控制和拘束对方, 这种想法和行为会破坏人际关系。越亲密, 就越要营造只属于那个人的时间和世界, 这样才能使得关系不断持续地发展。

05 人际关系和幸福

幸福的代表性来源之一就是人际关系。建立广泛健康的人际关系的人, 比起不那样做的人, 更加幸福。这一事实在很多的研究中都已经得到证实。第一, 合适的人际关系不仅是社会人的机能, 更起到了提高个人生活满意度的顺应作用。已婚者比同龄未婚者更加幸福, 这一点特别表现在男性身上(Veroff et al., 1981)。第二, 拥有亲密关系的人, 在受到严重压力的情况下, 从配偶、朋友那里获得一些忠告、安慰和帮助等社会支援, 从而能够更好地应对压力, 维持精神健康。失去挚友或者爱人被视为是最严重的生活压力。由于离婚、分居、死亡等失去配偶者的情况表现出更多的抑郁症状, 这一点在男性身上也体现更明显(Stroebe & Stroebe, 1983)。第三, 与他人亲密地交流, 对于寿命和身体健康都有帮助。同龄人在相同时期内, 拥有亲密的人际关系的人, 死亡率仅有9.6%, 但是在与他人关系逐渐疏远的人, 死亡率则为30.8%(Berkman & Syme, 1979)。

为了在人际关系中充分地感受到幸福, 我们需要将以下几点付诸行动, 这几点简称为3R。第一个R是认可(recognize)。幸福的人际关系始于认可对方的存在。由于具有着相似社会文化背景的人们的经验、想法、态度等方面很相似, 因此想要建立关系并不是一件难事。但是如果过去的生活经历大不相同, 就会在很多方面表现出差异。有差异只意味着有不同(It's different)而不是有错误(It's wrong)。了解差异并且能够原原本本地接受差异, 是建立健康人际关系的首要条件。在多样的社会生活中认可我们与他人存在的差异, 是拓宽人际关系, 开拓一个人的思想和情感的深度与广度的绝佳机会。第二个R是尊重(respect)。在人际关系中直率地表现出对彼此的尊重, 使得对方不会感受到威胁性, 减少了防御性交流, 有利于我们追求幸福的人际关系。与对方交往时表现得仿佛占据领导地位, 充满竞争意味, 带有贬低的态度等, 会让人在社会生活中失败的可能性更高。反之, 拥有民主性的、相互尊重性态度的人, 通过圆满的人际关系, 使得自己的社会生活不断丰富。尊重在人际关系中比其他任何事物都重要。第三个R是奖励(reward)。人们认为社会中最重要, 也是最困难的事情就是人际关系。虽然有些人会在同他人的人际关系中消耗对方的时间和能量, 但是也有一些人会给对方提供时间和能量。不要成为接受的一方, 而要成为付出的一方。人际关系是能够使我们幸福的最可靠的投资。为了投资人际关系，应该给对方提供经济上、物质上、言语上、或者是心理上的奖励。表达感谢也是一种有效方法。感谢在感谢者身上和被感谢者身上都能够看到效果。表达感谢的人比起不怎么表达感谢的人，不仅更加积极地接纳自己的人生，还能够感受到更大的幸福，懂得更有决断力地做出行动，表现得更加有活力，更加积极。获得奖励对任何人来说都是一件愉快的事情。

第十章 职场生活和积极心理学

度过充实的一天之后才能幸福地安然入睡
同理，度过充实的一生才能幸福地长眠。
--文艺复兴时期的天才，列奥纳多·达·芬奇(Leonardo da Vinci)

本章将要从积极心理学的观点来探讨职场生活。我们都在经历过一段时间的学生生涯之后开始进入社会，开始我们的职业生涯。进入职业生涯之后，我们就开始拥有职场生活。在多样的职场世界中我们从事着什么工作，拥有着怎样的职场生活，是衡量我们人生和成功的最好标准。

我们所定义的成功与我们年纪有着很大的关系。随着时间的流逝，我们需要一定的适应时间。人生就是一场轮回。关于成功有这样的笑话：1岁孩子的成功是能够自主排便，25岁时的成功是有性生活，50岁时的成功是拥有财富，75岁时的成功是仍然能够有性生活，90岁的成功是依旧能够自主排便。

韩国的那些职场工作者为了能够在激烈的竞争中生存下去，将所有心思都扑在工作上，导致身体，精神健康状态都在不断恶化。在2007年，对职场工作者健康意识的调查结果显示，韩国的职场工作者中，30.4%患有消化功能的疾病，29.9%承受着工作压力，11.2%患有肌骨系统疾病等慢性疾病。其次，在职场中遭受职场暴力的比率也很高，使得职场工作者的积极情绪和幸福感都受到了严重的影响，导致了员工的职业满意度低下，身心疲惫不堪。2013年的职场暴力调查结果表明，过去六个月间遭受过职场暴力的人高达86%。

01 职业和自我实现

就像前面已经提到的那样，关于幸福的观点大致可以分为快乐主义幸福观和自我实现主义幸福观。基本来说，快乐主义幸福观的焦点在于个人所体验到的主观型愉快感和幸福感。反之，自我实现主义幸福观的焦点在于通过个人的努力选择一件充满意义的事情，并且能够充满热情地全身心投入其中，充分发挥自身的潜力。特别地，与这种自我实现主义幸福观有着密切联系的幸福领域，就是职场世界和职场生活。

根据罗杰斯(Rogers, 1957)的观点，实现自我实现的人并不总是感到幸福和满意。但是我们的人生就是自我实现的过程，幸福作为自我实现的产物总是悄然而至。幸福本身并不能够成为人生的目标。我们人生真正的目标就是自我实现。职业是完成自我实现的重要途径，也是幸福的主要源泉。大多数人都认为"工作和事业上的成功"有着重要的意义，通过事业能完成自我实现。

1) 职业

每个人在成年之后都会有一份自己的职业。职业是指除去休息、游戏、休闲活动之外的一切生产性活动。职场人对自己职业的认知大致可以分为三种。第一, 认为自己的工作仅仅是为了维持生活, 获得收入的生计(job)。因此工作的焦点在于经济上的收入。第二, 认为职业是一种与社会性成功相关联的履行(career)。职业的意义在于达成自己的目标, 个人从中收获自豪感。第三, 认为职业是一种宿命召唤(calling)。这种人通过工作来感知自己是一个有用的, 对社会有价值的人。对于他们来说, 职业活动并不仅是为了自己, 更是为了他人。这类人在社会共同体的基础上找寻个人的成就感。

职业是发现人生意义的重要幸福源泉。给幸福带来重要影响的心流体验, 主要发生在工作的时候。与工作相关联的各种活动是能够同时体验心流和意义的幸福源泉。工作不仅是一种获得收入的经济手段, 还是幸福生活的源泉。职业和幸福有着密切的联系(Argyle, 2001)。拥有职业的人比未就业者更幸福, 专业性人才或者熟练劳动者比水平低下或业务生疏的劳动者更幸福。另外, 人们在工作中能够发挥个人的能力和优势, 更能实现个人的目标和价值从而达到自我实现。如果找到一份符合自己兴趣和个性的工作, 也就获得一个能够充分发挥自己潜在才能和才华的机会。幸福的人在职场里具有更大的生产性。在职场中能够创造出生产成果的人更加幸福。此外, 职业不仅能够使人产生自我主体感和社会归属感, 同时也和同事之间建立社会关系网。虽然可以从性格方面对一个人进行评价, 但是人的角色比性格更易感知, 所以人们常以社会性角色为中心对他人进行评价。

2) 通过职业完成自我实现

自我实现(self-actualization)这一术语是库尔特·戈德斯坦(Kurt Goldstein, 1934)在概述"为了发挥个人所具有的全部潜力而产生的动机"时第一次提出的。根据这一观点, 自我实现作为一种生命发展的主要动力, 最终能将个人能力发挥到最大, 具有决定人生未来道路的作用。

人本主义心理学家马斯洛提出的需求层次发展理论, 将自我实现视为心理发展的终极需求, 这一观点在学界被广泛接受(Maslow, 1954)。马斯洛将其定义为"一种充分发挥个人潜力的倾向"。自我实现作为一种追求成长的需求, 对实现个人的志向和野心具有推进作用。完成自我实现的人不仅拥有优越的现实感知和职业能力, 同时具有独立、自律、深友情、幽默等特点。

根据人本主义心理学者罗杰斯的理论, 人们先天性具有发挥自身全部潜力的自我实现倾向(self-actualization tendency, Rogers, 1957)。先天性的自我实现倾向具有两方面。一是维持个人与生俱来的身体上、心理上的气质而流露出来的倾向。二是将个人所具有的全部潜力开发到最大, 并且使之得以充分发挥的倾向。践行自我实现的人能够成为真正的自我。他们在开发自我潜力的过程中, 不断挑战新的人生, 从而使自己的人生变得更加丰富多彩, 富有意义。这种人被罗杰斯称为"功能完善者(fully functioning person)"。

积极心理学的创立者塞利格曼也赞同自我实现主义幸福观。他认为如果个人能够充分发挥自己所具备的各种优势来迎接生活, 那就是幸福的人生(Seligman, 2002b)。当你在生活中充分发挥代表着个人特性的积极特质, 也就是代表优势的时候, 不仅能够感受到生活中的愉悦和活力, 更能够收获一个积极的结果, 还能够体会到一种在表现真正自我的感觉。其结果, 可以在自己的人生中体验到积极的情感, 生活的乐趣得以维持。另外, 也会让人以更加积极的态度投入到每天的生活中去。进一步来说, 不仅是为了个人, 还会为了家庭、职场、集体和社会奉献自我, 从而获得有意义的人生。因此塞利格曼认为, 当你心情愉悦, 全身心地投入到自己的工作, 并从中发现人生意义的时候, 就能够感受到真正的幸福。虽然有的时候, 愉悦的人生、全情投入的人生和有意义的人生并不会同时到来, 但是三者之间具有密切的关联性, 并且相互促进。

3) 职业中的成就和业绩

通过职业活动不仅能够从中感受到乐趣和意义, 更能让人们在自己的人生中留下成就和业绩的重要篇章。为了实现伟大的业绩, 个人的能力、兴趣以及个人的努力是必不可少的(Murray, 2003)。优秀的成绩和业绩能够给我们带来敬畏感和尊敬感。

加德纳提出非凡业绩和成就可以分为四大类型。第一, 在某一专业领域成为大师(master)。第二, 成为一个新领域的创立者(maker)。第三, 成为一个促进社会积极发展的有影响力的人物(influencer)。最后, 成为一个深刻探索内在人生的人(introspecter)。

任何领域中的业绩最终都不是由单一的因素所决定的, 而总是心理因素、社会因素、历史因素共同作用的结果。但是比起这些, 更重要的事情却是在专业领域的能力和技术, 公式化的教育以及角色模型。

有研究者对个人的特性和环境的特性进行量化, 进而研究二者之间的关系, 当然也检验量化资料的信度和效度。研究指出, 第一, 要到达某一领域的顶峰, 就需要具备与其高度相匹配的知识和技术。第二, 不论是在什么领域, 能够达到顶峰的人都是付出过艰辛努力的人。第三, 为了在一个领域达到顶峰, 导师的作用非常重要。第四, 在适当的时期、适当的场所生活也是很重要的。最后, 卓越的成就受到文化氛围的影响。在强调自我超越的文化中, 人们会表现出努力创造伟大业绩的倾向。

为了在职业领域实现卓越的业绩, 首先应该认清自己的兴趣和能力, 选择一个适合自己能力和兴趣的职业领域。然后找到一位在这个领域十分优秀的老师, 与其建立起互信关系, 投入大量的时间来学习。要注意的是, 不仅自己正在从事的专业活动很重要, 也要认识到在那些活动里面自己所具有的能力和所扮演的角色也一样重要(Peterson, 2006)。

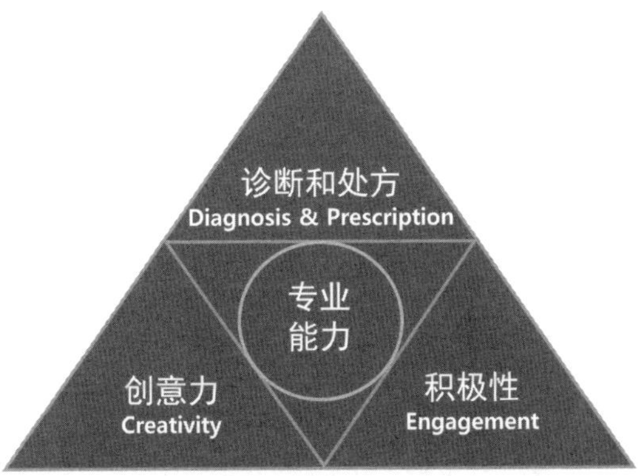

02 职业选择

职业对我们的幸福非常重要。职业不仅仅是获得经济收入的手段，更是发挥个人潜力和找寻人生幸福的主要源泉。我们的大部分时间都是在工作中度过的。占据我们日常生活最多的时间就是在职场中花费的时间。因此职业选择是决定是否能够享受幸福人生的基本要素。

我们的寿命虽然一直在延长，但是这并不意味着我们能够工作的时间也在不断增长。为了我们的幸福人生，特别是为了经济上的稳定和心理上的安定，我们需要提前做好努力奋斗的准备。这一出发点正是职业选择。我们对职业所做出的判断和决定能够决定我们的幸福。

有关职业选择的第一个课题是对就业和创业的选择。在进入社会之前，很多人往往经过较长时间的深思熟虑来选择自己究竟是就业还是创业。为了就业所做的准备和为了创业所做的准备当然存在着差异。因此首先应该清晰地认识与自己职业选择相关的未来道路。这是我们创造幸福的职业生活和日常生活的出发点。

万一你决定了要就业，就要决定你将要从事什么样行业？进入什么样的公司？做出职业选择所依据的核心基准是职业满意度高。职业满意度(job satisfaction)是由于职业或者职业经历在职场生活中达到一种愉快满意的状态。每个人都期待拥有职业满意度高的职场生活。

但是职业本身虽然重要，决定职业满意度最重要的因素却是人职匹配(Person-Vocation Fit: PVF)。并不是说每个人在所谓"好职业"的职场中就会对工作感到满意,因为即使优秀的人也并不意味着在任何行业都能够取得成功。把握自己的特性,选择与其相匹配的职业,对幸福来说才是最重要的。影响人职匹配(PVF)的典型因素是兴趣爱好、能力倾向、价值、工作环境等。

决定职业满意度最重要的因素不是"职业本身",而是"人职匹配" Person-Vocation Fit

1) 兴趣爱好

兴趣爱好是影响对事业的投入度、成果和职业满意度的重要因素。兴趣爱好(interest)指对某种活动或事物产生特别关注或关心的个人一般化行为倾向(Renninger, 1990.2000)。即,使个人对某事感兴趣、产生好奇心的动机性倾向。这种个人的兴趣爱好通过周围人的支持和鼓励得以不断发展(Fried, 2001)。职业兴趣理论专家霍兰德(Holland, 1985),从个人的兴趣爱好和职业类型出发,提出了爱好的六大类型。

兴趣爱好不仅给我们内在的满意,更提供给我们多种多样的益处。兴趣爱好所带来的最明显益处是,在特定的领域创造出与众不同的成就。兴趣爱好使得人们能够更好地克服挑战和挫折(MeCombs, 1991)。在学习新知的过程中,越是能够对其产生兴趣,就越少感受到压力,兴趣还能够长期地增进身体、心理的健康与安定(Helson & Srivastava, 2001; Sansone, Wiebe, & Morgan, 1999)。持续地维持兴趣爱好，不断开发新的兴趣爱好的能力，对健康和老化也十分重要(Snowdon, 2001)。

表10-1　兴趣爱好类型和职业

类型	职业
实际型(realistic type)	建筑业者、农场经营者、工程师、司机、车辆修理工
调研型(investigative type)	科学家、教授
社会型(social type)	教师、社会福祉者、咨询师、临床心理学者
艺术型(artistic type)	编剧、设计师、小说家、诗人、音乐家、作曲家、雕刻家
企业型(enterprising type)	企业家、政治家、商贩
常规型(conventional type)	图书管理员、银行职员、会计师

2) 能力倾向

个人的特性即个人的能力就是能力倾向。能力倾向(aptitude)是个人在特定的职业领域中所特有的、与众不同的能力。能力倾向具有较强的遗传性倾向，可以将其称之为与生俱来的能力或者素质。但是它也能够通过学习和训练不断开发。如果人们选择了能够发挥自己优秀能力的职业，不仅能够获得卓越的成果，对于该职业的满意度也会逐渐提高。

智力检查的先驱者查尔斯·斯皮尔曼(Charles Spearman, 1904)曾提出，存在着对各种领域的行为产生共同影响的一般智力(general intelligence)。一般智力就是我们常说的IQ，即整体性的智力水平。与一般智力不同，特殊智力是指在特殊领域中具备的智力。能力倾向指特殊智力，即一种特定职业所需要的能力。

根据哈佛大学的心理学教授霍华德·加德纳所主张的多元智能

(multiple intelligence), 智能是一种能够解决当前困难的问题解决技术(Gardner Howard, 1983, 1997)。这种多元智能是人类在进化过程中为了生存和适应而不断发展的, 因此彼此之间是相互独立的。根据将八大代表智能看作相互独立单元的多元智能理论, 一种事情做得好, 不代表其他的事情都做得很好；一件事情没做好, 也不代表其他的事情都做不好。因此找到自己最擅长的能力倾向, 并集中于此, 才是最重要的。

表10-2 多元智能和职业

智能	职业
语言智能(linguistic intelligence)	播音员、诗人、主播、演说家、词作家
逻辑-数理智能(Logical-mathematical intelligence)	物理学家、社会科学家、数学家
空间智能(spatial intelligence)	建筑师、台球选手、飞行员、雕刻家、景观设计师
音乐智能(Musical intelligence)	音乐家、作曲家、歌剧演员
身体-动觉智能(Bodily-kinesthetic intelligence)	舞蹈家、运动选手、演奏家、外科医生
自省智能(Intrapersonal intelligence)	小说家、心理学家
交往智能(Interpersonal intelligence)	业务员、临床专家、政治家、宗教领导人
自然观察智能(Naturalist intelligence)	动物学家、食物学家、环境保护运动者

3) 价值

价值(value)是指个人对何种目标更加正确的持久信念(Rokeach, 1973, 1979)。人们一般基于价值对自己的行为和人生进行评价, 赋予其意义。价值观是在生活背景和周围人的影响中形成的。那些职业与自身价值相符合的人认为自己的职业更加珍贵, 更具有意义。因此职业满意度也就更高。

奥尔波特将人类追求的价值分为六大类型。这些类型及其相对应的职业如下表所示(Allport, 1937)。

表10-3 价值类型和职业

类型	职业
理论型	科学家、教师、教授、教育家、数学家、研究员、评论家、学者
经济型	企业家、贸易家、商人、流通业种从业人员、中小企业家
审美型	舞蹈家、小说家、艺术评论家、音乐家、画家
社会事业型	护士、社会福祉者、社会奉献家、商谈教师、医生、康复咨询师
政治型	国会议员、主管、政党人、政治家、地方自治议员、行政官员
宗教型	牧师、神父、和尚、传教士

4) 工作环境的特性

有一些方法使得职场人的效率性和幸福感达到最大化(Turner, Barling & Zacharatos, 2002)。一般来说, 在完成工作的过程中, 对所担当的职务具有自主性, 能从中感受到快乐, 视其为一种挑战性的工作, 能够提供同他人进行情感交流的工作, 才是好的工作。

根据哈克曼和奥德海姆(Hackman & Oldham, 1980)的工作特征模型(job characteristics model), 员工在完成能够运用多种技术和能力、内容和范围清晰、重要且有意义的、个人拥有自主性和自由裁量权的工作, 以及工作完成后能够得到适当反馈的时候, 会更加积极投入, 在工作中感到满意。能够强化工作动机的职务环境指标激励潜在分数(Motivating Potential Score: MPS), 可以按如下公式进行计算。

MPS=[(技术多样化+任务完整性+任务意义性)/3]*[任务自主性]*[任务反馈性]

卡拉塞克(Karasek, 1979)为了解释说明有的工作环境能够增进职场人的心理幸福感和生理(身体)幸福感，提出了要求-控制模型(demand/control model)。根据这一模型，健康的工作环境是指具备适当的目标(生产目标)和与目标相匹配的控制权(能够自主决定工作方式和速度的能力)的环境。之后提出的扩张模型(Karasek & Theorel, 1990)认为，职场内的社会支持对于促进心理健康起着重要作用。社会支持是指职场同事或者前辈所提供的帮助。同事之间的社会支持和信赖感越高，职场人的自我认同感、职场归属感以及整体的幸福水平也越高。

除此之外，提供与职位相关的充分信息和明确范围的角色清晰性(role clarity)，对分配职务的分量和报酬的角色协商(role agreement)，虽具有挑战性但是也与能力相符的角色分配(role loading)等，对工作热情和工作满意度都十分重要。清晰地分配任务，对职业满意度和组织献身度有着积极的影响(Jackson & Schuler, 1985)。

5) 天职量表

艾卡特·冯·希施豪森(2010)在著作《好运不会不请自来》中提出了天职量表。这一量表与本书中提到的天职量表虽然在顺序上有些不同，但是对于我们决定自己要从事什么样的职业是非常有用的。如果想要知道你打算做的事情是不是自己的天职，首先要在内心问问自己“即使我不能收到任何报酬，也依然会选择从事这件事情吗？”。如果你的答案是“是的”，那么就算是通过了第一阶段。接下来如果在面对第二个问题“在工作过程中我是否感到快乐”的时候，你的答案依然是“是的”，那么就通过了第二阶段。随后，在第三个问题“在工作中我是否能够发挥自己的主要优势”上面，如果答案还是“是的”，那么你就需要认真地思考是否要将其作为自己的职业。对第四个问题“和他人一起工作的时候，我是否感到心情愉快”，答案依旧是“是的”的话，几乎翻过了十分之八的山路。在第五个问题“工作对我来说是否有意义？”以及“对他人也有意义吗？”上，你的回答也是“是”的话，那么就要毫不犹豫地选择那份职业。感受到工作意义的人能够逃离那种执着于目标的态度，欣赏过程带来的快乐。如果非要再追加一个问题的话，“如果可以重新开始，是否还会选择从事这份工作？”，如果对这第六个问题，你的回答也是“是”的话，那么这必然是你的天职。即使你的回答是否定的，也不需要过多担心。如果有机会重生，不再从事那件事就好了。

表10-4 天职量表

No	项　目	是	否
01	现在的工作如果没有了报酬，我还会一直做下去吗？	Y	N
02	你认为“先工作以后再来谈开心”还是认为在工作的过程中也能够体验到快乐？	Y	N
03	在工作中是否发挥了我的主要优势？	Y	N
04	是否和使我感到心情愉快的人一起共事？	Y	N
05	工作对我来说是否有意义？对他人呢？	Y	N
06	如果能够重头开始，你还会从事这份工作吗？	Y	N
07	努力工作的我是否被他人看到？	Y	N

08	我是否知道别人知道我在努力工作？	Y	N
09	工作是否很辛苦或者不怎么理想？	Y	N
10	工作是否让我学习到新的东西？	Y	N
11	早晨起床的时候，除去休息时间和下班时间，是否还期待其他有趣的事情？	Y	N
12	我是否对某种比我大、超越我，即使没有我也依然存在的价值做出贡献？	Y	N

参考：艾卡特·冯·希施豪森(2010)《好运不会不请自来》(박규호译)：p.331

03 职业和心流

喜爱自己的职业，对自己的职业感到满意的人幸福感更高。能够全身心地投入到自己的工作中是幸福的重要指标。研究心流的代表学者希斯赞特米哈伊，在担任芝加哥大学心理学系和克莱蒙特研究院的心理学教授的四十余年间，对以心流为代表的幸福、创意性、主观型幸福感、兴趣等进行了深入的研究。他分析了因为喜欢而投身于职业性活动的人们(作曲家、棒球选手、象棋选手、舞蹈家、攀岩家等)的心理体验，找出了共同要素，并将其命名为以自身为目的的体验(autotelic experience)，之后又将其改名为心流(flow)。

1) 心流

心流指一种专注地进行某种行为的状态(Csikszentmihalyi, 1997)。心流状态下所表现出的独特心理特征如下所示(권석만, 2008)。第一，对现在从事的事情非常专注。对于当下从事事情的喜悦和兴趣是自

然产生的。第二, 是一种“忘我之境”。在心流状态下自我得以完全表现, 但是个人却没有意识到这一点。第三, 不仅自我与环境之间的区分几乎消失, 甚至连时间的流逝也感觉不到。第四, 在心流状态下会感到当下从事的事情一切都在自己的掌握之中, 感受到强烈的控制感。第五, 心流体验本身的愉悦性使其带有自我满意的属性。产生心流的活动并不是为了其他目的, 只是基于活动本身产生的内在动机。最后, 心流体验中, 与充满智慧的思考相关联的左脑的活动水平逐渐降低, 与语言空间相关联的右脑开始变得活跃。

2) 心流的促进因素

两方面(性格方面和课题方面)能够促进心流体验。心流是许多人都曾经感受到的一种普遍性体验。如果积极地专注于自己所从事的事情, 那么就能够比其他人更经常地体验到心流体验。时常感受到心流体验的人具有自身目的性性格特征(autotelic personality, Csikszentmihalyi, 1997)。具备这种性格的人, 在做任何事情时都能够积极热情地投入其中。因为他们是内在动机十分强烈的人, 因此比起外界的奖励, 更多的是为了事情本身而不断努力奋斗。因为他们独立性和自主性很强, 所以讨厌他人的干涉, 也不拘泥于成果, 不顾别人的评价。

比起个人的性格特性, 由于课题特性(课题方面)所引发的心流体验的倾向更加强烈。存在能够促进心流的课题特性或条件。第一, 在具有明确目标的活动中更容易产生心流。第二, 在能够提供即时反馈的活动中更容易产生心流。第三, 为了达到心流状态, 平衡个人的技术水平和课题难易度之间的相互关系是非常重要的。即，个人的技术(skill)和课题的挑战(challenge)之间的平衡，是产生心流的重要条件。只有良好地发挥个人最优秀的技术，在完成具有挑战性的课题的时候才会容易产生心流。进一步地解释的话，达成强烈心流体验的两大条件，一是由于现状的需求太强烈，连瞬间的走神都不能够发生，必须每时每刻地保持高度的注意集中。另一个条件是课题完成的过程和对该课题的评价之间不是相互分开的。第四，个人的兴趣和课题的特性应该相互一致。我们在充满兴趣的活动中，感受到快乐，从而产生心流体验。另外，对课题的内在动机和好奇心也能够促进心流的产生。

3) 心流和幸福

一般来说，虽然心流体验越多，幸福感就越高，但是并不是一直如此(Csikszentmihalyi, 1997)。心流一般都会使得人们的人生更加愉悦、幸福，在多种状况下发挥着作用。但是关于幸福，要关注的不是心流本身，关键是在什么事情中产生了心流。因为也存在着沉迷赌博和网络游戏之类的无法控制自己或者是导致了自我毁灭性结果的心流体验。

有研究结果显示，比心流还要能够给予人幸福感的是最优体验(Clarke & Haworth, 1994)。由于个人的技术和课题的挑战水平相类似，因此需要使出全部的能力以达到心流的状态。与此相反，最优体验(optimal experience)是个人的技术比课题挑战水平略高一些，因而在完成课题的过程中多少能够感到一些愉悦感的状态。参加研究的学生认为，最优体验比心流更加能够使人感受到快乐。拥有较多最优体验的学生比拥有较多心流体验多的学生，幸福指数更高一些。

也有研究结果显示，仅靠心流，并不能够完全达到幸福(Nakamura, 1995)。其认为在与世界的关系之中，发现喜悦和意义才是幸福的秘诀。在从事有趣的事情的同时，也能够发现其中的意义，对幸福来说才是最重要的。体验到愉快地全情投入状态的心流和主观性的重要意义，积极地面对世界的态度，也是十分重要的，这被称为热情投入(vital engagement)。在热情投入中能够感受到自身和对方之间强烈的联系感，积极地专注于和对方之间的关系。这种热情投入对于提高职业满意度和业务成果非常重要。不论职业活动再怎么重要或者有意义，如果无法从中感受到快乐，持续地付出努力就会变得非常困难，人们更有可能陷入一种精疲力竭的状态。即使在职业活动中感受到了快乐，但是却无法找到其意义和价值所在，那么就会感到一种空虚感。在以职业活动为代表的人生重要活动中，发现其中的乐趣和意义，并且积极地参与其中，才是成就幸福的关键。

04 职场人的幸福研究

韩国的人均收入在1953年仅有69美元，在2017年飞升到了3万美元。韩国实现了世界有史以来都不曾有过的经济增长和发展。将这一记录置于世界的任何一个地方，都可以称得上是巨大的成功。但是韩国国民并不感到幸福。韩国人的幸福指数在OECD的36个国家之中居于27位。自杀率世界第一，精神病患者的数量持续增加，人们的精神健康问题不断恶化。韩国的职场人也不幸福。韩国的职场人为了能够在激烈的竞争中得以生存，不得不整日埋头于工作，结果导致了肉体和精神健康不断恶化的现状。职场暴力的发生率不断提高，导致职场人的积极情绪和幸福感都十分低下。由于韩国人将许多时间付诸于职场，他们职场生活的幸福会给家庭带来影响，因此也决定了人生整体的幸福感。从幸福和积极情绪能够有效地增进个人的业务成果和组织效率来看，职场生活的幸福是非常重要的。

1）霍森实验

伴随着二十世纪二十年代人类关系论的登场，对职场人心理社会因素的研究也开始进行。从1927年到1935年的5年之间，美国西方电器公司(Western Electric Company)的芝加哥霍森(Hawthorne)工厂，曾经验证过科学管理法是否能够提高生产率。哈佛大学的梅奥(Mayo)和勒特利斯贝格尔(Roethlisberger)等学者实施的研究表明，员工能引起员工生产率变化的，不是工作环境等外部因素，而是员工自身的心理因素和内部因素，特别是员工的集体归属感和团体意识。换言之，能够左右生产率的并不是权利体系或者标准，而是和上级的关系，和同事的关系，集体风气，小团体内人际关系等。工作成果和工作条件或者工作环境没有太大的关联。因此，企业家们只要能够做到充满人情味地对待员工，员工们的满意度和生产率就会大幅度提高。

虽然人际关系论十分重视人类的社会性和心理性这一方面，但在关于人类复杂又奇妙的内心并没有探索出瞩目的成果。由于该方面的知识系统性不足，并不能简单将人类的情感性要素同组织管理成果相联系。

2) 适宜工作的岗位

1980年以后, 关于"适宜工作的岗位(Great Workplace：GWP)"的研究逐渐活跃起来。罗伯特·列弗宁(Robert Levering)在著作《美国100家最适宜工作的公司》中探讨了八十年代初在美国经济大萧条中依然保持稳定收益的那些企业的特征, 因而备受关注。从1998年开始美国经济专刊《财富(Fortune)》发表了最适合工作的职场特点。被称为信赖经营指数(trust index)的GWP研究结果显示, 对上司的信赖(trust), 对自己工作的自豪感(pride), 和同事愉快相处的同事情谊(camaraderie)被选为"最适宜工作"所具有的共同特点。

但是"适宜工作的岗位"的研究具有一定的局限性。比起将焦点置于个人幸福维度的层面, 该研究更倾向于将焦点置于以单位为中心的层面。该研究不太关注员工个人的满意, 而是注重检测整个组织中感到满意的员工的比例 , 将适合在公司中工作的员工占多大比例(%)作为研究焦点。

3) 职业满意度研究

在重视职业满意度(job satisfaction)的大背景下, 人们通过工作追求幸福, 因而职务满意和缺勤、离职、履行公务等有着密切的关系。职务满意是通过评价工作或者评价工作体验来获得的一种愉快的积极的情绪状态。整体的职业满意作为一种对职业的一般情感, 包含着许多情感和态度的满意。单面的职业满意有以下的职业满意下位因素：对职务本身的满意，对于同事的满意，对于薪资的满意，对于升职的满意等。但是职业满意研究也存在着一些局限性，比如直接地对职场人的幸福进行定义，并没有展开具体研究。

05 职场生活和幸福

三星经济研究所(2013)在《关于职场人的幸福研究》中提出了职场人的幸福模型“Worker happiness-M³模型”，具体如下表所示。这一模型以实现职场人幸福的三大核心要素为中心，由“我和我自己(Me & Myself)”，“我和工作(Me & Work)”以及“我和他人(Me & Others)”三个领域构成。

在“我和我自己”的领域，心灵的健康(mental fitness)是核心，在“我和工作”领域，意义和成长(meaningful thriving)是核心，而在“我和他人”领域中，支援性关系(mutual support)为核心要素。研究还针对三大核心要素分别提出了两个增进方案。

表10-5 职场人的幸福模型(Worker Happiness-M³ Model)

领域	3大核心因素	6大增进方案
我和‘我自己’ (Me & Myself)	心灵的健康 (mental fitness)	1) 健康心灵的基础：提高积极性 2) 维持活力：补充能量
我和‘工作’ (Me & Work)	意义和成长 (meaningful thriving)	1) 赋予工作生命：创造意义 2) 成长的阶石：发掘优势
我和‘他人’ (Me & Others)	支援性关系 (mutual support)	1) 传染幸福的始发点：感性领导 2) 共事的乐趣：社会关系

参考：三星经济研究所(2013)《关于职场人幸福的研究》(p52)

图10-1 职场人幸福模型(Worker Happiness Model - 3M)

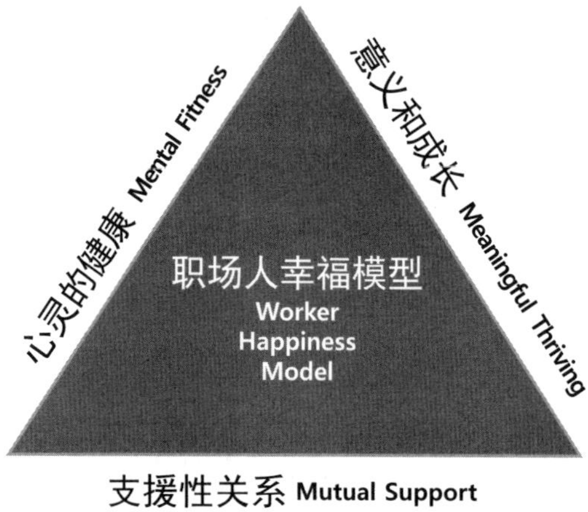

对心灵健康因素的增进方案是"健康心灵的基础：提高积极性"和"维持活力：补充能量"；对意义和成长因素的增进方案是"赋予工作生命：创造意义"和"成长的阶石：发掘优势"；对支援性关系因素的增进方案是"传染幸福的始发点：感性领导"和"共事的乐趣：社会关系"。

1) 提高积极性

提高积极性的首要因素是'我自己'。认识积极情绪的重要性是提高积极性的前提条件。许多研究结果都表明，如果积极情绪不断提高，学习能力和创意性也会随之提高，想法(idea)也会逐渐丰富。

由于个人所具备的想法、信念和感性的不同，实际造成的行为结果也会有所不同，所以我们应该有目的性地努力使自己具备积极的期待和积极情绪。职场并不意味着以一副严肃的表情来做事才是有意义的重要事情。更不意味着事情会因为表情严肃而变得容易解决。可是仍有许多人带着一副极其严肃的表情工作，仿佛自己的整个人生都一直受到惩罚一般。为了提高积极性，我们应该每天都以更加明快的表情来面对生活。

即使是微小的行为或者想法的转变，也能够提高我们的积极性，因此我们需要制定一个只属于自己的策略。有学者认为，能够提高积极性的方法有“学会感恩”和“描绘最美好的未来的自己”等活动。

为了能够持续地维持积极情绪，人们要累积更多的良好体验。与积极体验的强度相比，频度更加重要，因此我们需要重视积极体验的频度。心理学者罗萨达(Rosada)认为，为了实现个人繁荣、创造成就，在自身经历了一次消极体验之后，经历三次以上的积极体验为最佳。

企业的层面也需要努力地营造一种积极的氛围。为了形成成员之间相互关怀的氛围，充满积极情绪的组织需要从员工任用阶段就开始考虑。在任用员工的时候，不仅要考察基本的能力和专业素养，还应该检验该员工是否具有能够帮助组织形成积极氛围的态度。再者，管理层首先应该积极地强调充满活力的组织氛围的重要性，通过各种各样的系列活动来维持积极的组织氛围。还应该提供给员工可实行的具体行动方案。制定能够彰显员工之间相互关系、相互关怀的行为准则。这些使得员工在接待顾客的时候如果遇到了难以解决的情况，不会感到惊慌，会按照提前制定好的解决条例解决问题。

2) 补充能量

职场人通过休息和睡眠来管理自己的健康是非常重要的。能够意识到自己什么时间需要休息，就能够获得适当的休息。职场人迫于工作业绩的压力，总是会处于与时间赛跑或追赶时间的状态，争取适当的休息时间是职场人自我管理的能力之一。一有空就“稍事休息”是很重要的。我们可以利用午饭的短暂时间进行散步，和同事一起吃饭，边读书边喝茶等暂时从工作中逃离出来，享受短暂的休息，补充精力。为了维持整体的健康，职场人应该努力在适当地时间获得高质量的睡眠。

虽然压力要靠个人自我调节，但是企业应该从制度方面对员工的压力进行调节。把握产生压力的原因，实行一些能够缓解员工压力的方法。我们要逃离自我控制，对于工作要果敢地切断过多的思虑，注意不要陷入“过度思考(over thinking)”的恶性循环之中。企业要定期测定员工的压力水平，为了缓解员工压力，应提供咨询师或者教育培训等多种多样的活动。

3) 创造意义

为了能够给自己的工作赋予生命，需要基于工作的宿命意义，对自己从事的工作进行再创造。根据看待工作的观点不同，工作可以分为职务(job)，履历(career)，宿命(calling)。我们需要赋予工作新意义，以精雕细琢工作(job crafting)来代替将其单纯地看作一种被委任的工作。如果找到了工作的意义，生产效率也会一并提升。感受到工作意义的人，能够从执着于目标的态度中逃离出来，转而享受过程所带来的美好。

企业为了促进员工的精雕细琢工作，需要赋予员工自主权和时间。当员工能够主动地掌握与工作相关的决定权的时候，对于结果的责任感也会随之提升。因此对于员工能够赋予其意义的工作，必要的时候应该给予一定的时间。同时，企业需要表明员工个人的努力和公司的成就会给社会和全人类带来积极的影响，通过宣传个人的努力和企业的成就如何为社会带来积极的影响，能够引导员工认知工作的意义。

4）发掘优势

个人和企业成长的阶石是发掘优势。与努力改善自己的弱点相比，发掘自己的优势时获得的利益更多。改善缺点不能获得平均水准以上的发展，但是发掘优势却能够使你达到最高水准。以自己的优势为基础不断努力，就会获得成长和成就。为了对自己的工作十分熟练，专注于目标，为了达成目标而坚持不懈的练习是必须的。为了持续地维持这种努力和练习，就需要开发自己的自我控制能力。不要夸大自身的意志力的评价，应该持续集中注意力于自我控制能力。另外，比起改善弱点，集中于自己的优势，才能够增加心流，变得幸福。如果能对于自己擅长的事情付出更多的时间，那么担忧、压力、愤怒、悲伤、身体上的疼痛都会有所减少。

5）成为一位感性的领导

由于领导的言语和行为能够左右部门整体的氛围，因此领导所使用的表情和语言奠定了组织固有的积极情绪的氛围。首先，领导自身应该在平时不断努力，使自己保持愉快的心情，随之也就能够发展一般员工的感性智能，从而提高职场生活的幸福水准。领导应该集中注意力于和部门员工之间的日常对话，有时即使只是倾听都会形成积极情绪。领导的激励和认可不仅能够使得员工变得幸福，更加能够促进员工创造业绩。

不仅积极的反馈很有用，适当地提出一些消极的反馈也是重要的。对于好的事情很积极，但是也应该提供一些干涉性的“积极反馈”。不是单称赞才能，更多地称赞努力和战略，在有具体称赞理由的时候才称赞，这种正确的反馈方式是非常重要的。反之，当给出消极反馈的时候，应该使用支持性的沟通方式。支持性的沟通方式是指即使提供一些消极的反馈，但也是强调积极关系的方法。因此与评价性的发言相比，事实陈述性的发言更加重要。

领导有必要强化自身积极的工作分配能力和自我调节能力。当分配工作的时候，以积极为前提来分配工作，能够促进员工之间的协作，提高工作效率。为了激发积极的情感并不断维持，领导应该强化自身的自我调节能力。

6）建构社会关系

在职场中和同事建立起亲密的关系，对提高职场人的幸福感非

常重要。有研究结果表明, 在职场中拥有亲密好友的人比没有亲密好友的人, 对工作的投入程度高出7倍(삼성경제연구, 2013)。在职场中同事之间的鼓励能够强化亲密关系, 达到使积极情绪在整个组织内扩散的积极效果。有时向同事请求帮助, 也能够强化积极的同事关系。

追求稳固的、优秀的社会关系能够增进幸福感。良好的人际关系能够在饱受艰辛的时光里, 起到缓解痛苦的作用, 降低压力指数。直接地接触幸福的人, 幸福感增加的可能性也会提高。当朋友幸福的时候, 自己幸福的概率会增加15%, 当朋友的朋友幸福的时候, 自己幸福的概率会增加10%。

有好事发生时懂得感谢, 对待他人亲切有礼, 都能够强化社会关系。当有好事发生的时候, 践行感恩行动是非常有效的。书写感恩日记, 直接上门表达感谢等, 使得我们的人际关系更加牢靠。另外, 亲切地对待他人能够扩大我们的社会关系。"给予亲切"、冥想、记录美好的事情、集中注意力于良好发展的事情等, 都是提高积极性的最确定最直接的方法。

第十一章 婚姻生活和积极心理学

"想要被当作一个怎样的人？"这一问题能够改变一个人的一生

--未来营销大师, 彼得·德鲁克(Peter Drucker)

本章将要从积极心理学的观点来探讨婚姻生活。克尔凯郭尔(Kierkegaard)曾说过"结婚是一件做了后悔, 不做也后悔的事情"。他是一位因创建了存在主义而广为人知的哲学家。他27岁的时候和一位叫做雷吉娜·奥尔森(Regine Olsen)的女性陷入爱河, 3年之间经历了恋爱、订婚, 然后在留下"与爱分离"这样的话之后选择了悔婚, 最终一个人活到42岁便离开了这个世界。他的这种经历, 与他关于婚姻的一些立场并不一致。就像苏格拉底(Socrates)的名言"恶法也是法", 苏格拉底还留下了"不管怎么样, 还是要结婚。万一你娶到了一位善良的妻子, 那么你将会变得很幸福；万一你娶到恶劣的妻子, 那么就会像我一样成为一个哲学家"的名言。

俗话说"以前没有你, 我可能会死掉, 现在因为你, 我将会死掉", 这一隐晦描述夫妻关系的话表现出了婚姻生活中人们的内在心理。我们虽然因为相爱而结婚, 但是婚姻反而使我们成为了仇人这一现实, 多少有些使我们的内心隐隐作痛, 但是在婚姻生活中确实有着我们始终要留意的事情。婚姻生活并不总是幸福圆满的结局。还有, 维持婚姻生活的过程也并不总是幸福的。但是我们依然要说婚姻生活是幸福的。

关于主观型幸福的研究，一致认为，结婚的人比未婚的人更幸福(Argyle, 1987; Diener et al., 1999; Myers, 2000)。这一研究结果不约而同出现在对各种年龄阶段、收入水准、受教育水准、人种的研究中。当然婚姻本身并不能够保障幸福。让人们感到幸福，更重要的因素是婚姻生活的质量。夫妻之间多进行积极的交流，时常表达各自的情感，各自扮演好在婚姻中的角色，这样的婚姻状态对幸福程度会产生巨大的影响(Sternberg & Hojjat, 1997)。亲密感、信赖感、开放性的支持关系能够给生活的许多方面带来积极影响。

01 婚姻的意义

婚姻既是爱情的果实，也是爱情的开始。我们从毫不相干的陌生人，经过恋爱之后最终成为夫妻。婚姻并不是享有已经做好的幸福美味，而是从现在开始两个人一起努力制作并享用幸福美味。婚姻并不是完成爱情，而是通过两个相爱人之间的无限对话和努力，一同创造幸福生活的新开始。小说或者戏剧中大部分的情节虽大多到结婚结束，但是在人生中结婚才是故事情节的开始。

先前对婚姻意义的研究(김종운, 박성실, 2011; 정진선, 문미란, 2011)可以总结为七大类。第一，结婚是爱情的一种实现。人们选择结婚的最强烈动机是想要和深爱的人在一起。结婚能实现两人每天从早晨睁眼到晚上睡觉，所有的时间和空间都一起度过的愿望，从而使两个人一起建立一份更加成熟而美丽的爱情。

第二，结婚是真正的独立。我们每个人都期待属于自己的独立人生。通过婚姻彻底离开父母的怀抱，建造一个属于自己的家庭，是使得自己独立的身份和地位得以正式认可的方式。在韩国，婚姻之后我们开始被看作长辈。像男生从被称为“少年”到被称为“官人”那样，已婚者在社会上才会被当作是一个真正的长辈。

第三，结婚能获得经济上的稳定。因为通过结婚，男女在经济上合二为一，从而得以谋求经济上的稳定。比起以前一个人赚钱，现在两个人一起赚钱，更加能够获得经济上的稳定。在现代社会，双职工并不是一种选择，而是必然发展趋势。未婚的职场人比已婚的职场人对双职工的赞成比例更高。已婚的职场人有85.7%赞成双职工，而未婚职场人赞成双职工的比例则高达91.3%。

第四，结婚能够实现情绪上的安定。比起和许多人建立多种多样的关系，人们更加想要同一个人建立深厚的一对一的关系。结婚能够满足并维持这一关系需求，使人们获得精神上的满意。

第五，结婚是取得合法性。结婚使男女二人对两性关系中，包含成熟男女生物学上的性欲在内的所有东西掌握独占权，并能够受到周围所有人的祝福，使自己的爱情在社会上获得合法认可。

第六，结婚提供了养育孩子的机会。结婚是生儿育女和传承血脉的重要手段。人在适当的时间段产生想要孩子的心理，也是决定结婚的重要因素。我们能够实现的许多成就之一，就是拥有自己的下一代，这是最顶级的成就，也是人生最高的幸福。人们从出生到自立需要相当多的时间，因此我们为了养育子女也需要营造一个家庭环境。这也证明了结婚不是一时兴起，而是以持续性为前提的。正是由于这种持续性，新郎和新娘才会立下永远的誓言，开始婚姻生活。

最后，结婚可以迎合社会期待。在适当的时间点选择结婚是对家庭和社会期待的顺应。对照家庭生活周期，在适当的时间构建一个新家庭，不仅是为了原生家庭，也是为了社会，为了全人类。

02 实现婚姻的过程

人生的素描没有橡皮。如果要找一个可以结婚的人，与其找一个完美符合自己要求的人，不如找一个尊重你对爱情和依恋的态度，并且具备和你一起创造未来的能力和意志的人。为了获得幸福，不要追求被爱，掌握爱人的能力更重要。

人们对结婚也存在着消极的认识。比如，“结不结婚都会后悔”，这是克尔凯郭尔曾经说过的话。“当走向女方的时候，记得带上鞭子”，这是尼采说过的话。“幸福只是现在还没有不幸而已”，这是叔本华说的话。“人类的幸福并没列入创造计划之中”，这是弗洛伊德说的话。苏格拉底总是生活在恶妻的阴影下；尼采被女性传染了性病，一生受尽劳累；叔本华饱受野心拖累；弗洛伊德因为吸毒，在身心俱疲的状态下写下了上面这句话。

在结婚之前一定要尝试一下争吵。双方需要来一次十分激烈的争吵。在争吵中，可以观察，对方是否是那种不论怎么争吵也无法得出结论的人？吵架的目的是否不是解决问题，而是想在这场吵架中赢过你？一生气就会采取离席或者掀桌子等暴力行为吗？如果是这样，那么就需要再三考虑一下。

选择结婚对象的过程会经历有多样过滤功能的六层过滤网的筛

选(Udly, 1997)。将所有可能作为结婚对象的人都经过过滤网的筛选，结婚对象逐渐淘汰，最终仅留下一人，那就是你的结婚对象。第一层过滤网是邻近性过滤网。即在所有可能的对象中，会首先选择在现实中距离相近、容易见到的人。只要是在时间和空间上比较邻近的，就能够通过第一层过滤网。

第二层过滤网是魅力过滤网。在通过邻近性过滤网的人之中，会选择那些彼此感到好感和魅力的人，从而再次缩小范围。虽然每个人感知魅力的因素不同，但是都会考虑外貌、性格、能力等。一般来说，在初次见面的时候，外在的魅力是引起好感的重要因素，但是在长时间的交往过程中，能力或者性格逐渐变得更加重要。

第三层过滤网是社会背景过滤网。社会背景包括人种，年龄，宗教，社会经济地位，职业，受教育水平等。背景相类似的人相互结合的可能性更高。在人际关系中，虽然要赢得好感，相似性很重要，但是为了结婚，更需要能够在好感的基础上进而发展成为更加亲密的关系。双方在尽可能的范围内达到彼此之间各水准相契合，对彼此来说都是最好的选择。只有这样，在之后的生活中才能够不那么疲惫和费神。婚姻并不是在无人岛上生活。婚姻是和两个家庭、彼此亲戚、朋友等许多人建立新的关系的过程。社会背景越相似，生活中的磕磕绊绊才会越少。

第四层过滤网是意见一致过滤网。两个人关于政治、经济、社会的观点，关于家庭的态度，整体的人生观和价值观等相似，进而达到意见一致的情况下，走向婚姻的概率更高。由于人生观和价值观并不会在一夕之间发生改变，因此仅靠爱情是无法解决三观的重大差异的。类似懒惰、赌博、酗酒、暴力等行为并不会轻易地在生活中被改变。首选这些会使我们的身心都变得不健康，进而导致婚姻生活最终破裂。

第五层过滤网是互补过滤网。互相能够满足彼此的需要和要求，当一方能够填补另一方缺点的时候，结婚的可能性就会增加。在人际关系中互补性非常重要。特别是爱人之间能够补充彼此的不足是确认彼此爱情的最重要因素.

最后的过滤网是婚前准备状态过滤网。如果没有做好结婚的准备，就难以成功地举办婚礼。彼此要为了结婚做好物质上、心理上的准备。婚姻不是过家家的游戏，而是诞生一个新的家庭，从此夫妻一起开创新生活。至少男方应该服完兵役或完成学业，有一份稳定的工作；女生应该完成基本的新娘教育，拥有一份自己的职业。这样实现幸福婚姻的可能性是最高的。

03 错误的婚姻

婚姻是在亲密的关系中追求幸福的珍贵体验。但是人们在实现婚姻的过程应该是慎重的，冷静的。但是许多情况下，人们会经历错误的婚姻。在我们的周围，经常能够看到结婚之后感到后悔，或者总是充满矛盾与争吵的夫妻。在现实生活中也会发现分居和离婚这种现象。夫妻之间最终形成与当时彼此相爱时截然不同的关系和立场。

选择共度一生的伴侣是人生中最难的事情。深爱时感觉如果失去这个人，自己就好像活不下去了。这样的爱情并不常有，即使是如此这般地相爱，最终走进了婚姻殿堂，但也无法成为这份爱情永远的保障。结婚的时候，我们总是会因为外在的一面而不是内在的一面，而被对方所吸引，我们总会先注意到对方的外貌、身高、学历、家世等。但是每个人都知道，比起这些，更重要的是这个人是否诚实、勤奋。比如，家境富有虽然好，但是如果没有经济意识、不道德或不诚实，那么这些财富终将转换为刺伤自己的利剑。

1）因瞬间的热情而结婚

很容易同充满魅力的人陷入爱情。但是短期内见过几面，就立刻决定结婚，是在还没有充分了解对方的情况下开始的婚姻。由于仅凭双方的瞬间热情，而对彼此的了解不充分，所以婚后夫妻之间很容易产生矛盾和不和。恋爱不是生活的全貌，而是只展现了生活之外的面貌。如果希望婚姻生活能够像恋爱一样幸福的话，那么需要付出超过恋爱的时候好几倍的努力。

2）因逃避现实而结婚

如果为了逃离当下不幸的状态或为了逃避自己无法达成目标的挫折感，而和自己并不喜欢的人结婚，这样因逃避现实而选择的婚姻，很难营造成功的婚姻生活。

3）作为提升地位的手段而结婚

有的人将结婚作为实现自己目标，开启第二人生的手段。他们会抛开年龄限制，选择和具备更良好经济水平的人结婚。但是两个人之间没有爱情的婚姻最终和买卖婚姻一般，难以长久维持。

4）因未婚先孕而结婚

恋爱了一段时间，但对于结婚没有具体计划的状态下意外怀孕，这时由于对对方感到抱歉或为履行责任感，突然决定结婚。但是如果婚姻使得自己的目标受到阻碍，就会将所有的错误都归咎于对方。另外，在还没有做好充分准备的状态下，并不能够扮演好父母的角色，这也会引发其他问题。

5）因赌气而结婚

在和交往的人分手之后，为了赌气，特别是看到前任和他人结婚的事实，而冲动地选择结婚。因赌气而促成的婚姻，由于和前任之间还在纠缠不清，和现任也无法形成理想的关系，因此会引发许多问题。

6）因同情而结婚

因为准备和正处于痛苦和逆境中的人结束关系而感到自责，或者因为自身的同情心而选择结婚。由于彼此之间没有爱情，只是因为世俗道理而选择结婚。因同情或者世俗道理而促成的婚姻，虽然一方因为在短期内逃避自责感而做出体现责任感的行为，在一段时间内自然带来积极的结果，但是长期发展，同情的一方会想要得到对同情的报答，也可能会因为这婚姻并不是自己真正想要得到的东西，使得夫妻关系被破坏。

7) 因孤独而结婚

每个人都有可能感到孤独, 并且多数人当自己脆弱的时候就会想要将自己托付给某人。但是婚姻并不是阻挡孤独的捷径。婚姻是双方在彼此鼓励和支持中逐渐变得幸福。

04 夫妻关系

我们能够在很多地方看到关于婚姻的句子。西方俗语曾说“婚姻就像一座紧闭城门的城堡, 里面的人想出去, 外面的人想进来”。俄罗斯俗语曾说“走向战场之前, 请在内心祈祷一次；走向大海之前, 请在内心祈祷两次；走向婚姻之前, 请在内心祈祷三次”。还有法国俗语“婚姻对男性来说是关于自由的赌博, 对女性来说是关于幸福的赌博”。非洲俗语也曾说“婚姻之中有苦痛, 但是独身的人没有幸福”。中国俗语曾说“结婚是经验不足, 离婚是理解不足, 再婚是记忆力不足。”

上述各国俗语主要讲的是对婚姻的选择。而关于婚姻生活, 也有很多名言。一生热爱自由, 尊重科学, 头像被印在100美元纸币上的主人公本杰明·富兰克林(Benjamin Franklin)曾说过“结婚之前请睁大眼睛, 结婚之后请睁一只眼闭一只眼”。英国哲学家乔治·穆尔(Geroge E.Moore)曾说“结婚是为了一个人, 抛弃其他人的行为”, 俄罗斯的剧作家安东·契诃夫(Anton Chekhow)曾说过“婚姻中最重要的是学会忍耐”。

这些话也向我们展示了, 婚姻生活和夫妻关系不同于同居或者恋爱, 会受到许多因素的影响。它们也表明了我们应该考虑因婚姻而产生的责任和义务, 生儿育女, 婆媳关系, 经济问题, 夫妻矛盾等多方面的问题。恋爱仅靠爱情就得以维持, 但是仅靠爱情维持的婚姻是很困难的。爱情和婚姻的关系就像是马和马车的关系。为了拉动婚姻这驾马车行走, 需要马(即爱情, 特别是爱情双方)的努力。由于已婚的夫妻承袭了自己所属的家庭背景, 地域社会, 民族, 国家习惯, 规范或者文化, 还要履行法律规定的义务, 因此会体验到和自己本来设想不同的局面。

1) 对于婚姻的幻想

已婚的夫妻大多对自己的婚姻抱有着不切实际的信念。只关注到积极方面的想法和幻想会给夫妻关系造成不好的影响。关于婚姻, 人们存在着能够影响夫妻关系的错误幻想(김종운, 박성실, 2001)。接下来就说明婚姻幻想中最具代表性的三大情况。

第一个幻想是“我们这一对夫妻是与众不同的”。即使目睹了周围的不幸婚姻, 但依然抱有着这种不幸不会发生在自己身上的想法。只是抱有着我们和别的夫妻不同的茫然期待, 却不为创造更好的婚姻生活做出努力。实际上婚姻生活只要有夫妻双方各自做出努力, 就会得以顺利维系, 逐渐变得幸福。但是有的人不做任何努力, 将所有的问题都归咎于对方变了。这样, 如果彼此不好好管理自己的魅力值, 就会得到不曾预想到的痛苦体验。

第二个幻想是“我能够使对方变得幸福”。任何人都无法对对方的幸福负责。人们相信自己有使得伴侣幸福的责任，更具备那种能力。但是由于婚姻中存在着数不清的变数，即使你付出了真诚的努力，有时也会事与愿违。更严重的是认为对方也应该像我努力地使其幸福那样，努力地使我感到幸福。伴侣不是神仙。就像父母不能够满意我们的所有愿望那样，伴侣也是一样的。

第三个幻想是“我们之间的矛盾并不严重”。不论是多么微小的矛盾，多么不重要的矛盾，也不可以无视它。没有得到解决的“微小矛盾”会慢慢地扩大，最终威胁婚姻生活。夫妻双方不可以装作不理解矛盾或者装作没有矛盾。因为如果夫妻之间不能够准确地了解实际存在的矛盾性质和严重性，并由两个人公开地做出应对的话，这一矛盾就会成为瓦解家庭的罪魁祸首。

2) 配偶者的脚本

“作为丈夫不应该这样做吗？”“作为妻子难道不应该这样吗？”等配偶者脚本，是每个人的配偶都无法完成的。因为丈夫脚本(husband script)或者妻子脚本(wife script)是一方结合自己认识的所有人的优点形成的综合大礼包，实际生活中不仅找不到这样的人，而且即使在那个位置上面安排一个人，也始终无法达到要求。

能够很好地说明丈妻的想法和期待存在着许多不同的就是库力奇效应。库利奇效应(Coolidge effect)以美国第35任总统卡尔文·库利奇(Calvin Coolidge)的名字命名，用一种有趣的方式向我们揭示了两性关系之中男女想法的差异。这来源于库利奇总统和自己的妻子一起访问农家的时候发生的一件事情。这一地方的公鸡每天会发出

12次鸣叫来表达要交配的意愿，总统夫人听到这句话后说到："请将这句话传达给我的丈夫。" 听到这句话的总统问道："每次交配的母鸡都一样么？"农夫回答道："不一样，每次都不同。" 库利奇总统说："请将这句话传达给我的妻子。"

3) 夫妻关系的适应过程

婚姻生活和夫妻关系需要一个适应过程。幸福的夫妻关系是通过双方努力营造的。能够良好地适应因结婚而被赋予的新角色和变化，是营造夫妻幸福生活的必要条件，但是这却并不是一件容易的事情。新婚夫妻在建立幸福的婚姻生活之初，会经历许多困难和矛盾。夫妻关系的适应过程大致分为适应差异，适应变化以及适应任务。

图11-1 夫妻关系的适应过程(Adaptation of Couple Relation)

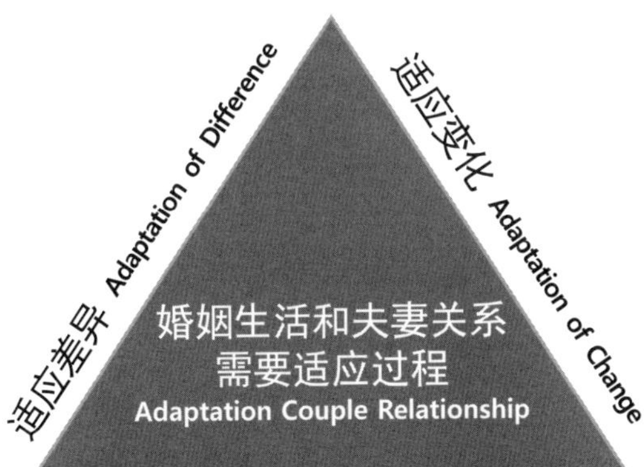

(1) 适应差异

我们需要和睦地适应婚姻生活中夫妻之间的差异。夫妻矛盾的主要导火索是在性格、生活习惯、情感表达、价值观、兴趣爱好、睡姿、宗教、休闲生活等各个方面不断发现彼此的差异和对方的缺点。因此夫妻关系的重要适应事项就是接受彼此的差异, 互相弥补对方的缺点, 从而才能够发展成为和谐的夫妻关系。

(2) 适应变化

从结婚的瞬间开始, 男女双方就从恋爱关系转换为夫妻关系, 就像是关系的特性发生变化一般, 双方之间的关系也发生着急速的变化。夫妻双方应该充分地认识到这种变化, 并且适宜地促进和适应这一变化。就像恋人关系和夫妻关系不同一样, 也要适应婚后种种和恋爱的时候不一样的变化。从对对方的称呼开始, 到夫妻角色, 表达爱的方式, 娘家和婆家, 亲戚关系等, 双方之间的关系发生了许多变化。正确地认识这种变化, 并适应变化, 是非常重要的。

婚姻至少开启了三种新的关系。即, 在新房展开二人世界的夫妻关系, 和男方家庭之间的关系, 和女方家庭之间的关系。另外, 还要适应包括各自的朋友同事关系在内的新的社会关系的变化。因为这种关系并不是无关紧要的, 彼此之间联系的情况时有发生, 因此为了营造幸福的婚姻生活, 有必要对婚后各种人际关系进行智慧地管理。

夫妻之间的角色随着时代的变化而变化。在传统社会中丈夫因多从事经济生产活动, 因此承担着维持家庭生计的家庭抚养者角色,在养育子女上面多表现出严肃的教育者形象。妻子承担着养育子女和做家务的角色，担当着给子女提供关爱和情感支持的角色。但是在现代社会夫妻之间的角色发生着巨大而多样的变化，特别是随着女性社会地位的提高和经济能力的提升，夫妻之间的权利和角色发生着巨大变化。

在夫妻关系之中男女双方能够良好地履行自己被期待承担的角色非常重要。夫妻关系之间的不满意就是由于配偶没有很好地扮演自己对对方所期待的角色时而产生的。这时重要的是要正确认识配偶希望自己扮演一个怎么样的角色。因为许多的夫妻矛盾都是由于夫妻彼此对对方所期待的角色认知存在差异造成的。当然，如果为了使夫妻矛盾达到最小化，除了对彼此的期待，还应该考虑对彼此角色的履行结果，以及彼此对结果的评价所造成的影响。

(3) 适应任务

夫妻在婚姻生活中需要适应过程来学习并熟悉对方所要求的日常任务，进而更好地来履行新赋予的角色。结婚初期的夫妻首先会建立一个稳定的居所，建立收入和支出的体系，规划与子女相关的计划。其次确立积极的沟通方式和积极解决矛盾的方式，为了同亲戚之间形成和谐的关系而努力。还有，对于在传统的观念中，作为妻子或者丈夫应该履行的新任务，双方也要认真履行。丈夫应该承担抚养家庭的经济责任，应该为创造幸福家庭不断努力，更不应该忽视岳家的考虑和关怀。妻子应该照顾家庭和丈夫，养育子女，奉养双方父母。

婚后的夫妻关系随着岁月的流逝也在发生着变化，新的家庭对男女双方所要求的任务也在发生着变化。能够明确说明这一现象的概念为家庭生活周期(Family Life Cycle: FLC)。随着时间的变化，记录家庭变化的家庭生活周期，以家庭内的重大事件为中心，可以分成几个阶段。传统的家庭生活周期分为9个阶段，以结婚，子女出生，子女成婚，配偶者死亡，退休为基础(南承奎, 1999；Wells & Gubar, 1966)，具体如下：

①单身期(bachelor stage)，②新婚期(newly married couples)，③满巢Ⅰ期(full nest Ⅰ)，④满巢Ⅱ期(full nestⅡ)，⑤满巢Ⅲ期(full nestⅢ)，⑥空巢Ⅰ期(empty nest Ⅰ)，⑦空巢Ⅱ期(empty nestⅡ)，⑧孤独生存期(solitary survivor)，⑨孤独生存隐退期(solitary survivor retired)。

在不同的阶段，男女双方的角色和任务会发生一定的变化。在新婚期能够适应夫妻角色，建立圆满的夫妻关系，以及适应新的亲戚关系，都非常重要。属于满巢Ⅰ期的生育和子女养育阶段，双方要适应好从怀孕到生产以及作为子女养育者的父母角色和任务。属于满巢Ⅱ期的学龄期子女养育阶段，不仅需要不断促进子女生长，充分满足子女的需求和兴趣，还要在子女的教育方面尽心尽力，帮助子女在学业上取得进步。属于满巢Ⅲ期的青少年子女养育阶段，父母应该帮助子女学会独立。属于空巢Ⅰ期的子女独立阶段，重要的是在子女成家时候起到一个支持和辅助的作用。属于空巢Ⅱ期的中年期阶段，子女全部离开，各自形成独立的小家庭，开始建立自己的夫妻关系。这一阶段一方面夫妻感受到子女离家的空虚感，另一方面也感受到从子女养育的任务中得以解放，夫妻之间的相互依存性增加，夫妻关系变得更加密切。老年期阶段，因退休、身体机能老化、疾病导致社会活动减少，还可能老伴离世，因而这一阶段适应一个人的生活很重要。

05 婚姻生活和幸福

当婚姻成为发挥自己代表优势的日常手段时，夫妻之间会变得更幸福。实际上婚姻生活是能够让你传达感谢的日常手段。男性对女性，女性对男性彼此感受到爱意的过程，正是因为双方所具有的优势和美德。

但是一见钟情的玫瑰色爱情必会逐渐褪色。就算是再怎么有名的模范夫妻，对于婚姻的满意度也会在十年之间逐渐降低(Seligman, 2004)。伴侣身上所具有的第一次深深牵动自己内心的优势，逐渐变得理所当然，曾经带着感叹所看到的伴侣行为，也逐渐令自己不耐烦，觉得也不过如此。原来对对方感受到的踏实认真，现在只是觉得沉闷，对对方一如既往的样子感到不耐烦。那些朝气蓬勃的话语现在传到耳朵里，也只是无休止的唠叨，将对方的气节视为固执不讲理，将韧劲视为狠心，将亲切视为轻薄，如是等等。热情虽然在建立关系的阶段所带来的效果非常可观，但是将热情作为婚姻生活的基础是万万行不通的。

1) 成功的婚姻生活

找到携手走完一生的伴侣是一件非常棒的事情。夫妻关系是幸福婚姻生活的基本。幸福、理想的夫妻关系具有以下几个特点(Leslie, 1982)。第一, 维持婚姻生活的持续性。第二, 在婚姻生活中矛盾、拌嘴、不安、问题等较少。第三, 夫妻之间的一体性和凝聚力较高。第四, 促进和支持个人的成长和发展。第五, 对于婚姻生活的主要部分, 意见一致度较高。第六, 对于婚姻生活的主观满意度和幸福感较高。最后, 拥有顺应社会期待和要求的婚姻生活。

(1) 成功夫妻的心理特性

成功的夫妻关系基本上都是依靠夫妻双方的努力而实现的。有许多的研究都探讨过成功夫妻的心理特点(권석만, 2011; Bowman & Spanier, 1978; Gordon, 1975; Mace & Mace, 1980)。根据鲍曼和斯潘(Bowman & Spanier, 1978)的研究, 成功夫妻具有八大特点。第一, 感受到主观幸福感。第二, 夫妻之间的基本需求得到满足。第三, 为丰富彼此的人生互相帮助。第四, 通过婚姻生活实现人格上的成熟, 发挥自身潜力。第五, 夫妻之间彼此提供情感支持。第六, 深刻地理解和包容伴侣。第七, 深刻关注伴侣的幸福感。第八, 对家庭和伴侣自发地感到负有责任感。

根据海因(Hine, 1980)的研究, 成功夫妻具有十大特点。第一, 成功地解决家庭危机。第二, 持续地互相交流爱情。第三, 对于伴侣抱有着奉献和诚实的态度。第四, 表达称赞、感谢等进行强化和支持。第五, 双方之间的对话是开放的、直率的。第六, 双方的人生观、价值观、期待角色一致。第七, 表现出具有融通性的、柔和的成熟态度。第八, 对伴侣表现出包容和忍耐。第九, 经常和伴侣一起参加活动。最后, 有形成美满夫妻关系的意志并不断努力。

除此之外, 麦斯和麦斯(Mace & Mace, 1980)提出, 为了构建成功的夫妻关系, 要做到三点: 持续的努力和奉献, 有效的对话, 对矛盾进行具有生产性和创意性的管理。戈登(Gordon, 1975)提出了十大要素, 包括爱, 幽默, 对话, 履行义务, 同伴感, 诚实, 忍耐, 流通性, 圆满的性关系, 一起分享等。

(2) 影响夫妻关系的因素

为了能够维持幸福的婚姻生活, 夫妻关系受到多种因素的影响。第一, 父母的夫妻关系。父母的夫妻关系会成为未来子女夫妻关系的模型。父母婚姻生活成功的人, 具有形成成功的夫妻关系的倾向。

第二, 结婚年龄。结婚的年龄和成熟度会影响夫妻关系的稳定性。早结婚的人在婚姻生活中会经历更多的问题, 婚姻失败的可能性更高。因为太早结婚的人, 由于受教育水平受到限制, 经验不足, 导致受教育水平低下, 个人的发展与人生的成就不足, 可能没有找到理想的职业, 甚至收入水平较低。

第三, 交往时间。婚前的交往时间越长, 婚姻生活越幸福, 越成功。反之因突然的激动或者一时的冲动选择结婚的, 婚姻的持续性较低, 在结婚初期失败的可能性更高。充分的交往时间, 使人们能够拥有更多的机会来把握对方的人格品行, 了解各自对生活和婚姻的期待, 婚后夫妻之间产生矛盾的可能性降低, 双方能够良好地沟通交流以及解决问题。

第四, 结婚的动机。带着怎样的目的和动机结婚, 会给婚姻生活和夫妻关系带来许多影响。将纯洁的爱情、共同的兴趣爱好和目标作为结婚动机的时候，很多情况下会营造成功的婚姻生活。但是如果将婚姻视为一种藏身之处，缓解孤独的方法，或者是对父母的反抗和挑战，或者把身份地位的提升、怀孕等作为结婚的动机，婚姻生活的不如意和失败的可能性更高。

第五，父母的同意。得到父母同意后结婚的夫妻比没有获得父母同意就结婚的夫妻更加幸福，拥有更加成功的婚姻生活。当父母应允子女的婚事，认可子女婚事的时候，父母就会对子女的婚姻生活表现出持续性的关心，不仅能够激励子女的婚姻生活，在面临危机的时候也能够提供积极的支持。当父母不认可子女婚事的时候，会使得夫妻关系逐渐恶化，成为威胁夫妻关系稳定性的因素。

第六，婆媳关系。婆媳关系好的话，更容易营造令人满意，成功的婚姻生活。婆家和娘家以及亲戚之间关系不好的话，夫妻关系也会表现出恶化的倾向。因为婆家和娘家是相爱的两人精神上和经验上的主心骨，所以妻子和婆家，丈夫和娘家应该不断努力维持一种和睦的友好关系。

第七，经济能力。在现代社会中如果不以经济实力为后盾，营造成功的婚姻生活是很困难的。稳定的，长期稳步提升的收入结构与成功的婚姻有着密切的关系。当家庭的收入不够充足或稳定的时候，夫妻之间的矛盾会不断增加，成为导致婚姻失败和不幸的直接原因。夫妻应该各自努力实现经济上的自立。

第八，子女。夫妻关系的满意度在新婚期表现的最高，伴随着子女出生开始降低。这种下降在子女进入青少年期时达到最低点。但是随着子女的成长和独立, 父母从养育子女的重任中脱离出来, 当家庭仅剩夫妻两人时, 婚姻满意度又会回复到新婚初期的水平。

阻挡夫妻幸福的并不是避孕药, 而是处于幼儿期和青春期的子女们。婴儿穿着纸尿裤躺着的时候大部分的夫妻关系开始恶化。随着孩子长大开始威胁父母要离家出走的时候, 不少夫妻先将"离家出走"付诸实践。比起照看孩子, 女性在购买商品, 打电话或者切洋葱的时候感到更加幸福。

《撞上幸福》的作者丹尼尔·吉尔伯特(Daniel Gilbert)曾说过, "照看自己的孩子, 在很久以前就已经进入了我们遗传基因之中。因此我们才会费尽心思的, 觉也睡不好, 承担起护士、司机、厨师等一切任务。这是因为我们本能这样要求着我们。" 养育子女的父母就像是药物中毒者, 能够为了子女放弃工作、朋友和爱情的药物中毒者。

没有子女就算得上好命吗？不是的。实际上, 子女也带给父母许多好的方面。没有子女者的人生确实更加不健康。他们会更多地沉溺于吸烟、喝酒, 因癌症和心肌梗塞死亡的几率更高。子女引导着父母采取一种更健康的生活方式, 因为父母也是子女的榜样。

犹太语nachas(意为在子女的成就中获得喜悦和财富)表现了父母在养育子女过程中感受到的另一幸福情感。这一概念超越文化和世代的间隔, 被广为传播, 一方面表现出了父母的炫耀感, 另一方面更是表现出子女不仅仅是父母的私人物品, 更是来自世界的礼物和恩宠。父母希望子女代替自己, 实现自己未能实现的理想。因此子女更像是自己生命的延续。

最后, 信仰。成功的婚姻和信仰之间存在着关系。宗教信仰一致,在宗教事务中参与度高的夫妻比起其他夫妻更加幸福，拥有成功婚姻的可能性更高。因为一般宗教认可的价值和促进夫妻关系成功的价值具有一致性，夫妻结伴参与信仰活动的机会增加，使得夫妻共同参加活动的频率增加，彼此可以分享的话题增多，同伴意识也会得到不断加强。当然，宗教性的矛盾也是导致夫妻关系破裂的重要因素之一。

(3) 实现成功婚姻生活的方法

尼克·斯坦尼特(Nick Stinnett, 1985)提出了很多创造成功、幸福婚姻生活的方法。我们在这里介绍一些切实有效的方法，一起来探索创造成功婚姻生活的秘密。第一，积极的内心。夫妻之间以相互的认可、信赖、尊重、理解为基础，带着一颗积极的内心来面对夫妻关系。这并不是说为了幸福一定要在每时每秒都表现出积极的反应。根据实际状况，有时也会需要消极的反馈。但是根据加尔贝(Galbe, 2004)的研究，为了维持幸福的婚姻生活，积极反应要比消极反应多三倍以上。

表11-1 成功的婚姻生活

①有一颗积极的心。(Take a positive mind)
②尊重。(Respect)
③包容和理解差异。(Recognize)
④倾听。(Listen attentively)
⑤产生共鸣。(Sympathize)
⑥投资。(Invest)

爱情学专家、纽约州立大学的桑德拉·默里(Sandra Murray)教授在研究影响爱情的幻想效果时，以多样的优势和弱点为标准，让许多夫妻或恋人对自己现在的伴侣和理想中的伴侣进行对比评价，同时让他们的朋友对丈夫和妻子分别做出评价。这里重要的是伴侣的评价和朋友的评价之间出现的差异。在积极的部分上差异越大，伴侣对对象所抱有的期待就越大。幻想越大的夫妻，婚姻生活更加安定幸福。

对婚姻生活满意的夫妻，把朋友们完全没有当作是美德的部分也看作为一种美德。与将伴侣的弱点不断美化的夫妻不同，对婚姻生活不满意的夫妻认为对方有着“扭曲的形象”。自己看到的伴侣美德比朋友的评价更少。最幸福的夫妻会积极地对待自己的伴侣，更多注意到对方的优势，而非弱点，相信即使遇到不幸的事情也能够一起克服。这种夫妻在实际中即使经历不幸的事情，也会表现出强烈的以积极态度对待自己伴侣的倾向，这种倾向与彼此之间对对方的幻想成正比。

幸福的夫妻为了伴侣一直将自己视为理想型的信念而不断做出努力，因此能够通过积极的幻想完成自我实现。另外，积极的幻想能够成为夫妻之间不和与矛盾的缓冲剂，彼此能够宽容地接纳对方，这是因为双方对于失误睁一只眼闭一只眼，努力将弱点不断开发为优势。就像乐观和幸福有着密切的关系一般，越是乐观的夫妻，婚姻生活就越美满(Karney & Bradbury, 1995)。乐观的夫妻之所以能够维持安定满意的夫妻关系，是因为他们能够自发地将对方的行为朝更积极的方向理解(Bradbury & Fincham, 1990)。基于健康的自尊感和现实乐观主义的幻想，称为弹性幻想(resilience illusion)。

第二，尊重。夫妻之间直率地表现对彼此的尊重，不让对方感到威胁，从而可以减少防御性意识沟通的问题。夫妻的态度非常重要。那些对伴侣表现出支配性的、竞争性的、卑微的态度的夫妻，婚姻生活失败的可能性更高。反之，带有着民主性的，相互尊重的态度的夫妻，具有形成美满的夫妻关系的倾向。"尊重"在夫妻关系之间比在任何关系中都要重要。

夫妻之间直率的对话非常重要。但是在不尊重的状态下展开直率的对话，会成为幸福婚姻生活的障碍。在包括恋人关系或者夫妻关系在内的所有人际关系中，尊重对方的方法之一是，有时候要装作不知道的样子。从统计来看，已婚的人比单身的人认为自己更有魅力。但是就像先要被鱼钩钩住，之前鲜活的鱼才会逐渐失去生气一般，结婚之后有时会突然感觉热情和关心顷刻之间消失。对于这一问题，两性咨询师一般会建议双方要展开充分的沟通。但是有学者看法不同。比如，为了解开幸福婚姻生活的秘诀，华盛顿大学的心理学者约翰·戈特曼(John Gottman)教授对这一问题进行了长达20余年的研究，他对于这种无条件的，需求性的对话怀有相当大的怀疑。那些幸福地携手走过一生的情侣们，并不是将所有的事情都讲得一清二楚，反而是保持一些秘密的更多。因为对对方没有尊重的衍生交流，会频繁地发展为痛苦的，具有破坏性的对话。有时在夫妻关系中，交流是银，沉默是金。

第三，包容和理解彼此不同的参照框架。拥有相同文化背景的夫妻由于经历、想法、态度等都很类似，因而参照框架也比较类似，所以夫妻双方之间的沟通更加顺畅。但是如果过去的生活经历不同，对于相同事件的看法就有可能不同，此时理解彼此的参照框架有利于克服不一致。因无法解决矛盾而导致矛盾逐渐扩大的夫妻，在沟通上表现出以下四种特点。第一，悲观性的行为，对对方的人格和品行进行责难和攻击。第二，表现出轻蔑性的行为，无视对方，使对方产生被侮辱的感觉。这种行为不仅会采取侮辱性的言语，更包括攻击性的嘲笑，嫌恶性的身体语言等心理暴力。第三，持有一种防御性的态度，对对方不坦诚，自我保护意识强，表现出急躁的反应。这种状态下的夫妻不是解决问题，而是努力使自己不受到伤害。最后，是建造一堵墙壁，避免和对方进行沟通交流，肢体上保持距离，精神上表现出漠不关心。

第四，倾听。懂得倾听的人不会发生争执，发生争执的人不懂得倾听。懂得倾听的重要性不亚于适当的表达。认真地倾听对方，表明对对方的话产生兴趣，表达对对方尊重，从而可以强化彼此之间的关系。对对方尊重性的倾听，对对方行为的包容，对对方基本的关怀，为包容对方而做出的努力，能够增进夫妻之间的满意度。为了形成美满的夫妻关系不仅需要积极的关怀，更重要的是不制造矛盾。为此我们需要学会倾听。

第五，产生共鸣。懂得良好沟通的人具有进入对方世界，站在对方立场上考虑的能力。幸福的夫妻首先要懂得灵活运用尊重对方意见的“共鸣性”对话方法。针对双方之间出现的消极情感，能够微妙地进行美化，这和乐观地解读婚姻生活的态度有着密切的联系。乐观的人将不幸的事件看作是一种特殊的、暂时的事情，将美好的事情看作是持续的、具有扩散性的事情。

夫妻之间的共鸣, 即使是针对一些琐事, 也能够增加对伴侣的情感、心情、需求的理解。为了提高共鸣, 就要更多的可以分享的东西。为了可以分享给彼此更多, 双方就会不断寻找和对方的共同点以及相似性, 努力使彼此变得更相似。彼此都感兴趣的事情会给夫妻关系带来积极的影响。有着共同的兴趣爱好的时候, 夫妻一起参与活动的机会增多, 彼此之间相互理解, 产生共鸣的可能性也就增大。根据권석만(2011)的观点, 夫妻的受教育水平、社会经济地位、成长地区、宗教等的文化背景如果相似, 那么在价值观、角色期待、日常的相互交流等方面的一致点就会增多, 产生矛盾的因素也会减少。特别是在家庭、子女、爱情、宗教、哲学等方面存在共同点的夫妻, 比起将关注点放在金钱、名誉、享乐上的夫妻, 婚姻的成功性更高。

最后, 投资。随着岁月流逝逐渐变得幸福的夫妻, 每天平均给伴侣投资一个小时。维持幸福婚姻的秘诀如下。①每天早上花费两分钟来了解伴侣今天将要做的事情中的一件。②傍晚再次见面时候, 花费20分钟和伴侣谈论今天发生的事情。③每天花费5分钟表达爱意。抚摸, 拥抱, 亲吻等, 创造一个甜蜜温情的氛围。④每天一次, 一次至少花费五分钟来表达赞赏或者感谢。⑤每周进行一次两个小时以上的周末约会, 拥有专属于夫妻的二人世界, 这会加深夫妻双方的感情。为了创造幸福的婚姻生活, 理想中的我非常重要。理想中的我(ideal self)是能够最大限度地发挥优势, 相信自己拥有实现最高目标的能力的自我意象。当人们实现了自己所追求的最高理想, 真切地感受到自己活着的时候会获得满意感, 发挥自己优势的时候满意感会进一步增加。当配偶知道这一事实之后, 就会感到自己受到了认可, 自己为之骄傲, 并且为了不使自己的伴侣感到失望而更加努力。

2) 失败的婚姻生活

虽然一般来说男性和女性的幸福感在结婚之后都有所增加, 但是男性幸福感的增加幅度会更大(Lee et al., 1991)。婚姻生活本身能够给男性的身体健康带来积极的影响, 而女性为了能够使得自己的健康受到积极的影响, 就需要满意的婚姻生活。婚姻会给身体健康和寿命带来积极影响。幸福的婚姻生活能够增强人的免疫体系。但是最近出现了一个值得注意的现象, 即二十世纪七十年代以后, 婚姻和幸福感的关系越来越松散。

幸福的最佳杀手诞生于熟悉感和无聊感。夫妻关系并不总是让人满意的, 幸福的。因为许多问题彼此之间有矛盾, 互相对立。虽然一般来说这种对立和矛盾会依靠夫妻彼此的努力而轻易地被解决, 但是有时, 即使双方付出了最大的努力, 也无法解决, 这种情况就会导致夫妻关系的瓦解, 最终走向离婚的结局。如果说是彼此找到了心仪的对象才选择的结婚, 以夫妻关系共同生活应该是非常开心和幸福的事情, 但是如果和"仇人"一般的错误对象相遇并开始一起生活, 这期间所经历的痛苦和折磨是难以想象的, 最终很容易到达互相无法忍受的地步, 从而做出离婚的决定。

(1) 夫妻间的矛盾因素

婚姻生活在经过新婚甜蜜期之后就开始慢慢地出现一些磕磕绊

绊。即使双方处于一种安稳的, 温暖的氛围也不再会感觉到热烈的情感。热情就像是没有被充分加热一般, 会在瞬间冷却。最初的时候常常把早饭和咖啡端到床边的人, 只是经过几个月就会说出"如果早饭一定要在床边吃, 那么干脆就在厨房睡觉好了"这样的话。

西雅图华盛顿大学的戈特曼教授总结了导致离婚的夫妻矛盾因素。①尖锐的争吵, ②对配偶的责难, ③表现出轻蔑感, ④自我防御性的过度敏感反应, ⑤没有理由地无视配偶的一切意见⑥, 肢体行为的拒绝信号。一次的不满不会因为一次称赞而恢复。如果夫妻希望变得幸福, 要表现出强调伴侣积极方面的反应。求关注的行为(bids for attention)是指能够增进夫妻之间亲密感和联系感的微小动作和表情。夫妻的幸福并不需要多么强烈的爱意表达, 而是需要通过彼此在日常中用微小行为, 交换自己的爱意和支持来实现。

⑵ 性冷淡

居于世界经济前十强的韩国, 在被子下面却是一片寒酸景象。韩国成人每周发生性行为的次数处于世界最差的等级范畴。2011年韩国礼来制药公司对世界13个国家的成年男性和女性实施的调查结果显示, 韩国人平均每周的性行为为1.04次, 处于最末位。这次数相当于第一名葡萄牙的一半水平。

所调查的夫妻没有任何身体问题, 也不是没有爱情, 更不是有婚外情。但是他们却不和自己的伴侣发生性关系。与快速发展的性开放不同, 在家里彼此分享爱意、发生身体接触却逐渐成为了"稀有的事情"。这就是性冷淡。虽然每个研究对性冷淡的定义都有所出入,但通常都指健康的夫妻在长达三个月的时间里，平均每个月仅发生一次以下性关系的情况。

韩国“东亚日报”(2014.3.8 发行)所发表的性冷淡实际现状调查，显示出了非常严峻的状态。以全韩国20-50岁的1000名成人为对象进行的调查结果显示，每10名中有4名(37.9%)受访者表示“最近两个月间与伴侣发生性关系的次数为月平均1次”。12.8%的人表示“这一期间完全没有发生过性关系”。当然这并不意味着韩国人完全抛弃性生活。问题在于理想和现实之间的差距太大。1000名受访者中大多认为正常的性关系应该维持在平均一周1-2次(56.2%)。但是实际上一周发生1-2次性关系的人仅占全体人数的32.8%。认为一周理想的性关系行为应该在3-4次的人占9.5%，但实际上仅有5%的人实际上达到了这一点。

在调查中男女对性关系的认识和态度也表现出了明显的差异性。比起男性，女性表现出强烈的被动性的柏拉图式性关系倾向。仅有1.7%的女性表示“会首先向伴侣提出发生性关系的要求”。对于这一问题，男性则有45.1%表示自己会这样做。大致上男性发生性关系的次数越多，爱得也就越深，而女性并不认为爱情和发生性关系的次数有着很大的相关性。

被工作包围的男性和被育儿困扰的女性，认为分房而居让人感到更加舒适。具体的性冷淡原因是，36.1%的男性认为“因为周围环境的不允许”，31.1%的男性表示“没有特别的理由”，20.4%的男性表示“因为和孩子一起入睡，或者是因为照看孩子太过劳累”，18.6%男性表示“觉得发生性关系很麻烦，或者不喜欢”。而32.8%的女性认为“觉得发生性关系很麻烦，或者不太喜欢”，这一理由占据第一位，26.7%的女性表示“因为周围环境的不允许”，23.4%的女性表示“没有特别的理由”，21.9%的女性表示“因为和孩子一起入睡，或者是因为照看孩子太过劳累”。根据这一调查结果，男性将性冷淡的原因归结为周围实际状况，而女性则是对性关系本身带有很多消极的看法。

对比过去，30.3%的男性和33.8%的女性都表示，最近与伴侣或恋人性关系的频度下降主要是因为“压力等工作上的因素”。其后，男性中23.4%表示“不知道理由”，22.8%表示“因为育儿或者子女出生之后情况发生了变化”，14.5%表示“因为性事方面的满意度降低”，9.0%表示“因为爱情变淡”。而女性中23.6%表示“因为育儿或者子女出生之后情况发生了变化”，18.1%表示“不知道理由”，13.6%表示“因为爱情变淡”，10.8%表示“因为性事方面的满意度降低”。根据这一调查结果，男性性冷淡的原因多为工作上的压力，女性则是因为育儿方面的压力。

针对对性生活的不满意的原因的调查，男性和女性都提出了有代表性的两点原因。48.9%的男性和26.6%的女性对性生活不满意的第一个原因是“性生活的次数太少”，第二个原因是“每次一样，没有什么新鲜感”，22.3%的男性和20.3%的女性同意这一点。这种结果表现出对性生活不满意的核心因素是次数太少以及失去了新鲜感。男性和女性在第三个和第四个的原因上表现出了差异。有11.7%的男性认为“工作压力等心理因素”是第三个原因，5.3%的男性认为“和现在的伴侣一起无法达到满意”是第四个原因。而女性中12.5%认为“性格不相符”是第三个原因，9.4%认为“对方的性功能低下”是第四个原因。

这种结果表明, 对于男生来说, 与其说性生活是缓解工作压力的手段, 倒不如说性生活更像是一种体力劳动, 女性则表现出了对当前性生活本质的不满。

⑶ 离婚

就像亚历山大王在面对戈耳迪之结时, 选择用刀一下割开一样, 有人选择一刀两断, 离婚了事。但是冷静又干净地分手真的会更幸福吗？不是这样的。这是良好的关系中不怎么使用的方法。错过了最佳的幸福之后有, 人们有可能捶胸顿足, 悔恨不已。可是就算是这样也还有许多人选择离婚。仔细观察离婚的主要原因, 一般多为性格差异, 经济问题, 家庭不和睦, 配偶对爱情不忠等。

第一, 性格差异是最具代表性的离婚原因。性格差异意味着夫妻之间存在着多种多样的心理矛盾和摩擦。由于结婚是有着不同生长背景的两个人的相遇, 因此在性格特质方面, 夫妻之间也会带着一定的性格差异生活在一起的。这种性格差异随时引发着观念, 家庭生活, 生活习惯, 表达爱意的方式, 子女养育方法, 消费生活, 决定问题的方式, 性生活等方面的差异和对立, 进而发展成为不满和不耐烦。

根据与性格相关的研究, 男性和女性共同期待的配偶性格特质有可信赖性, 诚实, 温暖, 亲切, 聪明, 情绪上的稳定性, 幽默, 忠诚, 温柔体贴等(Lauer, Lauer, & Kerr, 1990; Sternberg & Hojjat, 1997)。性格五大要素中除去外向性(Openness), 其他性格要素都与夫妻满意度有着关联性。越是幸福的夫妻, 越是表现出高度的友好(Contentiousness)、诚实(Extraversion)、开放(Agreeableness)和情绪的稳定(Neuroticism)(Kelly & Conley, 1987)。夫妻性格的相似性是预测夫妻满意度的重要变因(Caspi & Herbener, 1990)。性格越是相似, 夫妻生活的满意度就越高。

第二, 如果经济上出现问题, 并且是因为伴侣而产生问题的话, 夫妻关系将会以离婚而结束。为了维持家庭生活就需要最低水平的经济来源。这种经济来源如果因为夫妻之中的一人而受到严重的损害, 就会导致夫妻关系的瓦解。经济上的无能力, 过度的消费倾向, 盲目创业的失败等经济炸弹, 是导致离婚的典型经济问题。经济水平的恶化不仅对国家经济, 也对夫妻关系产生恶劣影响。

第三, 家庭的不和睦是造成离婚的重要原因。这并不是指夫妻间的矛盾, 而是从广义上指家庭关系中出现的矛盾。这种矛盾会导致夫妻离婚。即使是夫妻感情十分恩爱, 也可能会因为婆媳矛盾, 对妻子娘家的不满, 对婆家的不满等导致夫妻关系的恶化。

最后, 伴侣的不忠贞是夫妻关系瓦解的致命性因素。夫妻之间彼此忠贞, 这不仅是约定, 也是义务。婚姻生活的过程中, 因为对伴侣的性魅力减少, 夫妻之间产生心理上的矛盾而导致情绪上的纽带感降低, 就会促使一方在家庭以外寻找满足情绪需求和性需求。对彼此的爱和热情逐渐变淡, 转而投入到婚外情中, 会导致夫妻关系的瓦解。

但是不论是从心理学上还是从生理学上来看, 都不能拿夫妻关系的压力来作为伴侣不忠贞的借口(Eckart von Hirschhausen, 2010)。已有研究证实, 不论是彼此之间相互理解的伴侣, 还是有所隔阂的伴侣, 都会劈腿。只要不是完全地丧失现实感觉, 就有可能陷入到性事不节制和放荡的深渊。恋爱对象越少，内在的满意感越会增加。在情绪满意的方面，也是只拥有一名异性伴侣比拥有多名异性伴侣更好。这个伴侣如果是自己配偶，那就更加好。

第十二章 精神健康和积极心理学

人生不是一场竞赛, 并不是以谁得第一来判定成功的比赛。
你度过了怎样有意义又幸福的时间才是人生成功的钥匙
--人权运动家, 马丁·路德·金(Martin Luther King Jr)

本章将要从积极心理学的观点来探讨精神健康。健康不能保障幸福。健康的人之中也有着许多不幸的人。这之中有很多人浪费自己的健康或者将其视为理所当然。但是健康无法保障幸福这一事实, 并不意味着健康不会给幸福带来任何的影响。就像金钱虽然不能够保障幸福, 但是如果能够合理利用也能够获得巨大的幸福一般, 健康也能够带给我们很多的幸福。

最近韩国人的死因中急速上升的是自杀。韩国自杀率1992年位于世界第十位, 2004年上升到世界第五位, 2010年上升到了世界第一位。平均每天有五百名以上的人选择自杀, 占据了20~29岁年轻人死因的第一位。据推算, 80%的自杀者饱受着类似抑郁症等精神疾病的折磨(한규석, 2010)。抑郁症的代表症状是孤独。就算不能称为抑郁症, 也有许多人在社会生活中感到无比的孤独。因产业化进程加快, 经济逐渐富裕, 人们脱离拘束, 追求自由和欲望满足的文化, 在经历产业化的国家中快速传播。这种生活环境变化引起的社会因素对现代人的孤单感产生着影响。

幸福的人对压力的反应表现得更加游刃有余。因为幸福的人大多有着健康的生活方式。能够良好地控制体重，经常运动，并且在抽烟喝酒方面懂得克制自己。反之，不幸的人进行的肢体活动较少，容易生病，表现出与幸福的人正相反的情况。

幸福能够预防心肌梗塞和抑郁症。幸福不是每个人都具有的理所应当的状态。健康也是一样的。健康的人不一定都是幸福的，患病的人也不一定都是不幸的。只是当你感受到的幸福频度越高，感受到的痛苦就越少，从而也就更加长寿。

增进幸福可以称得上是最佳的预防疾病的对策。位于鹿特丹的伊拉斯莫大学的鲁特·维恩霍文(Ruut Veenhoven)教授从许多年前开始研究幸福和健康的相关性。研究结果显示，幸福的感情能够切实预防心肌梗塞、感染和糖尿病。另外，幸福也能够预防幸福的杀手：抑郁症。

延长寿命的最佳方法是抛弃所有缩短寿命的东西。远离香烟，不暴饮暴食，以愉快的心情对待自己和他人。享受喜悦、减少痛苦这一有用的生活哲学，在佛教和希波克拉底誓词中都能够发现。沙拉有利于健康，是因为在吃沙拉的过程中，那些不利于身体健康的物质都无法进入到体内。时常微笑就能够减肥，也是因为类似的原因。并不是微笑的时候会消耗更多的卡路里，而是因为在笑的时候不能吃任何的东西。从哲学的角度来解释，就是叔本华(Schopenhauer)所说的“幸福就是不幸的缺席”。

01 精神健康

精神健康不是没有缺憾和损伤，而应该理解为最大限度地发挥个人的优势和能力。通过成长和增进幸福感能够促进积极的精神健康。积极的精神健康可以从心理的幸福，自我实现，性格特质，生涯发展等观点来考虑。对自己的人生非常满意，时刻都能体验到积极情感，是精神健康和幸福的第一个重要因素。即愉快的人生(pleasant life)。第二，每天都能够积极地投入生活的积极人生(engaged life)。通过这一点不仅能够实现自己追求的价值，还使得自身的潜力得以发挥。第三个因素是不仅着眼于自身的喜悦和利益，还能够关注到自己所属的集体以及社会的有意义的人生(meaningful life)。不只为自己，还要为了自己所属的更大集体做出自己的贡献，仅仅认识到这一点就能够帮人们找到生活的意义。就像这样，积极心理学者认为当你心情愉快，投身于能够充分发挥自身潜力(代表优势)的事情中，完成自我实现，并从中找到人生的意义的时候，就可以算得上是感受到了真实的幸福。

积极的精神健康可以从情绪幸福感、心理幸福感和社会幸福感这三大方面来理解。即，真正幸福又健康的人生是到达积极状态的情绪幸福感(emotional well-being)，反应个人灵活的技能水平和适应状态的心理幸福感(psychological well-being)以及积极地参与和奉献社会的社会幸福感(social well-being)三部分构成。

通过增进幸福的三要素：积极的情绪，参与的态度以及人生的意义，而开发出的治疗精神障碍的积极心理治疗(positive

psychotherapy), 也逐渐应用于抑郁症的治疗。通过开发优势来对抑郁和不安进行有效预防的努力, 也被称为积极预防(positive prevention)。发现个人的优势并且能够将其发扬光大, 将其运用于预防精神障碍的原理, 称为尼基原理(Nikki principle)。

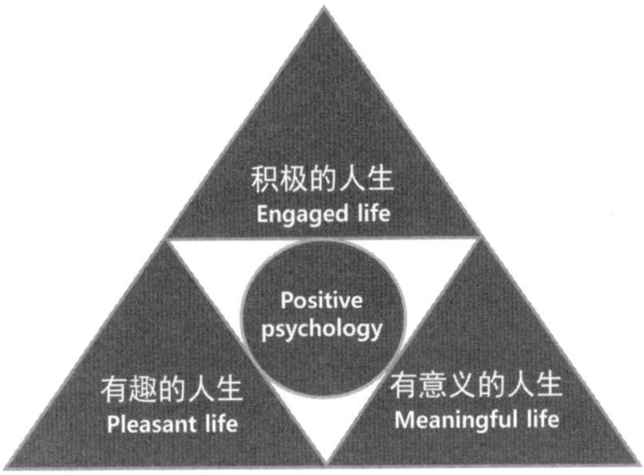

02 关于积极精神健康的观点

真正的精神健康指能够度过不适应的空白状态, 从而实现自我实现和幸福的人生(Ralph & Corrigan, 2005)。虽然消极意义上的健康是指没有疾病或者残障的状态, 但是积极意义上的健康是指个人能够感到幸福, 充分运用自己的能力和周围的环境, 使自己的人生达到最高程度地繁华。不能将精神健康和普通人的平均状态混为一谈。即, 精神健康并不能够被定义为大多数人的心理状态。健康应该是超出平均水平, 在个人生活的重要领域维持这一种优秀技能的状态。

1) 心理幸福感的积极精神健康

积极精神健康(positive mental health)一词是心理学者玛丽·雅霍达(Marie Jahoda)为了定义理想的精神健康状态而初次使用的。

心理幸福感(Psychological well-being)的六大因素为 ①对环境的控制, ②与他人建立积极的关系, ③自主性, ④个人的成长, ⑤人生的目的, ⑥自我感受。

幸福治疗(Well-Being Therapy: WBT)是一种使用认知行为治疗的方法来促进心理幸福感六大方面的治疗方法。

2) 自我实现的积极精神健康

充分发挥个人的潜力可以称为是精神层面上的健康人生。自我实现(self-actualization)这一用语是科特 · 戈德斯坦最早使用的, 他用来描述"为了发挥个人所拥有的所有潜力的动机"(Kurt Goldstein, 1934)。荣格(Carl Jung)既把个人化(individuation)或者自我实现视为与生俱来的倾向, 也把它们看作终极的人生目标。主张个人心理学的阿德勒(Alfred Adler)认为, 和社会关系相关联的创意性的自我实现是人类的本性。社会关心是通过与他人的亲密感, 共鸣和怜悯以及利他行为来完成自我实现的。

自我实现是想要充分发挥个人拥有的所有潜力的倾向。和缺失性需求(deficiency needs)不同, 自我实现是一种成长需求(growth needs)或者存在需求(being needs)。马斯洛所提出的人类自我实现型的十六大特征, 大致可分为四大部分。第一, 自我实现型的人对于体验持有一种开放性的态度。第二，在自主性方面，自我实现型的人都具有非常独立的倾向。第三，在积极的人际关系方面，自我实现型的人对整个人类和个人都有着深切的关心和爱。最后，达成自我实现的人大部分都具有着健康的伦理意识。为了成长，懂得接受挑战，勇于承担牺牲(舒适的、稳定的东西)。许多人因为别人不接受自己的新变化，所以倾向于回避自我成长，这被称为约拿情节(Jonah Complex)。自我实现型的人能够克服这种恐惧感，将自己的可能性发挥到最大限度。

最具体地提出自我实现这一概念的是创立个人中心治疗法的罗杰斯(1957, 1961)。人类具有发掘自身全部潜力的先天性倾向，这就是自我实现倾向(self-actualization tendency)。自我实现倾向具有两个方向。一是维持个人先天与生俱来的身体上和心理上气质的倾向。二是最大限度地发掘个人全部潜力的倾向。

精神健康指一个人将自身的所有体验都能灵活地融为一体，从而形成自我概念。实现这种理想的人们被称为机能完善者(fully functioning person)。机能完善者具有三大主要特征和两大补充特征。第一，向任何经验开放，将防卫机制缩到最小化，使自身的所有经验都能正确地被符号化为意识。第二，作为一种实际的生活姿态，重视生活的过程，充分欣赏人生过程中的所有体验，认为人生是通过主体创造而不断发展的。第三，信赖自己身体上的体验。身体上的体验为自己所体验的内在需求、感觉、情感、触感等。

正是因为以一种开放性的姿态来重视人生的过程，对于自己的体验都持有一种开放的态度，所以不仅能够感受到自由，更能够表现出融通性。此外，在适应新体验的过程中能够增加创意性。自我实现指感知实际存在的自我面貌，在实现的过程中没有不安、罪恶、自我夸张的情感，懂得聆听自己内心深处的声音，努力成为真正的自己。人生的本质其实就是自我实现的过程，幸福只是作为其附加产物悄然而至的。幸福本身不能够成为一种目标。

3) 性格特质的积极精神健康

有些人能够克服恶劣的环境，将磨难和逆境升华为成功的人生。有观点认为可以基于这些人的性格特点来理解他们的精神健康。这一观点认为，有些性格特质不仅能够使人挺过各种各样的逆境和磨难，并且能够使人在这一过程中逐渐成长，它们是精神健康的核心要素。有研究者将心理弹性、成熟的防御机制、有效的应对方式、性格优势和美德等，看作是精神健康的主要因素。

与一些人在面对逆境时受到挫折、一蹶不振相反，一部分人在面对逆境的时候反而更加奋发向上，使自己得以进一步地发展。实际上在我们的社会中，表现出人格上的成熟和实现优秀成就的人中，有许多都是历经磨难的。

许多事例表明，成功者都是在面对极端的压力时，产生了抗逆力，反而将此次危机转换为发挥潜力和实现成长的机会。有些儿童在面对极端压力时表现出抗逆力，同时又能够健康成长，这样的儿童称为适应良好的儿童(invulnerable child)。为了确认这些能够克服逆境和磨难的儿童存在，并能够描述他们的性格特质，研究者们引入了复原力(resiliency)这一术语。

人的一生中必然会感到不安，每个人在感到不安的时候使用的防御机制都是不同的。它可以分为精神层面的防御机制，不成熟的防御机制，神经性防御机制，成熟的防御机制。将矛盾或者冲突升华为具有价值的社会活动，不否认现实而是将其健康地重新建构的幽默，以及帮助他人的利他行为等。具有严重的心理问题的人更喜欢使用不成熟的防御机制，相反，幸福且长寿的人更倾向于使用成熟的防御机制。从这一点上也证明了成熟的、适应性的防御机制是精神健康的重要特质。

应对方式指在面对压力事件的时候所采用的心理应对方法。在面对各种各样的压力事件时，能够有效地采用恰当的应对方式是精神健康的主要特征。有效的应对方式因人而异。精神健康中最主要的是如何评价个人的压力事件，以及如何应对。当压力状况会发生改变的时候，着眼于问题焦点的应对策略是正确的，相反，在无法发生改变的情况下，着眼于情绪焦点的应对策略才是有效的。精神健康的人懂得考虑当下状况，从而来选择最有效的应对策略。

有些人能够直面让人产生压力的事件，并从中找出生产性的意义，积极地迎接挑战的应对方式，他们的这种特性可以命名为坚韧性(Hardiness)。美德(virtue)不仅有利于帮助人们适应人生，还有利于现实自我实现和培养优秀人格中的积极性格优势。充分地发掘性格优势和美德对精神健康非常重要。如果个人所具有的性格优势和美德，在生活的重要领域得到良好发挥，那才是真正的幸福。能够完美彰显个人独特性的优势称为代表优势，如果能够良好地发掘这种代表优势，并将其灵活地运用于工作、爱情、游戏、子女养育等日常生活中, 就能够使我们体验到幸福的人生。为了更好地理解人类的幸福人生, 重要的是要了解人类的优势和美德(good character)。

不论文化和时代如何差异, 有六大美德(the High Six)被世间普遍认可, 它们分别为智慧, 仁慈, 勇气, 节制, 正义, 超越。虽然性格优势和美德本身就具有一定的价值, 但是从引领着个人和社会向更好发展这一点来看, 也是积极的。发现个人具有的代表优势, 并使得其在个人生活的重要领域得到发挥, 不仅能够实现主观型幸福和自我实现, 更作为必要因素有助于实现为社会做贡献的精神健康。

4) 历经整个人生的积极发展

精神健康或成熟指在人生的每个阶段都能够良好地履行应该承担的心理社会任务。它包括信赖感, 自主性, 能力感, 主体性, 亲密感, 代际关怀(generativity), 自我统合。只有逐步解决人生各个阶段中出现的心理社会任务, 从而实现心理上的成熟, 才可以称得上是最健康的人生。

积极老龄化(positive aging)是指即使已经七十五岁了, 但是依然身体健康, 对生活感到满意。影响积极老龄化的主要因素有, 懂得运用成熟的防御机制, 稳定的婚姻生活, 有规律的行为, 受教育的次数, 正常范围的体重, 没有酗酒的恶习, 不抽烟等。

03 预防模型

最早且最有效的将积极心理学应用于实际的领域, 就是精神健康领域。在此之前精神疾病都是根据疾病模型来进行治疗和预防。但是疾病模型存在着一定的局限性, 它既不能够有效地防止精神障碍的复发, 也不能够提供有效的预防方法。疾病模型并不适宜预防精神障碍。因为预防并不是要矫正缺陷。

1) 疾病模型的问题点

假定精神健康的疾病模型(disease model)或者医疗模型(medical model)的心理问题具有着和身体疾病相同的属性。那么就通过剔除物质性的实体或者缺陷, 来改善心理上的问题。疾病模型必然会将精神健康领域指引向障碍-中心性, 医院-中心性, 医生-中心性, 治疗-中心性, 药物-中心性等方向。

基于国家立场或者是个人立场, 预防比治疗更重要。21世纪的精神健康领域在预防上面付出了更多的努力。疾病模型并不适用于精神障碍的预防。已经有许多的学者和临床学专家得出了疾病模型不能够有效地预防障碍的结论(Catalono, Berglund, Ryan, Lonczak, & Hawkins, 1998)。

另外, 疾病模型不仅在预防精神障碍方面为人怀疑, 在治疗方面的功效也有待进一步认可。许多年来, 心理学都致力于剔除精神障碍的症状和不适应的问题行为。但是最近研究证实, 仅仅只是通过消除症状, 并不能够证明精神障碍被完全治愈了。以消除症状为目标的治疗活动, 可能会导致频繁地复发, 这种不完整治疗受到质疑。

2) 精神健康模型的变化

精神健康不是指不存在任何的缺失或者损伤, 而应该被理解为最大限度发挥个人能力和优势的状态。精神健康的成长模型(growth model)指向一种积极的精神健康, 可以被称为是将焦点放在精神障碍预防上的"成长指向型预防模型"。

预防的主要焦点并不在于矫正个人的弱点和缺点, 而是充分地培养个人的优势和能力。塞利格曼认为, 并不应该通过培养习得性乐观主义(learned optimism)来矫正缺点, 而是应该学习一种新的、名为"乐观主义"的生活技巧。

21世纪为了预防精神障碍, 应该在研究人类的优势和能力方面投入更多的精力(Bornstein, Davidson, Keyes, & Moore, 2003)。在精神治疗方面, 主要的目标也应该超越消除症状, 将焦点着眼于防止复发。即, 防止抑郁症的复发, 并不是消除症状, 而是帮助人们学会幸福地生活, 从而培养出抵抗抑郁症的免疫力。对于精神障碍的完整治疗应该超越消除症状, 更进一步地培养人们的适应能力和营造幸福生活的技巧。比起去除消极情绪或者内在的矛盾, 医生或专家更应该将焦点着眼于培养积极情绪和适应性的应对方式, 从而创造出更加卓越的治愈成果。

3) 精神健康的新模型：成长模型

精神健康不是指不存在任何的缺失或者损伤, 而应该被理解为最大限度发挥个人能力和优势的状态。即，应该将积极的精神健康理解为一种更积极的概念。通过增进幸福和成长来促进积极的精神健康。针对精神健康，研究者提出了一个指向心理幸福感的可代替疾病模型的成长模型(growth model)。

精神健康的成长模型(growth model)是指向积极的精神健康，以精神障碍的预防为焦点的"成长指向型预防模型"。成长模型在许多方面都和疾病模型存在着不同。

第一，成长模型指向个人的幸福和自我实现，强调追求积极的精神健康。不是追求消除不适应型的障碍或者症状的消极目标，而是追求自我实现的积极目标。

第二，成长模型的焦点在于人类的积极美德和优势。不再像疾病模型一般，将焦点置于人类的缺失和障碍，而是着眼于积极的美德和优势。发掘和培养个人所具有的代表优势和才能，并且帮助个人将优势和才能充分地应用于以人际关系和职业活动为代表的多样生活领域。

第三，成长模型的焦点在于精神障碍的预防。即，成长模型并不只适用于有精神障碍的一部分人，而是能够适用于全人类。它帮助人类追求幸福，从而达到预防精神障碍的效果。

最后，成长模型是生物·心理·社会性模型。为了实现积极的精神健康，应该先要有一个健康的身体作为基本保障。

成长模型综合考虑了影响积极精神健康的生物学、心理学，以及社会环境方面的因素。积极心理学的目标之一就是针对心理上的痛苦和障碍，来探求一种更优的预防方法，从而来弥补现有治疗方法的缺憾。

心理学者应该成为培养人类优势的专家。心理学者应该不断地探索人类的幸福和满意感，并以此为基础研究人类的优势和美德及其开发方法，进一步来研究组织成员的幸福，研究能够帮助成员进行自我开发的组织特性。心理治疗不仅仅是“修改错误(fix what's wrong)”，还应该是“培养优势(build what's strong)”。

04 压力

1) 压力的定义

压力(stress)一词虽被广泛应用，且已受到多方研究，但是对于压力却没有一个统一的定义。常见的压力定义有以下三种。第一，把压力看作是一种反应。就像有人会说“当我受到压力的时候，我会心跳加速、血压升高、感到头痛”一样，从生理上的反应来定义压力。第二，将压力定义为一种刺激。把一些类似期末考试或者求职面试等重要考试，以及快到还款截止日期的银行债务，战争或者自然灾害等外界刺激，看作是一种压力。第三，从个人与环境不适应性的观点来定义压力。把压力看作是威胁自身利益和健康的，对自己所拥有的资源构成负担或者超过自身资源负荷的状况，以及它们与个人之间的不适应关系。

如果将压力看作是一种反应的话，那么什么是压力，什么不是压力，都只能依据其反应来决定。也就是说，只有事后才能对压力进行定义。反之如果将压力看作是一种刺激的话，即使是同样的刺激，不考虑每个人的反应和感受。摆在眼前的考试，对有些人来说可能是非常具有挑战性的任务，有的人则会将其看作是一种极具威胁性的任务。因此要把握压力刺激的个人差异非常困难。从相互作用的观点上来定义压力，具有能够同时考虑压力的客观刺激性质和个人主观评价这两方面的长处。如果将压力定义为刺激的观点，在社会学上更具有支配性，那么以反应来定义压力的观点，则更多地应用于医学领域，从相互作用的观点来定义压力，则更多见于心理学领域。

2) 产生压力的原因

⑴ 生活事件

人们在日常生活中经历的各种各样的事件，会成为潜在的压力源泉。从战争或者地震、洪水等灾难，到失业、离婚、死亡等重要生活事件(life events)，再到违反交通规则、迟到、家庭关系不和等一些令人头疼的小事为止，压力所影响的范围或者强度，存在于各种各样的生活事件之中。对于生活事件的研究方向，从早期的战争类灾难开始，到失业、离婚等重要生活事件，再到最近的生活中令人头疼的琐事给人类的健康和适应产生的影响，不断在发生变化。在前面已经介绍过的豪尔曼斯和瑞赫(Holmes & Rahe)编制的“社会重新适应评定量表”，就是将主要生活事件诱发的变化看作是压力的核心。他们的研究也是引起生活压力研究急剧增长的导火索。

要将压力源彼此不重叠地加以区分，几乎是不可能的。人类在实际生活中所经历的压力源，可以看作是由之前所分析的压力源的多样化组合和相互作用, 以及这些事件的时间变化过程构成的结果。比如, 在高温高强度噪音的工作中和平时关系不太友好的同事抛开工作发生口角, 从而受到上司的问责, 因此一时冲动地辞职, 回到家中又和自己的妻子一同为生计苦恼这一系列的事件, 都是在特定的时间和空间下发生的连续性过程。

(2) 物理环境

一项以动物为研究对象的实验发现, 如果单位面积与个体数量超过了一定的水准, 就会发生许多类型的消极效果(Calhoun, 1956, 1962)。比如老鼠的行为随着密度(density)发生变化。当对雄性老鼠的支配地位形成威胁的时候, 处于支配地位的老鼠为了确保自己拥有更广阔的领土, 会变得更加具有攻击性。密度如果增加, 动物的交配行为会变得更加暴力, 从而导致幼崽的死亡率增加, 社会团结性减弱。高密度使得老鼠的社会、情绪以及健康发生变化。人类的情况, 与其说对应于物理性质的密度会诱发直接的压力评价, 不如说由于密度造成的不愉快的拥挤密集度(crowding)是产生问题的原因。如果不认为在大型的表演场地或者竞技场内, 云集的观众是密集拥挤的, 那么在拥挤的客运站或者商场, 就只是令人窒息的都市生活的一个侧面而已。综合来观察对于密集的实验研究和实际研究, 密集度越大就越会增加攻击性, 使人们降低完成复杂任务的能力, 缩小人际关系交往圈, 引起犯罪率攀升(Sundstrom, 1978)等社会问题。在教导所进行的密集度研究(Paulus, McCain, & Cox, 1978)结果显示, 看守所的死亡率的变化和每年新收监的人数变化有着密切的关系。即,同一时期如果收监的人数增加, 那么死亡率也相对随之增加, 反之死亡率也会随之减少。

大气、水质等环境污染会给人类的身体健康带来直接的影响。当意识到自己所居住地区的大气或者水质, 无法通过自己的力量来加以改变的时候, 人们就会产生无力感。某项研究(Rotton, Yoshikawa, & Kaplan, 1979)结果显示, 人们从空气污染中感受到的压力程度, 与实际的空气污染水平关联度不大, 更多地受到个人对污染所感知到的可控性程度的影响。

噪声会给健康产生有害的效果。经常暴露在高强度噪音下的劳动者, 比一般劳动者更易发生呕吐、头痛、勃起功能障碍、争吵、情感变化等现象(Cohen, Glass, & Phillips, 1977)。生活在噪声多发地区的儿童, 会表现出慢性的生理性意识, 同时在面对具有挑战性的认知课题的时候, 持续努力的程度较低(Evans, Hygge, & Bullinger, 1995)。但是有研究认为, 比起噪音的客观性质, 对于噪音的主观态度更为重要。把什么样的声音称为噪音, 这是一个非常主观性的问题。即, 对于什么是自身不愿听到的声音刺激, 每个人的判断标准都不相同。以城市闹市区居民为研究对象的研究(Nivision & Endersen, 1993), 并没有发现客观性的噪音水平和睡眠障碍之间存在着有意义的关联性, 主观感知的噪音水平和睡眠障碍之间在睡眠的质量、疾病发生率方面都存在着有意义的联系性。在对于噪音的实验研究中(Glass & Singer, 1972), 当研究参与者能够掌控那些吵闹的、分散注意的噪音时, 比起之前无法掌控的时候, 产生的不愉快情感更少一些。

以上所讨论的研究, 一方面论证了物理环境的压力源会直接地对人的生理过程产生影响(认知评价过程不介入)。另一方面说明了“对造成危害的担忧”以及“不可控性”等认知过程评价, 影响压力的产生。

(3) 人际关系

一方面人际关系是潜在的压力源, 另一方面人际关系也可以缓和由压力所引起的恶劣效果。一般来说人际关系网较少的人比拥有较多人际关系的人在健康方面存在更高的风险(Hodfoll & Vaux, 1993)。但是拥有较多人际关系的人, 可获得的利益并不会自动而来。有时人际关系也会产生负担。一项以青少年和大学生为对象的研究发现(김교헌, 전겸구, 1993a; 전겸구, 김교헌, 1991; Ptacek, Smith, & Zanas, 1992), 在所经历的压力事件中, 三分之一以上都和人际关系相关联。能够诱发压力的人际关系不仅仅是家庭或者伴侣、恋人、朋友等较为亲密的关系, 还包括和同事、邻居、同学以及一起生活的陌生人之间的关系。

(4) 职业

最常产生压力类疾病的职业为建筑工人, 秘书, 实验记录员, 服务员, 调节机器的工人和刻印图章的工匠等。这些职业都对工作要求度高, 但是员工却拥有较低决策权。另外, 当高要求、低决策力的角色与其他工作条件相结合(比如：环境噪音)时, 就会使得工作压力增加。

虽然工作负担和家务事之间的矛盾给男女双方都带来严重的影

响。但是按照传统的观点，女性感受到更多的家务负担，并将它逐渐转移为一种内在化的任务，因而女性对于这类工作和家务的矛盾抵抗力更弱。

与职业相关的压力源可以分为类似照明、噪音等恶劣工作条件的"物理需求"；类似承担过多工作或者无聊工作的"任务需求"；类似角色模糊或者矛盾的"角色需求"以及和同事或者上司之间的人际关系矛盾的"人际需求"。最近在工作中要求具备的资质或者专门技术性要求不断增加，企业环境也在发生着重大的变化，难以跟上这一发展变化也在逐渐成为工作压力的重要根源(탁진국, 2002)。

3) 压力的反应

(1) 生理反应

压力能够和情绪反应一起引发戏剧性的生理变化。前面已经介绍过的全身适应综合症(GAS)是记录压力的生理反应的代表性例子。当人们感到压力的时候，自主神经系统的交感神经会刺激能够产生儿茶酚胺(catecholamines)的肾上腺髓质，使人能够快速地从休息状态中觉醒。另一方面脑垂体会分泌出肾上腺皮质激素(ACTH)，该激素影响着肾上腺皮质，使其分泌出糖皮质激素(glucocrticoid)，特别是分泌出皮质醇(cortisol)。皮质醇的分泌不仅能够给身体提供能量支援，还能帮助人们应对创伤，提高血糖值，细胞接受到能量供应，就能够抑制炎症反应，帮助人们做出战斗-逃跑反应。

当肾上腺髓质被激活，就会分泌包括去甲肾上腺素(norepinephrine)

和肾上腺素(epinephrine)在内的儿茶酚胺。去甲肾上腺素一面被当做荷尔蒙来发挥作用，一面作为自主神经系统的神经递质。去甲肾上腺素同时发挥荷尔蒙和神经递质两种作用，它除了由肾上腺髓质分泌外，也会在身体的其他领域产生。肾上腺素只会在肾上腺髓质上分泌，经常被当作压力的生理指标来使用。

压力的生理反应虽然在面对危急状况时表现得非常优秀，但是在应对现代人的慢性的、范围较广的压力状况时，可能会诱发很多的问题。

(2) 心理反应

因为压力而表现出的心理反应可以分为几个领域，比如：认知、情绪、行为等。对此要做具体的分析。情绪反应是经历压力的时候，我们能够最敏感地感知到的方面。怒火中烧，紧张到发抖，陷入悲伤等情绪动荡状态，需要我们做出同日常有所不同的适应行为。强烈的情绪反应和因此产生的不适宜应对，是连接压力和健康的核心环节。比如，社会再适应评定量表中，最具冲击性的生活压力事件就是“配偶去世”的情况，如果配偶去世不能引发悲伤或者愤怒以及挫折感等情绪反应的话，就不会对健康造成巨大的影响。在压力状况下虽然可能会体验到各种各样的情绪，但是下面三种情绪体验最为常见。

第一，当体验到挫折的时候，频繁地感受到的情绪就是愤怒。当预测到自己的目标可能遭受挫折或者遭受挫折的可能性较高时，就会将其归咎于他人或者制度的不当干涉或者行为介入，对这一情绪最典型的体验就是，当对当下的状况感到掌握着一定的控制力的时候, 常常会引发攻击性行为。第二, 不安是与威胁评价有着极高关联性的情绪体验。最典型的就是人们在估测到某种情况会对自己的身体健康或者心理福祉造成较大损害, 并且意识到当下的应对资源不够充分的时候, 就会引发逃避、回避的行为或者做出更加彻底的防备行为。不安是与现代人的压力有着最密切关系的一种情绪体验。第三, 作为一种悲伤情绪体验, 与难以扭转的伤害或者损失有着密切的关系。典型的状况就是当对自己来说最重要的目标或者资源受到损害或者丢失, 并且意识到没有机会能够再次恢复原状或者恢复的可能性较低的时候, 就会体验到这一情绪, 它会引发出对相关对象停止进一步的介入或者撤离投资的行为。

情绪体验伴随着生理上的觉醒。比如在体验到害怕或者愤怒的时候, 会伴随着血压升高, 心脏脉搏、呼吸速度加快等生理反应。虽无法评价这种觉醒本身是好是坏, 但是可能具有降低认知执行效率的作用。特别是高水准的情绪觉醒, 会使得注意力的范围缩小, 判断力和记忆效率变低。比如"考试不安" 会造成平时知道的问题在考试时也难以解答出来。

与压力的情绪反应和生理反应具有自动共现的强烈特质相反, 压力的行为反应能够对这种反应的自动性进行调节, 从而做出具有意识性的决策。这受到文化或者学习方面的强烈影响。

拉撒路(Lazarus)和佛克曼(Folkman)将应对大致分为问题中心型和情绪中心型。问题中心型的应对是指为了解决诱发压力的问题而做出直接的努力, 相信自身的应对资源或者技术, 持续努力地解决问题。与之相反, 情绪中心型应对不是着眼于问题本身, 而是为了缓解在问题情景下所引发的消极情绪状态而做出努力。比如, 在职场中因和上司关系不和而遭受压力的员工, 通过和上司的沟通, 如果能够更进一步地详细了解上司的要求, 或者针对上司要求的不合理之处及时提出自己的意见, 这就是问题中心型应对方式。如果为了减轻因和上司关系不和或产生矛盾所引发的愤怒或者不满情绪, 选择喝酒或者沉浸于娱乐活动, 对职场生活重要性的评价降低, 就是情绪中心型应对方式。

仔细观察迄今为止的研究结果, 虽然从长期来看, 问题中心型的应对方式更具有效果, 但是在不可控的状况下或者短期地看, 情绪中心型应对方式会更加有效(김교헌, 전겸구, 1993b; Lazarus & Folkman, 1984)。如果能够考虑到人类在生活中必然会遭受压力这一点, 那么就会意识到, 撇开压力本身不谈, 健康状况可能会因压力应对方式的不同而发生改变。

4) 压力的结果

大部分的压力体验都不会留下长时间的影响。我们虽然每天都在和不计其数的压力进行斗争, 但是大部分的压力都不会产生持续性的影响。压力只会引起一时的风波。但是有时压力的程度变得严重或者许多压力一并而来的时候, 会給人造成长期的影响。压力的结果可以是积极的, 也可以是消极的, 可以是短期的, 也可以是长期的。

(1) 消极的结果

压力所带来的一般性影响就是认知机能的损伤。当表现在生理上或者情绪上的时候，最常见的就是注意的范围变窄，思考的融通性减少，注意力和记忆效率降低。这种认知过程的损伤很容易造成整体的问题解决能力的下降。特别是在面对需要自己较多介入来解决问题的状况下，压力对认知功能的损伤效果更为严重。

倦怠(burnout)症候群是指身体上、情绪上、心理上的疲倦状态。身体上的疲倦会表现出慢性疲劳，没有力气，虚弱等特征。情绪上的疲倦会表现出无力感，绝望感和忧郁感等特征。心理上的疲倦会表现出对自己或者对待事物抱有一种消极态度的特征。虽然对此还存在着争议，但是慢性压力作为造成倦怠症候群的首要原因备受关注。

压力也会使得正常的社会关系受到损害。这种关系的损害会表现出孤立感，同伴侣或者朋友难以维持关系，或者丧失了对他人的信赖和爱的能力。在参与越南战争的军人或者遭受创伤性性暴力的人中，很多人表现出创伤后压力症候群(PTSD)。他们的社会关系都受到了严重的损害。

心理学者根据长时间临床观察得出结论，认为压力是造成心理问题和精神障碍的主要原因。

表12-1 压力调节因子

①A型行为形式 Type A Behavior Pattern
②控制点Locus of Control
③坚韧性 Hardiness
④自尊 Self-esteem
⑤社会支持 Social Support

但是在过去的四十年间，关于压力的研究都表明，这种看法并

不一定是正确的。虽然压力对学业执行力度的低下、失眠、性功能损伤、过度不安、药物滥用和抑郁等, 都有明确的影响, 但是压力也仅仅是造成心理问题或者精神障碍的许多因素中的一种, 不应忽视, 以遗传因素为代表的先天倾向性, 也和压力有着类似的作用。

和心理问题一样, 对于压力和身体疾病之间关系的认识, 也是一个十分久远的过程。就像本章的开头所提到的那样, 现代人的疾病和压力大小有着密切的联系。初期高血压、偏头痛、胃和十二指肠溃疡以及哮喘等, 都和压力有着紧密的联系。但是在最近, 有研究表明, 我们之前所认为的发病原因单纯在于身体器官或者病原菌的感冒, 腹泻, 结核, 关节炎, 糖尿病, 白血病, 癌症以及心脏疾患等, 也可能是因为受到了压力的影响。当然与其说仅仅只是因为压力而造成了这些疾病, 倒不如说在复杂的疾病发展过程中, 压力发挥了一定的作用, 成为致病原因之一。但是压力在疾病的发生或者发展以及恢复的过程中, 也有可能起到相当大的促进作用。健康心理学中将压力作为健康的重要一环。

(2) 积极的结果

虽然压力的积极结果比消极结果更加微妙, 而且因其具有长期性, 理解起来更加有难度, 但是压力并不一定就会归结为消极结果。假如我们能够生活在一种没有任何压力的状态, 我们也有可能会经历厌烦。根据最佳觉醒理论, 人类需要某种程度的刺激、变化和挑战。人生如果没有任何的挑战, 那么就会变得淡然无味。从这一方面来看, 一定程度的压力也能够满足我们的需求。

另一方面，通过体验压力，能够促进个人的成长。成功地完成具有难度的任务，哪怕是在失败的情况下，也能促进一个人的成长。如果没有那种体验，我们就无法明白人生的深刻意义，收获自己关于人生的思考，更不会获得学习一门新技术的机会。就像俗话说的“下过雨的路面更加坚硬”一般，压力或者失败的经历能够拓展人生的宽度和深度，从而使人们加倍地感受到成就所带来的喜悦。当成功地完成一件困难的事情时，就会充满自豪感，这也是压力的积极产物。

因为当下已经经历过压力，那么在未来面对将要经历的类似压力时就会产生免疫力。在良好的条件下也有可能受到伤害，以及有过应对类似压力状况的体验，使得人们能够更好地应对未来。在许多的文化中都盛行的精英教育，也将应对未来压力作为核心教育内容的一部分。

05 抑郁症

幸福的反义词是什么呢？不幸？当然可能是的。但是幸福总有一天会过去，那么就和不幸没什么区别了。因此与幸福的情感相反的状态，是一种再也无法感受到任何情感的状态。抑郁症就是一种“没有感受”的疾病。所有的东西都变得没有意义，没有任何的希望，也没有任何的情绪波动。患抑郁症的人无法入睡，没有活力，甚至迫切地希望自己赶快消失。抑郁症是一种最为常见的精神障碍，同时也是要付出最昂贵代价的疾病。这一疾病以自杀的形式夺取了许多人的生命。迄今为止，数百年来一直使一些人们生活的质量不断下降，使得社会花费了天文数字般的费用去寻求应对之法。因为抑郁症患者无法承担作为父母、老师、同伴、纳税人等任何一种角色。德国在2009年患抑郁症的人数高达500万。

表12-2 抑郁症的特征

①没有意义、希望、情感波动、睡眠、活力 ②一种精神障碍，是造成自杀的代表原因 ③喜悦荷尔蒙血清素和意欲荷尔蒙去甲肾上腺素缺失 ④像习得性无助那样慢慢地发病 ⑤战胜抑郁症的最佳良药是幸福体验

抑郁症患者的大脑中究竟发生了什么呢？首先是高度复杂的脑内部均衡状态出现障碍。这时最明显的表现特征就是代表喜悦的荷尔蒙血清素(serotonin)和代表意欲的荷尔蒙去甲肾上腺素(noradrenaline)的缺失。抑郁症患者的体内不好找到这两种荷尔蒙的存在。其次，神经组织的成长也开始停止。就像抑郁症患者会将自己和外部隔离一般，脑部的神经细胞不再表现出接触新细胞的尝试。大脑内神经网的缺乏，明确地向我们说明了药物治疗不起明显作用的原因。对正常人来说，传递相互物质的突触(synapse)在药物的帮助下，重新找回精神状态，表现出对他人的好奇心，这大概需要2~4周的时间。

对于重度抑郁症患者来说，"加油"之类的话语不仅不会起到任何的鼓励作用，反而会使得患者和家属更加地泄气，甚至是变得愤怒。抑郁症是一种疾病，而不是一种决定。因抑郁症造成的精疲力竭的状态，就像家里突然着火的情况一样，应该需要大声呼救。当浓烟上升的瞬间，正是寻求他人帮助的最佳时机。

抑郁症不是某天突然发病的，而是由一个一个阴暗的想法累积而成的。六十年代，塞利格曼通过给关在笼子里的狗提供食物、水以及微弱电击的实验，发现了习得性无助(learned helplessness)这一现象。虽然电击仅仅维持在不造成危险、只是有稍许不舒服的水平，但是在没有任何可接受理由的情况下，突然加重冲击，持续经历一种难以承受的状况，最终就会表现出屈服于自己的命运，逐渐变得毫无知觉，也不会为逃离当下的不舒服状态做出任何努力。但是真正重要的是，当把门打开的那一刻，没有发生任何的事情。狗狗们就算可以逃离痛苦也没有那样做。已经患上习得性无助的狗狗们，在可以追求自由的时候，也变得无动于衷。

抑郁症患者会自发地在大脑内部建构这样一个笼子(圈)。他们即使受到冲击和刺激，也会将自己故步自封在这个笼子(圈)里面，最终无法逃离这一恶性循环。"我是一个没有任何用处的人。我没有任何的希望。"认知治疗心理学者贝克(Aron Beck)发现，如果能够找出并打破抑郁症患者的这种思维定式，也可以教会他们乐观主义。"认知行为治疗"法是迄今为止在治疗抑郁症方面最有效果的方法，因而受到广泛关注。

表12-3 幸福面临威胁时的十大危险信号

1. 倾向于自发地思考并且无所畏惧地行动
2. 失去享受每一刻的能力
3. 对判断他人失去兴趣
4. 对冲突失去兴趣
5. 对判断自己失去兴趣

6. 失去担忧的习惯
7. 回归到欣赏和认可所有生命形式的状态
8. 感受到对他人与本能的满意感
9. 承认和接受生命过剩的倾向增加
10. 发作频发(拍掌大笑等)
11. 对十个危险信号都不怎么在意

参考：艾卡特·冯·希施豪森(2010)《好运不会不请自来》(박규호 译) p.49.

在抑郁症治疗的过程中, 药物起到了什么样的作用呢？轻度的抑郁症不需要任何的药物。随着抑郁程度的加深, 病人有可能发展到一种无法沟通对话的地步, 这时就需要先通过药物治疗达到一种可以进行心理治疗的状态。类似百忧解(Prozac)之类的抗抑郁药物, 虽然没有上瘾性, 不过仅使用一次不能够达到明显的效果, 因此具有见效慢的缺点, 从开始服药到产生效果需要花费几周时间。但是即使是中断了药物, 也不会出现任何的断瘾现象, 如果持续服用少量的药物, 还能够起到防止再复发的作用。战胜抑郁症的最佳良药就是幸福, 是一点一点的向幸福迈进。

1) 幸福练习：开发应对策略

应对(coping)是人们为了缓解因一些消极事件或者状况而遭受的创伤、压力以及苦痛而采取的行为。心理学者将其称为“管理压力因素的行为”。每个人都有自己应对压力的方法。当人们坚信能够采取建设性措施的时候, 就会采取问题中心型应对, 当认为当下的消极情况可以简单略过的时候, 采取情感中心型应对方法的可能性更高。如果当下所处的情况或者事件到了一种不可掌控的地步, 因被消极的情绪包围而无法采取任何行动的时候，情感中心型应对不仅是最恰当的方法，也是那一瞬间唯一可采取的方法。男性会从情感中心型应对中获益较多，女性会从问题中心型应对中受益更多。人们在不使用固定应对方式并学习到一种新的应对方式的时候，从中获得的利益更大。如果男性更多地关注情感方面，女性较少地关注情感方面，所采取的问题解决方法就会更加有效果。

2) 幸福练习：学习原谅

当遭受到别人的不公正待遇或者遭受到创伤攻击的时候，就会体验到一种痛苦的磨练。这种创伤或者虐待可能是身体上的，也可能是性方面的，也有可能是情绪方面的。还可能会因为遭受了侮辱、攻击、背叛，或者被抛弃，从而受到伤害。当遭受到这种伤害的时候，最初表现出的是想偿还同等痛苦的消极心理(McCullough & Witvliet, 2002)。除此之外，还会表现出想要回避伤害者或者是想要向伤害着复仇两种典型反应。这些反应显而易见会带来消极的结果。想要和加害者保持一定的距离，特别是怀有一种想要打击报复的心理，会使得我们逐渐变得不幸，破坏我们的人际关系。纵观人类的历史，打击报复的心理是不计其数的杀害、强奸、掠夺，甚至是战争、恐怖袭击、人种屠杀等触目惊心的错误行为的最初动机。原谅有助于受害者避免轻易地陷入逃避的需求或进入报复的恶性循环。世界上的许多宗教都信奉人类先从神那里获得了原谅这一信条，所以引导生活在世界上的人们也要懂得彼此原谅。在宗教中原谅不仅能够抑制和弱化因愤怒、失望、反感而引起的回避和报复心理，甚至理想的原谅比起这种动机本身，更能够使得人们以积极的态度和慈悲的情绪来进行行动。但是自我原谅的概念并不能够减少回避和报复的冲动，这是旨在强化自尊心的完全不同的过程。

原谅不是和解。原谅并不一定非要和加害者重新构建关系。原谅和司法体系内的赦免这一法律概念也是完全不同的。原谅并不意味着豁免。豁免存在一定的理由，是情有可原的。原谅中并不包含完全地消除受过创伤的记忆。实际上如果真的想要原谅某人，必然是对其造成的创伤经过深思熟虑之后才得出的结论。但是如果忘却了这份记忆，那么这一过程的实现就会变得十分困难。能够让我们认识到要原谅某人的这一事实，就是在我们的思考模式发生转变的时候。即内心想要伤害加害者的需求逐渐减少，而想要向对方表现善意或者是改善关系的需求慢慢增大的时候，我们就会选择原谅。

• 我应该让那个人付出应有的代价。
• 我想看到那个人受到伤害时的悲惨模样。
• 我要像那个人仿佛不存在一般地无视他。
• 我想和那个人保持尽可能远的距离。

前面的两个问题或导致人们产生报复的行为，后面的两个问题会导致人们产生回避的行为。对于这些陈述，越是强烈的认可，就越需要为原谅作出更多的努力。如果具有一个绝对无法原谅的理由，那么就一定要尊重这一理由。但是原谅对我们自身来说非常必要，也是非常成功又合理的战略。并不是说一定要选择原谅或者恢复和加害者的关系，也不是说要赦免或者默认错误。无论怎样也无法原谅的情况也是存在的。

佛祖曾说"执着于愤怒，就像是想要向他人投掷灼热的炭火一样，最终必会引火烧身。"选择原谅的人表现出憎恶、忧郁、极端、不安、愤怒以及神经上症状的可能性较低。这种人会过得更加幸福、健康、善良、平稳。他们更懂得与他人良好相处，对宗教以及心灵世界有更深刻的感悟。在一段关系中受到伤害但选择原谅的人，重新恢复亲密关系的能力更强。如果没有原谅的能力，那么就会一直执着回味伤害，一心要想报复。反之，选择原谅，未来的生活会逐渐变得更好。

有专家研究了因伴侣坚决地选择堕胎而遭受到伤害的男性，遭受近亲性交的女性，经历爱人不忠的人，在青春期受到父母怠慢的青少年等，在研究中让满足原谅条件的被试者通过集体活动或者一对一指导来学习原谅。实验之后，甚至是短短几个月之后，这些被试者整体上都懂得更好地原谅他人，消极情绪逐渐下降，自尊感和希望逐渐增强。为人们提供更多的思考原谅与学习原谅的机会，他们从中获益也就越多。女性比男性能够从中获益更多。男性对于伤害本来就要更执着一些(McCullough, Pargament, & Thoresen, 2000)。

我们应该选择原谅是因为从长期的角度来看，我们所带有的敌意、怨恨以及偏见，只会给我们带来情绪上或者身体上的伤害。另外，可以从更高的眼光(不是个人层面，而是社会层面)来看待原谅。形成一种原谅并不意味着只有自己受伤害，这一想法能够深化人与人的大爱。

幸福增进策略中最难的就是实践原谅。但是没有任何东西是不经历苦痛而获得的。原谅是需要付出较多努力、意志力和动机的策略。因此我们需要不断练习。最佳的方法是从练习简单的原谅开始。

之后随着时间的流逝逐渐向更复杂的情况发展。

- 仔细体味受到原谅的感觉。在懂得原谅他人之前，先仔细体味本人被原谅时的感受。
- 想象原谅。原谅并不意味着一定要容忍犯错人的行为，而是为了放下我们的愤怒、创伤、敌意而做出的不断努力。应该从一种更加大度更加友好的观点来看待原谅。
- 写一封原谅信。
- 实践共鸣。共鸣是一种代理体验，是指理解他人的情感和想法。共感包括同情心、关怀、怜悯，以及对他人的温暖情感。同理心和原谅有着高度的相关性。这也就向我们展示了如果想要学会原谅，重要的是要学习如何同造成伤害的人产生共感。如果能够更好地理解对方的观点，对对方表现出关心和关怀，最终原谅对方的可能性就会更高。道歉在取得原谅的时候能够产生巨大的帮助。道歉就是为了赢得共感。道歉是一种唤起爱心的力量。
- 从更宽容更大度的角度来思考问题。
- 避免过度思考。
- 懂得如何接触。
- 提醒自己。

3）幸福练习：时常感谢

幸福的开始和结束都是感谢的心。感谢(gratitude)就是“包含感谢的心”或者“因感谢心而表现出的问候”(국립국어연구원, 2001)。即感谢就是对他人的好意作出回报。心理学上将感谢定义为“当受到他

人的帮助和好意的时候而产生的愉快感情”。它也包含对给我提供帮助和好处的对象做出感恩的行为。

感谢大致由认知、情绪、行为三个方面构成。第一, 感谢的认知层面。为了表达感谢, 应该意识到我在某些好的事情中成为了一个受惠者。当意识到对于积极的体验, 谁为了我, 一片好心地帮助我, 以及为了帮助我付出了怎样的代价的时候, 我们就会表达感谢。英语的thank和think的词源相同, 也是从认知层面来解释感谢。存在主义哲学家海德格尔(Heidegger)曾说过“想法即使感谢(Denken ist Danken)”。自我反省的态度和感谢的认知层面有着密切的联系。第二, 感谢的情绪层面。感谢是当认识到积极体验的意义和价值时, 其与积极情绪相关联的表现。经常体验到感谢的人总是会感到喜悦、平稳、希望、惊奇、关爱的积极情绪。第三, 感谢的行为层面。认可他人对积极体验的贡献, 表达感谢的心情, 在这之后自己也会产生想要表达好意的动机。越是能够深刻地懂得感谢, 越会产生要以亲切的态度来回报的心理, 逐渐拥有一颗宽容的心。感谢能够增加人的亲社会行为, 最终给人们建立积极人际关系带来深刻的影响。

如果没有一个值得感谢的对象, 那么也就意味着没有一份值得记住的珍贵回忆。感谢是从不认为自己现在所拥有的一切是理所当然的而产生的心情。自己现在所拥有的一切都可以成为感谢的对象。不仅仅是他人, 还包括自己, 非人格性的对象, 自然等。路边盛开的鲜花, 美丽的夕阳, 清新的微风, 温暖的阳光都可以成为我们感谢的对象。当下能够使我自由呼吸和成长的所有事物, 围绕在我周围的自然环境, 都是值得我们感谢的对象。经过了无数次的工序, 最终摆上餐桌的美味可口的饭菜, 也值得我们感谢。我们要善于发现日常中可能轻易忽视的他人的好意和祝福。比如：当我们进入房间的时候, 有人会在我们的身后为我们开门, 这一份好意就值得我们去表达感谢。

感谢能够提高我们获得幸福的可能性。对感谢和幸福之间关系的研究证明, 感谢能够使人幸福, 原因有以下几点。第一, 因为感谢将自己在世界上所获得的一起都视为礼物, 所以能够增进幸福感。第二, 因为感谢能够有效防止将日常生活中收到的好意都看作是习惯, 使得人们总是认为他人好意是应该值得感谢的, 从而增进人们的幸福感。第三, 感谢能够转移人们注意力, 不去和那些比自己拥有更多的人进行比较, 因而使得人们的幸福感增加。第四, 因为感谢即使在消极的状况下也能够引导人们发现积极的意义, 从而采取积极的应对行为, 增加人们的幸福感。最后, 感谢能够促进人们不断回想日常生活中的积极事件, 使得记忆逐渐精确化, 从而增进人的幸福感。实际上, 感谢的效果在心理学的实验中(Emmons & McCullough, 2003)得到了验证。将被试者分为三组, 一组每天记录值得感谢的事情, 一组每天记录不愉快的事情, 一组每天记录日常事件。每天记录值得感谢事情的小组比起其他两组对自己的人生更积极, 更乐观, 表现出想要帮助他人, 为他人提供积极支持的意向。消极情绪也明显减少。

实践感谢的方法虽然有许多种, 但是品味感谢体验, 练习如何感谢, 扩展感谢, 书写感谢信件和日记的效果更加明显。第一, 品味感谢体验。回顾自己一路走来的路途, 在迄今为止的人生中, 最值得感谢的瞬间是什么时候？充分地品味当时那份感谢的心情。第二，练习如何感谢。感谢由自我反省而生。如果回味我们平时视为理所当然的日常，就会发现有许多大大小小值得感谢的事情。也许可能存在着许多因为我们和家人、朋友太过亲近而不曾意识到的值得感谢的瞬间。回想刚刚经历的一天，可曾有在当时被忽略掉的值得感谢的瞬间？如果对寻找今天值得感谢的事情感到困难的话，先以一周为单位也是不错的选择。第三，应该不断扩展感谢。人类无法独自生活在世界上，而是在社会集体中通过与他人的相互联系而得以存在的。我们不仅仅和家庭，和朋友互相帮助。甚至是还有一些素未谋面的人，可能因为他们的奉献，才有了今天摆在面前的美味可口的饭菜。还可以一起来寻找与世界或者自然环境，甚至是与神相关的值得感谢的事情。最后，书写感谢信件和感谢日记。通过感谢来增进幸福的另一方法，是对想要感谢的人写一封感谢信。如果能够寄出这封感谢信就更好了。感谢日记对于增进幸福也是非常好的方法。从今天开始至少两周，每天入睡之前记录下今天值得感谢的三件事，那么我们的内心就会充满幸福感。让我们选择一条逐渐变得更加幸福的道路，感谢我们的人生。幸福不是未来的目标，而是现在的选择。

参考文献

Abramson, L. Y., Alloy, L. B., & Metalsky, G. I.(1988). The cognitive disthesis-stress theories of depression: Towards an adequate evaluation of the theories' validities. In L. B. Alloy (Ed.), *Cognitive processes in depression* (pp. 3-30). New York: Guilford.

Adams, J.(1965). Inequity in social exchange. In L. Berkowitz(Ed), *Advances in experimental social psychology*(pp. 267-299). New York: Academic Press.

Affleck, G., Tennen, H. & Apter, A.(2001). Optimism, pessimism, and daily life with chronic illness. In E. C. Chang(Ed.), *Optimism and pessimism: Implications for theory research and practice,* (pp. 145-168). Washington, DC: American Psychological Association.

Allport, G. W.(1937). *Personality: A psychological interpretation*. New York: Holt.

Altman, I. & Taylor, D.(1973). *Social penetration: The development of interpersonal relationships*. New York: Holt, Rinehart and Winston.

Argyle, M.(1987). *The psychology of happiness*. London: Methuen.

Argyle, M.(1999). Causes and correlates of happiness. In D. Kahneman, E. Diener, & N. Schwartz(Eds.), *Well-being: The foundation of hedonic psychology*. New York: Russell Sage Foundation.

Argyle, M.(2001). *The psychology of happiness* (2nd ed.). East Sussex, England: Routledge.

Asch, S. E.(1946). Forming impressions of personality. *Journal of Personality and Social Psychology,* 41, 258-290.

Aspinwall, L. G. & Taylor, S. E.(1997). A stitch in time: Self-regulation and proactive coping. *Psychological Bulletin*, 121, 417-436.

Austin, J. T., & Vancouver, J. F.(1996). Goal construction in psychology: Structure, process, and content. *Psychological Bulletin,* 120, 338-375.

Bammel, G., & Burrus-Bammel, L. L.(1996). *Leisure and human behavior.* Dubuque. IA: Brown & Benchmark.

Banaji, M. & Prentice, D.(1994). The self in social contexts. *Annual Review of Psychology*, 45, 297-332.

Barkow, J. H.(1997). Happiness in evolutionary perspective. In N. L. Segal, G. E. Weisfeld, % C. C. Weisfeld (Eds.), *Uniting psychology and biology: Integrating perspectives on human development* (pp. 397-418). Washington, DC: American Psychological Association.

Baumann, C. R., Bassetti, C. L., & Scammell, T. E.(2011). Narcolepsy: Pathophysiology, diagnosis, and treatment. New York: Springer.

Baumgardner, S. & Crothers, M.(2009). Positive psychology. NJ: Prentice-Hall.

Beck, A. T.(1976). *Cognitive therapy and emotional disorders*. New York: International Universities Press.

Ben-Shahar, T.(2007). *Happier*. New York: McGraw-Hill.

Ben-Shahar, T.(2011). *Being Happy*. New York: McGraw-Hill.

Berkman, L. & Syme, S.(1979). Social networks, host resistance, and mortality: A nine year follow up study of Alameda County residents. *American Journal of Epidemiology*, 109, 186-204.

Blumstein, P., & Schwartz, P.(1983). *American couples: Money, work, and sex*. New York: Morrow.

Bornstein, M. H., Davidson, L., Keyes, C. L. M., & Moore, K. A.(2003). *Well-being: Positive development across the life course*. New York: Lawrence Erlbaum.

Bowman, H. A. & Spanier, G. B.(1978). Morden marriage. New York: McGraw-Hill.

Bradbury, T. N. & Fincham, F. D.(1990). Attributions in marriage. *Psychological Bulletin*, 107, 3-33.

Brehm, S. S.(1992). *Intimate relationship*. New York: McGraw-Hill.

Brenner, S. & Molander, E.(1977). Is the ethics of business changing? *Harvard Business Review,* 55(1), 57-71.

Brickman, P., & Campbell, D. T.(1971). Hedonic relativism and planning the good society. In M. H. Appley (Ed.), *Adaptation level theory: A symposium* (pp. 287-304). New York: Academic Press.

Brickman, P., Coates, D., & Janoff-Bulman, R.(1978). Lottery winners and accident victims: Is happiness relative? *Journal of Personality and Social Psychology,* 36, 917-927.

Brody, G. H., Neubaumn, E., & Forehand, R.(1988). Serial marriages: A heuristic analysis of an emerging family from. *Psychology Bulletin,* 103, 211-222.

Brown, K. W. & Ryan, R. M.(2003). The benefits of being present: Mindfulness and its role in psychological well-being. *Journal of Personality and Social Psychology*, 84(4), 822-848.

Brunstein, J. C.(1993). Personal goal and subjective well-being: A longitudinal study. *Journal of Personality and Social Psychology*, 65, 1061-1070.

Bryan, T. & Bryan, J.(1991). Positive mood and math performance. *Journal of Learning Disabilities,* 24, 490-494.

Bryant, F. G. & Veroff, J.(2007). Savoring: A new model of positive experience. London: Lawence Erlbaum.

Bullinger, M.(1989). Psychological effects of air pollution on healthy residents: A time series approach. *Journal of Environmental Psychology*, 9, 103-118.

Buss, D. A.(1985). Human mate selection. American Scientist, Nov. 56-68.

Buss, D. M.(2000). The evolution of happiness. *American Psychologist*, 55, 15-23.

Cacioppo, J. T., Hawkley, L. C., Crawford, L. E., Emst, J. M., Burleson, M. H., & Kowalewski, R. B.(2002). Loneliness and health: Potential mechanisms. Psychosomatic Medicine, 64, 407-417.

Calhoun, J. B.(1962). Population density and social pathology. Scientific American, 206(3), 139-148.

Cameron, S.(2011). *Handbook on the economics of leisure.* Massachusetts:

Edward Elgar Publishing, Inc.

Campbell, A.(1981). *The sense of well-being in America.* New York: McGraw-Hill.

Cantor, N. & Sanderson, C. A.(1999). Life task participation and well-being: The importance of taking part in daily life. In D. Kahneman, E. Diener, & N. Schwarz(Eds.). *Well-being: The foundation of hedonic psychology*(pp. 230-243). New York: Russell Sage Foundation.

Cantor, N., & Sanderson, C. A.(1999). Life task participation and well-being: The importane of taking part in daily life. In D. Kahneman, E. Diener, & N. Schwarz (Eds.), *Well-being: The foundation of hedonic psychology* (pp. 230-243). New York: Russell Sage Foundation.

Carr, A.(2004). *Positive pshchology: The science of happicess and human strengths.* New York: Brunner-Routledge.

Carr, A.(2004). *Positive psychology: The science of happiness and human strengths*. New York: Brunner-Routledge.

Carver, C. S., & Scheier, M. F.(1990). Origins and functions of positive and negative affect: A control-process view. *Psycholgical Review*, 97, 19-35.

Carver, C. S., & Scheier, M. F.(2002). Optimism. In C. R. Snyder and S. J. Lopez(Eds.), *Handbook of Positive Psychology*. New York: Oxford University Press.

Caspi, A., & Herbener, E. S.(1990). Continuity and change: Assortative marriage and the consistency of personality in adulthood. *Journal of Personality and Social Psychology,* 58, 250-258.

Catalano, R. F., Berglund, M. L., Ryan, J. A. M., Lonczak, H. S., & Hawkins, J. D.(1998). *Positive youth development in the United States: Research findings on evaluation of positive youth development programs.*

Chaiken, A. L. & Derlega, V. J.(1974). Liking for the norm-breaker in self-disclosure. *Journal of Personality,* 42, 117-129.

Clarke, S. C., & Haworth, J. T.(1994). Flow experience in the lives of sixth-form college students. *British Journal of Psychology*, 85, 511-523.

Cleary, T. S., & Shapiro, S. I.(1995). The plateau experience and the post-mortem life: Abraham H. Maslow's unfinished theory. *Thejouranl of Transpersonal Psychology*, 27, 1-23.

Cohen, P., & Cohen, J.(1996). *Life values and adolescent mental health. Mahwah.* NJ: Lawrence Erlbaum Associates.

Cohen, S., & Herbert, T. B.(1996). Health psychology: Psychological factors and physical disease from the perspective of human psychoneuroimmunology. *Annual Review of Psychology*, 47, 113-142.

Cohen, S., Glass, D., & Phillips, S.(1977). Environment and health. In H, Freeman, S. Levine, & L. Reeder(Eds.), *Handbook of medical sociology*. NJ: Englewood Cliffs.

Cole, J.(1998). *About face*. Cambridge, Massachusetts: MIT Press.

Compton, W. C.(2005). *An introduction th positive psychology.* Belmont, CA: Thomson Wadsworth.

Csikszentmihalyi, M.(1975). Play and intrinsic rewards. *Journal of Humanistic Psychology,* 15(3), 41-63.

Csikszentmihalyi, M.(1990). *Flow: The psychology of optimal experience.* New York: Harper & Row.

Csikszentmihalyi, M.(1997). *Finding Flow: The psychology of engagement with everyday life.* New York: Basic Books.

Cummins, R. A.(1996). The domains of life satisfaction: An attempt to order chaos. *Social Indicators Research,* 38, 303-328.

Davidson, R. J.(1998). Anterior electrophysiological asymmetries, emotion, and depression: Conceptual and methodological conundrums. *Psychophysiology*, 35(5), 607-614.

Davis, K. E.(1985). Near and dear: Friendship and love compared.

Psychology Today, 19(2), 22-30.

Deci, E. L., & Ryan, R. M.(1985). *Intrinsic motivation and self-determination in buman behavior.* New York: Plenum.

DePaulo, B. M. & Morris, W. L.(2005). Should singles and the scholars who study them make their mark or stay in their place? *Psychological Inquiry*, 16, 142-149.

Diener, E. & Seligman, M.(2004). Beyond money: Toward an economy of well-being. *Psychological Science in the Public Interests*, 5, 1-31.

Diener, E.(1984). Subjective well-being. *Psychological Bulletin,* 193, 542-575.

Diener, E.(2000). Subjective well-being: The science of happiness and a proposal for a national index. *American Psychologist,* 55(1), 34-43.

Diener, E., & Lucas, R. E.(2000). Explaining differences in social levels of happiness: Relative standards, need fulfilment, culture, and evaluation theory. *Journal of Happiness Studies,* 1, 41-78.

Diener, E., & Lucas, R.(1999). Personality and subjective well-being. In D. Kahneman, E. Diener, & N, Schwarz (Eds.), *Well-being: The foundation of hedonic psychology* (pp. 213-229). New York: Russell Sage Foundation.

Diener, E., & Seligman, M. E. P.(2002). Very happy people. *Psychological Science,* 13, 81-84.

Diener, E., Emmons, R., Larsen, R., & Griffin, S.(1985). The satisfaction with life scale. *Journal of Personality Assessment,* 49, 71-75.

Diener, E., Nickerson, C., Lucas, R. E., & Sandvik, E.(2002). Dispositional affect and job outcomes. *Social Indicators Research*, 59, 229-259.

Diener, E., Oishi, S., & Lucas, R. E.(2003). Personality, culture, and subjectve well-being: Emotional and cognitive evaluations of life. *Annual Review of psychology,* 54, 403-425.

Diener, E., Sandvik, E., & Pavot, W.(1991). Happiness is the frequency, not the intensity, of positive versus negative affect. In F. Strack, M. Argyle, & N. Schwarz (Eds.), *Subjective well-being: An interdisciplinary perspective*(pp. 119-139). New York: Pergamon.

Diener, E., Suh, E. M., Lucas, R. E., & Smith, H. L.(1999). Subjective well-being: Three decades of progress. *Psychological Bulletin,* 125, 276-302.

Diener, E., Wolsic, B., & Fujita, F.(1995). Physical attractiveness and subjective well-being. *Journal of Personality and Social Psychology*, 69, 120-129.

Dindia, K. & Allen, M.(1992). Sex differences in self-disclosure: A meta analysis. *Psychological Bulletin*, 112, 106-124.

Eliot, A. J. & McGregor, H. A.(2001). A 2×2 achievement goal framework. *Journal of Personality and Social Psychology*, 80(3), 501-519.

Eliot, A. J. & Seldon, K. M.(1998). Avoidance personal goals and the personality-illness relationship. *Journal of Personality and Social Psychology*, 75, 1282-1299.

Eliot, A. J., Seldon, K. M., & Church, M(1997). Avoidance personal goals and subjective well-being. *Personality and Social Psychology Bulletin*, 23, 915-927.

Ellis, A. & Dryden, W.(1987). *The practice of rational-emotive therapy*. New York: Springer.

Emmons, R. A.(1992). Abstract versus concrete goals: Personal striving level, physical illness, and psychological well-being. *Journal of Personality and Social Psychology,* 62, 292-300.

Emmons, R. A.(1999). *The psychology of ultimate concerns: Motivation and spirituality in personality.* New York: Guilford.

Erikson, E.(1982). *The life cycle completed*. New York: Norton.

Estrada, C. A., Isen, A. M., & Young, M. J.(1997). Positive affect facilitates integration of information and decreases anchoring in reasoning among physicians. *Organizational and Human Decision Processes,* 72, 117-135.

Evans, G. W., Hygge, S., & Bullinger, M.(1995). Chronic noise and psychological stress. *Psychological Science*, 6, 333-338.

Farrell, P. A., Gustafson, A. B., Morgan, W. P., & Pert, C. B.(1987). Enkephalins, catecholamines, and psychological mood alternations: Effects of prolonged exercise. *Medicine and Science in Sports and Exercise,* 19, 347-353.

Feingold, A.(1992). Good-looking people are not what we think. *Psychological Bulletin*, 111, 304-341.

Fenigstein, A.(1979). Self-consciousness, self-attention, and social interaction. *Journal of Personality and Social Psychology,* 37, 75-86.

Fincham, F. D. & Bradbury, T. H.(Eds.) (1990). *The psychology of marriage*. New York: The Guilford Press.

Fishbein, H. D.(1992). The development of peer prejudice and discrimination in children. In J. Lynch, C. Modgil. & S. Modgil(Eds,), *Cultural diversity and the schools.* Washington, DC: Falmer Press.

Folkes, V. S., & Sears D. O.(1977). Does Everybody Like a Liker? *Journal of Experimental Social Psychology*, 13, 505-519.

Folkman, S., & Moskowitz, J. T.(2000). Positive affect and the other side of coping. *American Psychologist,* 55, 647-654.

Frederick, S. & Loewenstein, G.(1999). Hedonic adaptation. In D. Kahneman, E. Diener, & N. Schwarz (Eds.), *Well being: The foundations of hedonic psychology*, (pp. 302-329). New York: Russell Sage.

Fredrickson, B. L.(2001). The role of positive emotions in positive psychology: The broaden-and-build theory of positive emotions. *Journal of American Psychological Association,* 54, 218-226.

Fredrickson, B. L., & Branigan, C. A.(2005). Positive emotions broaden the scope of attention and thought-action repertories. *Cognition and Emotion*, 19, 313-332.

Fredrickson, B. L., Mancuso, R. A., Branigan, C. A., & Tugade, M. M.(2000). The undoing effect of positive emotions. *MoTIVATION and Emotion*, 24, 237-258.

Fredrickson, B., & Levenson, R.(1998). Positive emotions speed recovery from the cardiovascular sequelae of negative emotions. *Cognition and Emotion,* 12, 191-220.

Fried. R. L.(2001). *The passionate learner: How teachers and parents can help children reclaim the joy of discovery*. Boston: Bacon Press.

Froming, W. J. & Carver, C. S.(1981). Divergent influence of private and public self consciousness in compliance paradigm. *Journal of Research in Personality,* 15, 159-171.

Fujita, F.(1999). *An investigation of the relation between extroversion, neuroticism, positive affect, and negative affect.* Unpublished masters thesis, University of Illinois at Urbana-Champaign.

Gable, S. L., Reis, H. T., Impett, E. A., & Asher, E. R.(2004). What do you do when things go right? The intrapersonal and interpersonal benefits of sharing good events. *Journal of Personality and Social Psychology,* 87, 228-245.

Gabrenya Jr., W. K. & Arkin, R. M.(1980). Self-Monitoring Scale: Factor structure and correlates. *Personality and Social Psychology Bulletin*, 6, 13-22.

Gardner, H.(1993). *Multiple intelligence: The theory in practice.* New York: Basic Books.

Gardner, H.(1997). *Extraordinary minds*. New York: Basic Books.

Garmezy, N.(1983). Stressors of childhood. In N. Garmezy, & M. Rutter (Eds.), *Stress, coping, and development in children*(pp. 43-84). Baltimore: Johns Hopkins University Press.

Gibbons, F. X.(1978). Sexual standards and reactions to pornography: Enhancing behaviral consistency through self-focused attention. *Journal of Personality and Social Psychology,* 36, 976-987.

Gilbert, D. T.(2006). Stumbling on happiness. New York: Knopf.

Gilovich, T., Keltner, D., Nisbett, R.(2006). *Social Psychology*. New York: Norton & Company.

Glass, D. C. & Singer, J.(1972). *Urban stressors: Experiments on noise and social stressors*. New York: Academic Press.

Goldstein, K.(1934). *The organism: A holistic approach to biology derived from pathological data in man*. New York: Zone Books.

Gordon, T.(1975). *Parent effectiveness training*. New York: New American Library.

Gottman, J. M.(1994). *What predicts divorce? The relationship between marital processes and marital outcomes*. Hillsdale, NJ: Erlbaum.

Gottman, J. M.(1998). Psychology and the study of marital processes. *Annual Review of Psychology*, 49, 169-197.

Gouldner, A. W.(1960). The norm of reciprocity: A preliminary statement. *American Sociological Review*, 25, 161-178.

Gove, W. R., Hughes, M., & Style, C. B.(1983). Does marriage have positive effects on the psychological well-being of the individual? *Journal of Health and Social Behavior*, 24, 122-131.

Grasha, A. F.(1992). Holistic stress management: A self study manual. Cincinnati, OH: Communication and Education Associates.

Gray, J.(1992). *Men are from mars, women are from venus*. Harper Collins.

Hackman, J. R., & Oldham, G. R. (1980). *Work redesign*. Reading, MA: Addison-Wesley.

Hare, R. D.(2006). Psychopathy: A clinic and forensic overview. *Psychiatric Clinics of North America*, 29(3), 709-724.

Haworth, J. T.(1997). *Work, leisure, and well-being*. New York: Routledge.

Headey, B. & Wearing, A.(1989). Personality, life events, and subjective well-being: Toward a dynamic equilibrium model. *Journal of Personality and Social Psychology*, 57(4), 731-739.

Heady, B., Veenhoven, R., & Wearing, A.(1991). Top-down versus bottom-up theories of subjective well-being. *Social Indicators Research,* 24, 81-100.

Hedrick, L H.(1990). *Five days to an organized life*. New York: Dell Publishing.

Helson, H.(1964). Adaptation-level theory: An experimental and systematic approach to behavior. CA: Harper & Row.

Helson, R. & Srivastava, S.(2001). Three paths of adult development: Conservers, seekers, and achievers. *Journal of Personality and Social Psychology,* 80, 995-1010.

Higgins, E. T.(1987). Self-discrepancy: A theory relating self and affect. *Psychological Review,* 94, 319-340.

Hill, C. T., Rubin, A., & Peplau, L. A.(1976). Breakups before marriage: The end of 103 affairs. *Journal of Social Issues,* 32, 147-168.

Hine, J. R.(1980). What comes after you say "I love you". Palo Alto, CA: Pacific.

Hobfoll, S. E. & Vaux, A.(1993). Social support: Social resources and social context. In L. Goldberger & S. Breznitz(Eds.), Handbook of stress(pp. 685-705). New York: Free Press.

Holden, R.(2009). *Be happy*. New York: Hay House.

Holland, J. L.(1985). *Making vocational choices: A theory of vocational personality and work environment,* 2nd. Englewood Cliffs, NJ: Prentice-Hall.

Holmes, T. H., & Rahe, R. H.(19670). The social readjustment rating scale. *Journal of Psychosomatic Research*, 11, 213-218.

Homans, G. C.(1974). *Social behavior: Its elementary forms.* New York: Harcourt Brace Javanovich.

House, J. S., Landis, K. R., & Umberson, D.(1988). Social relationships and health. *Science,* 241, 540-545.

Hoyle, R., Kernis, M., Leary, M., & Baldwin, M.(1999). *Self-hood: Indentity, esteem, and regulation.* Boulder, CO: Westview Press.

Hsee, C. K., & Abelson, R. P.(2991). Velocity relation: Satisfaction as a function of the first derivative of outcome over time. *Journal of Personality and Social Psychology,* 60, 341-347.

Inglehart, R. F.(1990). *Culture shift in advanced industrial society.* Princeton: Princeton University Press.

Isen, A. M.(2001). An influence of positive affect on decision making in complex situations: Theoretical issues with practical implications. *Journal of Consumer Psychology,* 11, 75-85.

Isen, A. M.(2002). A role for neuropsychology in understanding the facilitating influences of positive affect on social behavior and cognitive processes. In C. R. Snyder, & S. J. Loperz (Eds.), *Handbook of positive psychology* (pp. 528-540). Oxford, England: Oxford University Press.

Jackson, S. E., & Schuler, R. S.(1985). A meta-analysis and conceptual critique of research on role ambiguity and role conflict in work settings. *Organizational Behavior and Human Decision Process*, 36, 16-78.

Jahoda, M.(1958). Current concepts of positive mental health. New York: Basic Books.

James, W.(1890). *Principles of psychology*. New York: Henry Holt.

Johnston, V. S., & Franklin, M.(1993). Is beauty in the eye of the beholder? *Ethology and Sociobiology*, 14, 183-199.

Jourard, S.(1971). *Self-disclosure*. New York: Wiley.

Kahneman, D., Krueger, A. B., Schkade, D., Schwarz, N., &Stone, A. A.(2004). A survey method for characterizing daily life experience: The Day Reconstruction Method(DRM). *Science,* 306, 1776-1780.

Kahneman, D., Krueger, A. B., Schkade, D., Schwarz, N., &Stone, A. A.(2006). Would you be happier if you were richer? A focusing illusion. *Science,* 312, 1908-1910.

Kaplan, H. I., Sadock, B. J., Grebb, J. A.(1994). Kaplan and Sadock's synopsis of psychiatry(7th ed.). Baltimore: Willams & Wikins.

Karasek, R. A.(1979). Job demands, job decision latitude, and mental strain: Implications for job redesign. *Administrative Science Quarterly*, 24, 285-308.

Karasek, R. A., & Theorell, T.(1990). *Healthy work: Stress, productivity, and the reconstruction of working life*. New York: Basic Books.

Karney, B. R. & Bradbury, T. N.(1995). The longitudinal course of marital quality and stability: A review of theory, method, and research. *Psychological Bulletin*, 118, 3-34.

Kasser, T., Ryan, R. M.(1993). A dark side of the American dream: Correlates of financial success as a life aspiration. *Journal of Personality and Social Psychology,* 65, 410-442.

Kasser, T., Ryan, R. M.(1996). Further examining the American dream: Differential correlates of intrinsic and extrinsic goal. *Personality and Socil Psychology Bulletin*, 22, 280-287.

Kassin, S.(2001). *Psychology*, 3rd. New Jersey: Prentice-Hall.

Kelly, E. L., & Conley, J. J.(1987). Personality and compatibility: A prospective analysis of marital stability and marital satisfaction. *Journal of Personality and Social Psychology,* 52, 27-40.

Kelly, H. H. & Thibaut, J. W.(1978). *Interpersonal relations: A theory of interdependence.* New York: Wiley.

Kendall, P. C., Howard, B. L., & Hays, R. C(1989). Self-referent speech and psychopathology: The balance of positive and negative thinking. *Cognitive Therapy and Research,* 13, 583-598.

Kernis, M. H. & Wheeler, L.(1981). Beautiful friends and ugly strangers: Radiation and contrast effects in perception of same-sex pairs. *Personality and Social Psychology Bulletin,* 7, 617-620.

Keyes, C. & Waterman, M.(2003). Dimensions of well-being and mental health in adulthood. In M. Bornstein, L. Davidson, C. Keyes, & K. Moore(Eds.), *Well-being: Positive development across the life course*, (pp. 477-497). Hilsdale, NJ: Erlbaum.

Keyes, C. L. M.(2005). Mental illness and/or mental health? Investigating axioms of the complete state model of health. *Journal of Consulting and Clinical Psychology*, 73, 539-548.

Keyes, C. L. M., & Lopez, S. J.(2002). Toward a science of mental health: Positive directions in diagnosis and intervention. In C. R. Syner, & S. J. Lopez (Eds.), *Handbook of positive psychology* (pp. 45-59).

New York: Oxford University Press.

Kiecolt-Glaser, J. K.(1999). Stress, personal relationships, and immune function: Health implications. *Brain, Behavior, and Immunity,* 12, 61-72.

King, L. A., Hicks, J. A., Krull, J. L., & Del gasio, A. K.(2006). Positive affect and the experience of meaning in life. *Journal of Personality and Social Psychology*, 90(1), 179-196.

Knox, D. & Schacht, C.(2012). Choices in relationships: An introduction to marriage and the family. 11th.

Kobasa, S. C.(1979). Stressful life events, personality, and health: An inquiry into hardiness. *Journal of Personality and Social Psychology*, 37(1), 1-11.

Kopelman, S., Rosette, A. S. & Thompson, L.(2006). The three faces of Eve: Strategic displays of positive, negative, and neutral emotions in negotiations. *Organizational Behavior and Human Decision Processes*, 72, 117-135.

Kubzansky, L. D., Sparrow, D., Vokonas, P., & Kwachi, I.(2001). Is the glass half empty or half full? A prospective study of optimism and coronary heart disease in normative aging study. *Psychosomatic Medicine*, 63, 910-916.

Larsen, R. J.(1987). The stability of mood variability: A spectral analytic approach to daily mood assessment. *Journal of Personality and Social Psychology,* 52, 1195-1204.

Larsen, R., & Csikszentmihalyi, M.(1983). The experience sampling method. *New Directions for methodology of Social Bebavioral Science,* 15, 41-56.

Lauer, R. H., Lauer, J. C., & Kerr, S. T.(1990). The long-term marriage: Perceptions of stability and satisfaction. *International Journal of Aging and Human Development*, 31, 189-195.

Layard, R.(2005). Happiness: Lessons from a new science. New York: The Penguin Press.

Lazarus, R. S. & Folkman, S.(1984). *Stress, appraisal, and coping*. New York: Springer.

Leary, M. R., Rogers, P. A., Canfield, R. W., & Coe, C.(1986). Boredom in interpersonal encounters: Antecedents and social implication. *Journal of Personality and Social Psychology,* 51, 968-975.

Lee, G. R., Seccombe, K., & Shehan, C. L.(1991). Marital status and personal happiness: An analysis of trend data. *Journal of Marriage and the Family*, 53, 839-844.

Lee, J. A.(1988). Love-styles. In R. J. Sternberg & M. L. Barnes(Eds.), *The psychology of love*(pp. 38-67). Yale University Press.

Lefcourt, H. M.(1981). *Research with the locus of control construct.* New York: Academic Press.

Leonardi, f., Spazzafumo, L., Marcellini, f., & Gagliardi, C.(1999). The top-down/bottom-up controversy from a constructionist approach: A Method for measure top-down effects applied to a sample of older people. *Social Indicators Research,* 48, 187-216.

Leslie, G. R.(1982). The family in social context(5th Ed.). New York: Oxford University Press.

Levenson, R. W., Ekman, P., & Friesen, W. V.(1990). Voluntary facial action generates emotion-specific autonomic nervous system activity. *Psychophysiology*, 27(4), 363-384.

Liu, L. & Ancoli-Israel, S.(2006). Insomnia in the older adult. Sleep Medicine Clinics, 1(3), 409-421.

Lykken, D., Tellegen, A.(1996). Happiness is a stochastic phenomenon. *Psychological Science,* 7, 186-189.

Lyubomirsky, S. King, L. A., & Diener, E.(2005). The benefits of frequent positive affect: Does happiness lead to success? Psychological Bulletin, 131, 803-855.

Lyubomirsky, S.(2001). Why are som people happier than others? The role of cognitive and motivational processes in well-being. *American Psychologist.* 54, 239-249.

Lyubomirsky, S.(2008). *The how of happiness*. New York: The Penguin Press.

Lyubomirsky, S.(2013). *The myths of happiness.* New York: The Penguin Press.

Lyubomirsky, S., Ross, L.(1997). Hedonic consequences of social comparison: A contrast of happy and unhappy people. *Journal of personality and Social Psychology,* 73, 1141-1157.

Lyubomirsky, S., Sheldon, K. M., & Schkade, D.(2005). Pursuing happiness: The architecture of sustainable change. *Review of General Psychology,* 9, 111-131.

Mace, D. & Mace, V.(1980). Enriching marriages: The foundation stone of the family strength. In N. Stinnett, B. Chessen, J. Pefreain & P. Kanaub(Eds.), *Family strengths, positive models for family life*. Lincoln: University of Nebraska Press.

Maguire, E. A., Gadian, D. G., Johnsrude, I. S., Good, C. D., Ashburner, J., Frackowiak, R. S., & Frith, C. D.(2000). Navigation-related structural change in hippocampi of cab drivers. Proceedings of the National Academy of Science (USA), 97, 4398-4403.

Manstead, A. S. R.(1992). Gender differences in emotion. In M. A. Gale & M. W. Eysenck(Eds.), *Handbook of individual differences: Biological perspectives*(pp. 355-389). Chichester, England: Wiley.

Markus, H.(1977). Self-schemata and the processing of information about the self. *Journal of Personality and Social Psychology,* 35, 63-78.

Maslow, A. H.(1954). *Motivation and personality*. New York: Harper and Row.

Maslow, A. H.(1971). *The farther reaches of human nature.* New York: Viking.

McCombs, B. l.(1991). Motivation and lifelong learning. *Educational Psychologist*, 19, 211-222.

Meehl, P. E.(1975). Hedonic capacity: Some conjectures. *Bulletin of the Menninger Clinic,* 39, 295-413.

Messick, D. M., Bloom, S., Boldizar, J. P., & Samuelson, C. D.(1985). Why we are fairer than others. *Journal of Experimental Social Psychology,* 21, 480-500.

Meyer, B., Enström, M. K., Harstveit, M., Bowles, D. P., & Beevers, 2007). Happiness and despair on the catwalk: Need satisfaction, well-being, and personality adjustment among fashion models. *Journal of Positive Psychology*, 2, 2-17.

Milgram, S.(1967). The small world problem. *Psychology Today,* 1(1), 60-67.

Miller, L. C.(1990). Intimacy and liking: Mutual influence and the role of unique relationships. *Journal of Personality and Social Psychology,* 59, 50-60.

Morris, W. N.(1999). The mood system. In D. Kahneman, E. Diener, & N. Schwarz (Eds.), *Well-being: Ther foundations of hedonic psychology* (pp. 169-189). New York: Russell Sage Foundation.

Moskowitz, D. S., & Cote, S.(1995). Do interpersonal traits predict affect? A comparison of three models. *Journal of Personality and Social Psychology,* 69, 915-924.

Moskowitz, D. S., & Young, S. N.(2006). Ecological momentary assessment: What it is and why it is a method of the future in clinical psychopharmacology. *Journal of Psychiatry and Neuroscience,* 31, 13-20.

Murray, C.(2003). *Human accomplishment: The pursuit of excellence in the art and science, 800 BC to 1950.* New York: Harper Collins.

Murray, S. L. & Holmes, J. G.(1997). A leap of faith? Positive illusions in romantic relationships. *Journal of Personality and Social Psychology*, 23(6), 586-604.

Murray, S. L. & Holmes, J. G.(2011). *Interdependent minds: The dynamics of close relationships.* NY: The Guilford Press.

Myers, D. G.(2000). The funds, friends, and faith of happy people. *American Psychologist,* 55, 56-67.

Nakamura, J., & Csikszentmihalyi, M.(2003). The construction of meaning through vital engagement. In C. L. M. Keyes, & J. Haidt(Eds.), *Flourishing: Positive psychology and the life well-lived*(pp. 83-104). Washington, DC: American Psychological Association.

Nickerson, C., Schwarz, N., Diener, E., & Kahneman, D.(2003). Zeroing in on the dark side of the American dream: A closer look at the negative consequences of the goal for financial success. *Psychological Science*, 14, 531-536.

Nivison, M. E., & Endersen, I. M.(1993). An analysis of relationship amog environmental noise, annoyance and sensitivity to noise, and the consequences for health and sleep. *Journal of Behavioral Medicine*, 16, 257-276.

Nolen-Hoeksema, S., & Rusting, C.(1999). Gneder differences in well-being. In D. Kahneman, E. Diener, & N. Schwarz(Eds.), *Foundations of hedonic psychology: Scientific perspectives on enjoyment and suffering*. New York: Russell Sage Foundation.

Ogilvie, D. M.(1987). Life satisfaction and identity structure in late middle-aged man and women. *Psychology and Aging,* 2, 217-224.

Oishi, S., Diener, E., Suh, E., & Lucas, R. E.(1999). Value as a moderator in subjective well-being. *Journal of Personality,* 67(1), 157-184.

Paulus, P. B., McCain, G., & Cox, V. C.(1978). Death rates, psychiatric commitments, blood pressure, and perceived crowding as a function of institutional crowding. *Environmental Psychology and Nonverbal Behavior*, 3(2).

Paulus, P. B., McCain, G., & Cox, V. C.(1978). Death rates, psychiatric commitments, blood pressure, and perceived crowding as a function of institutional crowding. *Environmental Psychology and Nonverbal Behavior*, 3, 107-116.

Peterson, C.(1999). Personal control and well-being. In D. Kahneman, E. Diener, & N. Schwartz(Eds.), *Well-being: The foundation of hedonic psychology* (pp. 288-301). New York: Russell Sage

Foundation.

Peterson, C.(2006). *A primer in positive psychology.* New York: Oxford University Press.

Peterson, C., & Bossio, L. M. (1991). *Health and optimism.* New York: Free Press.

Peterson, C., & Seligman, M. E. P.(2004). *Character strengths and virtues: A handbook and classification.* New York: Oxford University Press/Washington, DC: American Psychological Association.

Peterson, C., Seligman, M. E. P., & Vaillant, G. E.(1988). Pessimistic explanatory style is a risk factor for physical illness: A thirty-five-year longitudinal study. *Journal of Personality and Social Psychology,* 55, 23-27.

Pink, D. H.(2005). A whole new mind: Why right-brainers will rule the future. New York: Riverhead Books.

Pinsker, H., Nepps, P., Redfield, J., & winston, A.(1985). Applicants for short-term dynamic psychotherapy. In A. Winston (Ed.), *Clinical and research issurs in short-term dynamic psychotherapy* (pp. 104-116). Washington DC: American Psychiatric Association.

Plutchik, R.(1980). *Emotion: A psychoevolutionary synthesis.* New York: Harper & Row.

Ptacek, J. T., Smith, R. E., & Dodge, K. L.(1994). Gender differences in coping with stress: When stressor and appraisals do not differ. *Personality and Social Psychology Bulletin,* 20(4), 421-430.

Ptacek, J. T., Smith, R. E., & Zanas, J.(1992). Gender, appraisal, and coping: A longitudinal analysis. *Journal of Personality,* 60, 747-770.

Rajecki, D. W., De Graaf-Kaser, R. & Rasmussen, J. L.(1992). New impressions and more discrimination: Effects of individuation on gender label stereotypes. *Sex Role*, 27, 171-185.

Ralph, R. O., & Corrigan, P. W.(Eds.) (2005). *Recovery in mental illness: Broadening our understanding of wellness.* Washington, DC:

American Psychological Association.

Rammstedt, B. & John, O.(2007). Measuring personality in one minute or issue: A 10-item short version of the Big Five inventory in English and German. *Journal of Research in Personality,* 41, 203-212.

Ratner, R. K., Kahn, B. E., & Kahneman, D.(1999). Choosing less-preferred experiences for the sake of variety. *Journal of Consumer Research*, 26, 1-15.

Reis, H. T. & Shaver, P.(1988). Intimacy as an interpersonal process. In S. Duck(ED.). *Handbook of personal relationships*(pp. 367-389). Chichester, England: Wiley.

Reisman, J. M.(1979). *Anatomy of friendship*. New York: Irvington Press.

Renninger, K. A.(1990). Children's play interests, representation, and activity. In R. Fivush & K. Hudson(Eds.), *Knowing and remembering in young children*(pp. 127-165). New York: Cambridge University Press.

Renninger, K. A.(2000). Individual interest and its implications for understanding intrisic motivation. In C. Sansone & J. M. Harackiewicz(Eds.), *Intrinsic and extrinsic motivation: The search for optimal motivation and performance*(pp. 375-409). New York: Academic.

Richins, M. L.(1995). Social comparison, advertising, and consumer discontent. *American Behavioral Scientist*, 38, 593-607.

Rogers, C. R.(1951). *Client-centered therapy*. Boston: Houghton Mifflin.

Rogers, C. R.(1957). The necessary and sufficient conditions of therapeutic personality change. *Journal of Counseling Psychology*, 21, 95-103.

Rogers, C. R.(1961). *On becoming a person*. Boston: Houghton Mifflin.

Rokeach, M.(1973). *The nature of human values*. New York: Free Press.

Rokeach, M.(1979). *Understanding human values: Individual and social*. New York: Free Press.

Russell, J. A.(1980). A circumplex mode of affect. *Journal of Personality and Social Psychology,* 39, 1161-1178.

Russell, J. A., & Carroll, J. M.(1999). On the bipolarity of positive and negative affect. *Psychological Bulletin*, 125, 3-30.

Ryan, R. M., & Deci, E. L.(2000). Self-determination theory and the facilitation of intrinsic motivation, social development, and well-being. *American Psychologist,* 55, 68-78.

Saegett, S., Swoop, W., & Zajonc, R. B.(1973). Exposre context and interpersonal attraction. *Journal of Personality and Social Psychology,* 25, 234-242.

Sansone, C., Wiebe, D., & Morgan, C.(1999). Self-regulating interest: The moderating role of hardiness and conscientiousness. *Journal of Personality,* 67, 701-733.

Scheier, M. F. & Carver, C. S.(1977). Self-focused attention and the experience of emotion: Attraction, repulsion, elation, and depression. *Journal of Personality and Social Psychology,* 35, 625-636.

Schlusher, M. P. & Anderson, C. A.(1987). When reality monitoring fails: The role of imagination in stereotype maintenance. *Journal of Personality and Social Psychology,* 52, 653-662.

Schneider, S.(2001) In search of realistic optimism: Meaning, knowledge, and warm fuzziness. *Journal of American Psychologist,* 54, 250-263.

Schwarz, N., & Strack, F.(1999). Reports of subjective well-being: Judgmental processes and their methodological implications. In D. Kahneman, E. Diener, & N. Schwartz(Eds.), *Well-being: The foundation of hedonic psychology* (pp. 61-84). New York: Russell Sage Foundation.

Sedikides, C.(1993). Assessment, enhancement, and verification determinants of the self evaluation process. *Journal of Personality and Social Psychology,* 55, 317-338.

Segal, Z., Williams, J. & Teasdale, J.(2002). *Mindfulness-based cognitive therapy for depression.* New York: Guliford Press.

Seidlitzz, L., & Diener, E.(1993). Memory for positive versus negative events: Theories for the differences between happy and unhappy person. *Journal of Personality and Social Psychology,* 64, 654-664.

Seligman, M. E. P.(1991). *Learned optimism.* New York: Knopf.

Seligman, M. E. P.(1999). The president's address. *American Psychologist,* 54, 559-562.

Seligman, M. E. P.(2000, October). *Positive psychology: A progress report.* Paper presented t the Positive Psychology Summit 2000. Washington, DC.

Seligman, M. E. P.(2002a). *Authentic happiness.* New York: Free Press.

Seligman, M. E. P.(2002b). Positive psychology, positive prevention, and positive therapy. In C. R. Snyder, & S. J. Lopez(Eds.), *Handbook of positive psychology*(pp. 3-9). London: Oxford University Press.

Shaffer, D. R.. Pegalis, L. J., & Cornell, D. P.(1991). Gender and self-disclosure revisited: Personal and contextual variations in self-disclosure to same sex acquaintances. *Journal of Social Psychology*, 132, 307-315.

Sheldon, K. M. & Elliot, A. J. (1999). Goal striving, need-satisfaction, and longitudinal well-being: The Self-Concordance Model. *Journal of Personality and Social Psychology*, 76, 482-497.

Sheldon, K. M. & Lyubomirsky, S. (2004). Achieving sustainable new happiness: Prospects, practices, and prescriptions. In A. Linley & A. Joseph (Eds.), *Positive psychology in practice*. John Wiley & Sons.

Sheldon, K. M. (2002). The self-concordance model of healthy goal-striving: When personal goals correctly represent the person. In E. L. Deci & R. M. Ryan (Eds.), *Handbook of self-determination research* (pp. 65-86). Rochester, NY: University of Rochester Press.

Singh, D.(1995). Female judgment of male attrativeness and desirablity for relationships: Role of waist-to-hip ratio and financial status. *Journal of Personality and Social Psychology,* 69, 1089-1101.

Sirgy, M. J. (1988). Materialism and quality of life. *Social Indicators Research,* 43, 227-260.

Snowdon, D.(2001). *Aging with grace: What the nun study teaches us about leading liner, healthier, and more meaningful lives*. New York: Bantam.

Snyder, C. R., Rand, K. L., & Sigmon, D. R.(2002). Hope theory: A Member of the positive psychology family. In C. R. Snyder, & S. J. Lopez(Eds.), *Handbook of positive psychology* (pp. 257-276). Oxford, England: Oxford University Press.

Snyder, C. R., Lopez, S. J., Pedrotti, J. T.(2011). Positive psychology: The scientific and practical explorations of human strengths. 2nd. SAGE Publications, Inc.

Snyder, M.(1987). *Public appearances, private realities: The psychology of self-monitoring*. New York: Freeman.

Spearman, C.(1904). General intelligence objectively determined and measured. *American Journal of Psychology,* 15, 201-292.

Sternberg, R. J. & Barnes, M. L.(1988). *The psychology of love*. New Haven: Yale University Press.

Sternberg, R. J.(1986). A triangular theory of love. *Psychological Review,* 93. 119-135.

Sternberg, R. J., & Hojjat, M.(1997). *Satisfaction in close relationships*. New York: Guilford Press.

Stinnett, N.(1985). Strong families. In J. M. Henslin(Ed.), Marriage and family in a changing society. New York: The Free Press.

Stone, A. A., & Shiffman, S. S.(1994) Ecological momentary assessment (EMA) in bebavioral medicine. *Annual Behavioral Medicine,* 16, 199-202.

Strachman, A. & Gable, S. L.(2006). What you want(and do not want) affects what you see(and do not see): Avoidance social goals and social events. *Personality and Social Psychology Bulletin*, 32, 1446-1458.

Strack, F., Martin, L., Stepper, S.(1988). Inhibiting and facilitating conditions of the human smile: A non-obtrusive test of the facial feedback hypothesis. *Journal of Personality and Social Psychology*, 54(5), 768-777.

Suh, E., Diener, E., Oishi, S., & Triandis, H. C.(1998). The shifting basis of life satisfaction judgments across cultures: Emotion versus norm. *Journal of Personality and Social Psychology,* 74, 482-493.

Sundstrom, E.(1978). Crowding as a sequential process: Review of research on the effects of population density of humans. In A. Baum & Y. M. Epstein(Eds.), Human responses to crowding. Hilsdale, NJ: Erlbaum.

Svenson, O.(1981). Are we all less risky and more skillful than our fellow drivers? *Acta Psychologica*, 47, 143-148.

Swindle, R. Jr., Heller, K., Pescosolido, B., & Kikuzawa, S.(2000). Responses to nervous breakdowns in America over a 40-year period. *American Psychologist,* 55(7), 740-749.

Taylor, S., & Brown, J.(1988). Illusion and well-being: A social psychological perspective on mental health. *Psychological Bulletin*, 103, 193-210.

Tomarken, A. J., Davidson, R. J., Wheeler, R. E., & Doss, R.(1992). Individual differences in anterior brain asymmetry and fundamental dimensions of emotion. *Journal of Personality and Social Psychology*, 62, 676-687.

Trope, Y. & Pomerantz, E. M.(1998). Resolving conflicts among self-evaluative motives: Positive experiences as a resource for overcoming defensiveness. *Motivation and Emotion*, 22, 53-72.

Tugade, M. M., & Fredrickson, B. L.(2004). Resilient individuals use positive emotions to bounce back from negative emotional experiences. *Journal of Personality and Social Psychology,* 86, 320-333.

Turner, N., Barling, J., & Zacharatos, A.(2002). Positive psychology at work. In C. R. Snyder, & S. J. Lopez(Eds.), *Handbook of positive psychology* (pp. 715-728). Oxford, England: Oxford University Press.

Udry, R.(1971). *The social context of marriage*. New York: Lippincott.

Vaillant, G. E.(1977). *Adaptation to life*. Boston: Little, Brown.

Vaillant, G. E.(2002). *Aging well*. New York: Little, Brown.

Vaillant, G. E.(2004). Positive aging. In P. A. Linley, & S. Joseph(Eds.), Positive psychology in practice(pp. 561-578). New York: Wiley.

Van Boven, L.(2005). Experientialism, materialism, and the pursuit of happiness. *Review of General Psychology*, 9(2), 132-142.

Van Boven, L., & Gilovich, T.(2003). To do or to have? That is the question. *Journal of Personality and Social Psychology,* 85, 1193-1202.

Vandeputte, M. & de Weerd, A.(2003). Sleep disorders and depressive feelings: A global survey with the Beck depression scale. *Sleep Medicine*. 4(4), 343-345.

Veal, A. J.(2010). Leisure, sport and tourism, politics, policy and panning. 3rd. CAB International.

Veenhoven, R.(1988). The utility of happiness. Social Indicators Research, 20, 333-354.

Veenhoven, R.(2003). Hedonism and happiness. *Journal of Happiness Studies,* 4, 427-457.

Veroff, J., Douvan, E., & Kulka, R. A.(1981). *The inner American*. New York: Basic.

Wagner, E. D.(1994). In support of a functional definition of interaction. *The American Journal of Distance Education*, 8(2), 6-29.

Watson, D.(2000). *Mood and temperament.* New York: Guilford Press.

Watson, D.(2002). Positive affectivity: The disposition to experience pleasurable emotional states. In C. R. Snyder, & S. J. Loperz (Eds.), *Handbook of positive psychology* (pp. 106-119). Oxford, England: Oxford University Press.

Watson, D., Clark, L., & Tellegen, A.(1988). Development and validation of brief measures of positive and negative affect: The PANAS scales. *Journal of Personality and Social Psychology,* 54, 1063-1070.

Wegner, D. M.(1989). *White bear and other unwanted thoughts.* New York: Vintage.\

Wells, W. D. & Gubar, G.(1966). Life cycle concept in marketing research. *Journal of Marketing Research*, 3, 355-363.

Werner, E. E.(1982). *Vulnerable but invincible: A longitudinal study of resilient children and youth.* New York: McGraw-Hill.

Wheeler, L., & Reis, H. T.(1991). Self-recording of everyday life events: origins, types, and uses. *Journal of Personality,* 59, 339-354.

Wichklund, R. A.(1975). Objective self-awareness. In L. Berkowitz(Ed.), *Advances in experimental social psychology*, New York: Academic Press.

Wilson, T. D. & Gilbert, D. T.(2005). Affective forecasting knowing what to want. Current Directions in Psychological Science, 14, 131-134.

Wink, P.(1991). Two faces of narcissism. *Journal of Personality and Social Psychology,* 61, 590-597.

Wortman, C. G., Adesman, P., Herman, E., & Greenberg, R.(1976). Self-disclosure: An attributional perspective. *Journal of Personality and Social Psychology,* 33, 184-191.

Zalkind, S. S. & Costello, T. W.(1976). Perception: Implications for adminstration. In D. Kolb, I. Rubin, & J. McIntyre(Eds,), *Organizational Psychology: A book of readings*. Englewood Cliffs, NJ: Prentice-Hall.

Zimbardo, P., Ebbesen, E. B., & Maslach, C.(1977). *Influencing attitudes and changing behavior.* New York: McGraw-Hill.

(韩文)

곽한병(2005). 여가문화론. 서울: 대왕사.

권석만(2006). 위빠사나 명상의 심리치유적 기능. 불교와 심리, 1, 1-49.

권석만(2008). 긍정심리학: 행복의 과학적 탐구. 서울: 학지사.

권석만(2011). 젊은이를 위한 인간관계의 심리학. 2판. 서울: 학지사.

그레첸 루빈(2010). 무조건 행복할 것. 파주: 21세기북스. 진행선(역).

김종운, 박성실(2011). 만남 그리고 성장을 위한 인간관계 심리학. 서울: 학지사.

南承奎(1999). 소비자심리학. 서울: 학지사.

南承奎(2006). 소비자 라이프스타일에 대한 이론적 고찰. 한국심리학회지: 소비자광고, 7(3), 433-453.

南承奎(2009). 소비자분석. 서울: 학지사.

南承奎(2012). 소비자행복 척도의 개발 및 타당화. 한국심리학회지: 소비자광고, 13(3), 403-420.

南承奎(2014). 행복심리학. 양서원.

노안영, 강영신(2003). 성격심리학. 서울: 학지사.

다니엘 핑크(2007). 새로운 미래가 온다. 한국경제신문사. 김명철(역).

달라이 라마, 하워드 커틀러(2001). 달라이 라마의 행복론. 서울: 김영사. 류시화(역).

리처드 레이어드(2011). 행복의 함정. 서울: 북하이브. 정은아(역).

리처드 플로리다(2010). 그레이트 리셋: 아이디어 중심 창조경제로 비즈니스의 새판짜기. 서울: 비즈니스맵.

마틴 셀리그먼(2004). 긍정심리학. 서울: 물푸레. 김인자(역).

손 아처(2012). 행복의 특권. 서울: 청림출판. 박세연(역).

슈테판 클라인(2006). 행복의 공식. 서울: 웅진지식하우스. 김영옥(역).

스펜서 존슨(2006). 행복. 서울: 비즈니스북스. 안진환(역).

에카르트 폰 히르슈하우젠(2010). 행복은 혼자 오지 않는다. 서울: 은행나무. 박규호(역).

예지은, 진현, 서의정, 김명진, 류지성(2013). 직장인의 행복에 관한 연구. 삼성경제연구소. SERI 연구보고서.

이현수(2008). 긍정적 심리학. 서울: 시그마프레스.

장재윤, 유 경, 서은국, 최인철(2007). 일상재구성법(DRM)을 통해 살펴본 남녀 직장인과 주부의 삶의 질. 한국 심리학회지: 사회 및 성격, 21(2), 12.

정진선, 문미란(2011). 인간관계의 심리: 이론과 실제. 3판. 서울: 시그마프레스.

제프리 밀러(2010). 스펜트: 섹스, 진화 그리고 소비주의의 비밀. 파주: 동녘사이언스. 김명주(역).

조지 베일런트(2010). 하버드대학교 인생성장보고서 행복의 조건: 그들은 어떻게 오래도록 행복했을까? 서울: 프런티어. 이덕남(역).

조지 베일런트(2013). 행복의 지도: 하버드 성인발달 연구가 주는 선물. 서울: 학지사. 김진영·고건영(역).

존 그레이(2002). 화성에서 온 남자, 금성에서 온 여자. 서울: 친구. 김경숙(역).

질 리포베츠키(2009). 행복의 역설: 과소비사회의 소비심리를 분석한 미래사회 전망 보고서. 파주: 알마. 정미애(역)

탈 벤 샤하르(2010). 완벽의 추구. 서울: 위즈덤하우스. 노혜숙(역)

한규석(2009). 사회심리학의 이해. 3판. 서울: 학지사.

宋永圭

韩国大田人。语言学者、心理学者。毕业于(韩)高丽大学中文系，获学士学位(1991)。毕业于上海复旦大学中国语言文字学专业，获硕、博士学位(2001、2004)。现为(韩)大田大学中国语言文化专业正教授。曾荣获复旦大学优秀博士学位论文奖(2005)、韩国红十字会献血金奖(2013)、(韩)高丽大学中文系同门会值得骄傲的同门将(2019)等。历任(韩)中国文化学会总务理事(2006～2008)、(韩)中国语言学会学术理事(2012～2013)、大田大学职业生涯开发院(Career Development)院长(2015～2019)等。主要从事汉语、中国文化、积极心理学教学与研究，发表学术论文及论著20余篇。yksong@dju.ac.kr

南承奎

韩国大田人。心理学者。毕业于(韩)国立忠南大学心理学系，获学士学位(1986)。毕业于(韩)成均馆大学心理学专业，获硕、博士学位(1989、1995)。(美)德克萨斯大学奥斯汀分校(University of Texas at Austin)访问学者(2007)。现为(韩)大田大学产业·广告心理学系正教授。元任韩国消费者广告心理学会编辑委员长、会长等。主要从事心理学教学与研究，其主要领域为消费者心理学和顾客满足、市场营销与广告、积极心理学、共感和说服、意识决策论以及研究方法论，发表学术论文及论著90余篇。Sknam@dju.ac.kr

积极心理学

초판 1쇄 발행 _ 2020년 8월 30일

공　저 · 宋永圭 · 南承奎
발행인 · 정 현 걸
발　행 · 신 아 사
인　쇄 · 한승인쇄
주　소 · 서울특별시 은평구 통일로 59길 4(2층)
전　화 · (02) 382-6411 팩스 · (02) 382-6401
홈페이지 · www.shinasa.co.kr
E-mail · shinasa@daum.net
출판등록 · 1956년 1월 5일(제9-52호)

ISBN : 978-89-8396-742-8 (93180)

정가 20,000원